HISTOIRE

DE LA

SECONDE RÉPUBLIQUE

FRANÇAISE

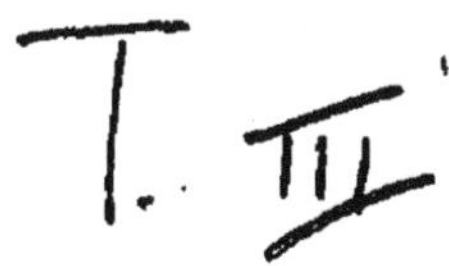

Poissy. — Typographie Arbieu.

TABLE DES MATIÈRES.

CHAPITRE PREMIER.

CHAPITRE II.

CHAPITRE III.

CHAPITRE IV.

CHAPITRE V.

CHAPITRE VI.

CHAPITRE VII.

CHAPITRE VIII.

HISTOIRE

DE LA

SECONDE RÉPUBLIQUE

FRANÇAISE

CHAPITRE PREMIER

Fête de la Concorde. — Le clergé refuse son concours. — L'Assemblée reprend son œuvre de destruction. — La faction des modérés. — Arrestations, dénonciations, perquisitions, fermeture des clubs, démissions et destitutions de fonctionnaires publics, poursuites contre des Représentants. — Triomphe du parti du *National*. — Les royalistes reparaissent. — Le général Cavaignac ministre de la guerre. — Son premier acte. — Singulier pronostic. — Conflit de pouvoirs. — Le ministre de la guerre et le général Baraguay-d'Hilliers, démission de ce dernier. — Dissolution de la Commission de défense nationale. — Activité déployée par le nouveau ministre. — Premier pas dans la politique à outrance. — « Quand nous serons à M. Thiers. » — Secret de la chute de la République. — Inaction par impuissance. — Divisions de l'Assemblée nationale. — Les factions parlementaires. — Réunion du *Palais-National*, de la *Montagne*, et de *la rue de Poitiers*. — État des esprits. — La Commission exécutive sans force et sans popularité. — Trames nouvelles. — Moral de l'Assemblée après le 15 mai. — Accusations calomnieuses. — M. de Lamartine se défend devant ses électeurs. — Encore la Pologne et l'Italie; MM. Wolowski, Sarrans jeune, Napoléon Bonaparte, Vavin et de Lamartine. — Fausses allégations de ce dernier pour justifier sa politique d'abandon. — M. Manin demande des secours pour Venise. — Deux politiques en présence : celle de M. de Lamartine et celle de M. Guizot. — Bruit mystérieux. — Nouvelle calomnie contre M. Louis Blanc. — Bazile en chapeau mou et en longue barbe. — Traquenard tendu sous les pas de MM. Louis Blanc, de Lamartine, Ledru-Rollin et Caussidière par MM. Marrast et Séuard. — Distribution des rôles. — Séance du 31 mai. — Demande en autorisation de poursuite contre M. Louis Blanc. — L'anniversaire de la proscription des Girondins. — Fureurs et lâcheté de l'Assemblée. — Rapport de M. Jules Favre. — Une vieille rancune contre l'auteur de l'*Histoire de dix ans*. — Séance du 1er juin ; lettre de M. Barbès en faveur de M. Louis Blanc. — Séance du 3 juin ; discussion ; MM. Dupont (de Bussac), Théodore Bac, Louis Blanc. — M. Marrast sommé de s'expliquer sur le bruit répandu par lui ; ses explications ; aveu formel. — Dernier effort de l'intrigue ; dépôt d'une proposition anonyme. — Deux épreuves douteuses. — Trente-deux voix de majorité contre le réquisitoire. — Démission de MM. Crémieux, Jules Favre, Portalis et Landrin. — M. Sénard nommé président de l'Assemblée, et M. Marrast vice-président. — On marche à la guerre civile. — La majorité de l'Assemblée détestée et méprisée au dehors. — Aspect de Paris du 15 au 22 juin. — Élections de onze représentants du peuple, le 4 juin, à Paris. — Les partis en présence. — Les prétendants. — Le comte de Chambord. — Le prince de Joinville. — Le prince Louis-Napoléon Bonaparte.

Après l'émeute vint la fête. Paris vivait ainsi d'une vie incohérente, fiévreuse, au sein d'une antithèse permanente, prêt à la guerre civile le matin et allumant le soir des lampions. La moitié de la population dénonçait l'autre. Chacun portait dans le cœur un fusil symbolique en attendant l'heure d'en mettre un vrai sur l'épaule et de descendre dans la rue. Aussi le pouvoir, pourri de littérature et pareil à ces scribes maniérés qui, à défaut d'idées, recherchent l'éclat des mots, nomma-t-il l'exhibition du 21 mai : *Fête de la Concorde.*

Paris la salua d'un rire ironique. Dans la disposition d'esprit où se trouvaient les délégués des gardes nationales de province, à qui la fête était offerte, il ne fallait pas compter sur beaucoup d'enthousiasme. On sait quels étaient les sentiments des Ateliers nationaux et des clubs. Discrédité, méprisé pour sa faiblesse et son inconsistance, soupçonné à cause de ses divisions, amoindri par l'Assemblée, le pouvoir allait devenir ridicule.

Et pourtant, pour un peuple ami des spectacles qui parlent à l'imagination, pour une nation folle de tragédie, quel plus beau tableau que ce défilé des corporations avec leurs outils et leurs chefs-d'œuvre? Quoi de mieux imaginé que les chars symboliques de l'Art, de l'Industrie et de l'Agriculture? Ne croyait-on pas relire une page des *Girondins* de M. Lamartine? Le souvenir de la fête de l'Être suprême n'était-il pas assez flagrant? Un peu de foi, un peu d'espérance eussent embelli tout cela. Mais nul n'espérait que dans la poudre et dans les balles. Or, quand le peuple de Paris songe à se battre, il se fait gouailleur comme un dandy la veille d'un duel.

Une multitude goguenarde déborda parmi les rues et les promenades. Quel peuple! quels visages! que ce peuple de Paris au XIXe siècle, que ces fronts sceptiques et foudroyés sur lesquels toutes les passions ont laissé leur empreinte! Le défilé des corporations au Champ de Mars se fit par un soleil éblouissant. La France personnifiée dans ses neuf cents Représentants assis sur des gradins, regarda, le lorgnon à l'œil, passer la mascarade. Des sculpteurs, habitués à modeler des indécences pour le boudoir des filles galantes, avaient été chargés d'exécuter des statues colossales de la Liberté, de l'Égalité, de la Fraternité, de l'Agriculture, du Commerce, de l'Armée, de la Marine, de la France, de l'Allemagne et (rare impudeur!) de la pauvre Italie. Le peuple riait devant les gros pieds difformes de ces monstres de pierre. Le centre de cette vaste arène était occupé par une immense statue de la République. Le sculpteur Clesinger avait maçonné cette figure disproportionnée, armée, selon la poétique des circulaires de M. Lamartine, du glaive et de l'olivier.

Le soir, aux lumières, la figure de la République avait l'air d'un fantôme. Le Champ de Mars flamboyait comme un incendie. Des lueurs rougeâtres, chassées par le vent de la nuit des trépieds enflammés, tombaient à larges pans sur la tunique de plâtre qui collait aux maigres flancs du colosse. Le geste pacifique de la statue s'était changé en geste furibond. La grande main armée du glaive et de l'olivier semblait toute pleine de menaces. Une indignation amère tordait la bouche de la géante et ses lèvres de pierre semblaient se dénouer pour pousser le cri de la guerre civile.

Le clergé qu'on avait vu depuis le 25 février psalmodier au pied de tous les arbres de la liberté, n'assista pas à la fête. Il ne craignit pas seulement le ridicule d'une fête symbolique au milieu d'une population aigrie et ricaneuse, il sentit que la République allait diminuer et qu'il était temps de se retirer d'elle. Sous couleur d'indépendance, le clergé depuis soixante ans a servi ou desservi tous les régimes selon qu'ils étaient forts ou faibles. En présence d'un pouvoir exécutif discrédité, d'une Chambre souveraine où dominaient les éléments hostiles à la République, le clergé, qui avait là des abbés, des évêques et, ce qui valait mieux, la fleur des robes courtes sous les frocs mondains de MM. de Montalembert et de Falloux, le clergé, dis-je, sentit qu'il était temps de se replier sans réserve vers le corps d'armée de réaction. Quelque éclairé que fût M. Affre, il était prêtre. Le prêtre plus que le soldat qui participe lui au moins de la vie commune par la certitude d'y rentrer, par le sentiment de la nationalité, par l'espoir du mariage même, le prêtre qui n'a d'autre patrie que l'Église, en déposant le costume civil a laissé en même temps tout espoir de famille; le prêtre sans paternité, sans nationalité terrestre, appartient bien entièrement à sa milice. Au milieu des institutions modernes il joue en quelque sorte le rôle d'un corps de partisans au moyen âge et prête ses armes à des causes diverses. Le refus de M. Affre d'assister à la fête de la Concorde, fut le signal impatiemment attendu qui acheva de déchaîner l'Église contre la République.

Au surplus tout se déchaînait contre elle. Encore incapables de cette fière et savante forme de gouvernement, les Français, par leurs querelles envenimées, par le désordre de leurs idées, semblaient avoir pris à tâche de montrer à l'Europe qu'ils n'étaient que des fanfarons de démocratie. Ils offraient l'image de ces libertins incorrigibles qui passent leur vie à faire l'éloge de la vertu.

L'Assemblée après s'être enrouée le jour de la fête de la Concorde à crier : Vive la République! reprenait activement le lendemain l'œuvre de destruction, de haine, d'intrigue et de vengeance dont elle donna, durant une année (1), le spectacle au pays. Les pouvoirs extraordinaires venaient de cesser (2); de sorte que, le 15 mai aidant, il fut aisé à la faction des modérés de balayer la première couche révolutionnaire.

Nous avons vu Blanqui, Sobrier et les principaux clubistes arrêtés. On arrêta aussi MM. Pierre Leroux, Deflotte, Rey, Villain, etc., et la foule des obscurs. Dans cette masse d'ar-

(1) La dernière séance eut lieu le 26 mai 1849.
(2) *Moniteur* du 16 mai 1848.

restations nous retrouvons cet ouvrier Marche qui était venu le fusil à la main, le 25 février, demander aux dictateurs de février l'organisation du travail. Les clubs violents furent fermés; les dénonciations, les perquisitions et les arrestations se déployèrent sur une large échelle; l'Assemblée se décimait elle-même dans la personne de MM. Albert, Courtais et Barbès; les démissions du préfet de Police et du chef d'état-major de la garde nationale suivirent.—Eh bien! tout cela n'était qu'un prélude. Les commissaires faisant les fonctions de préfet tombèrent comme des épis sous la faucille. Il y eut cinquante-huit destitutions. Le contre-coup de cet ébranlement se fit sentir jusque dans les plus humbles fonctions. Le parti du *National* triomphait et, mêlés à cette faction d'un républicanisme douteux, les royalistes commençaient à se glisser dans l'administration.

L'armée elle-même n'échappa point au contre-coup du 15 mai. Le 17, le général Cavaignac fut, pour la seconde fois depuis la fondation de la République, nommé ministre de la guerre. La Commission exécutive eut la faiblesse d'oublier l'injure faite au Gouvernement provisoire et de mettre fin à l'intérim rempli par M. Charras en offrant au général Cavaignac ce portefeuille de la Guerre qu'il avait dédaigné.

Cet heureux officier commençait sans doute à croire à la République, et, flairant le vent des guerres civiles, il comprit qu'en ces temps de trouble l'épée d'un chef militaire pouvait devenir le bâton du commandement. Son premier acte fut un acte de répression. Singulier pronostic! Une sorte de sédition avait éclaté à Arras dans le 9e hussards, le 5e d'infanterie et le 1er régiment du génie. M. Cavaignac ordonna une enquête sévère et renvoya les inculpés devant la justice militaire. Peu de jours après, le 23, un conflit de pouvoir s'engagea entre le nouveau ministre et le général Baraguay-d'Hilliers, nommé, le 15 mai, commandant en chef des troupes chargées de protéger le Palais législatif. Une ordonnance du président de l'Assemblée plaça le commandement en chef sous les ordres du ministre de la Guerre. Le général Baraguay-d'Hilliers donna sa démission de commandant en chef. Débarrassé de ce redoutable adversaire, M. Cavaignac s'empressa de dissoudre la commission de défense nationale contre laquelle s'était brisé le général Subervie. Certain alors de pouvoir agir sans entraves, il attendit les événements tout en s'occupant activement des affaires de son département, surtout en ce qui concernait l'Algérie.

« Quand nous serons à M. Thiers, nous nous arrêterons, » disait un modéré à M. Louis Blanc. Sur ces pentes rapides d'une politique à outrance on ne s'arrête pas quand on veut. Le premier pas était fait. L'avant-garde républicaine était tombée; elle allait entraîner les gros bataillons et l'armée entière dans sa chute, comme la tête de Danton entraîna la tête de Robespierre et comme la tête de Robespierre entraîna celle de la République.

Que l'attention du lecteur ne se lasse jamais de suivre ce travail de décomposition. Le secret de la chute de la République est là. Un jour viendra où la République n'existant plus que de nom, où la démocratie décimée faute de grands chefs, n'ayant plus même à sa disposition les sonorités creuses de février et ne formant plus dans le parlement qu'une minorité discréditée, un jour viendra, dis-je, où les partis monarchiques se trouveront seuls en présence, se mesurant des yeux après avoir combattu sous le même drapeau et aspirant tous à la possession de ce beau royaume de France qui vaut mieux qu'une messe. Ce point de vue qui nous paraît être le seul vrai, sera, nous l'espérons, adopté par les générations qui marchent sur nos talons. La haine a ses préjugés et la colère vomit des ténèbres. Condamné à l'inaction par son impuissance, le parti républicain ne put qu'être témoin de la lutte qui se livrait, au-dessus de lui, entre les poursuivants de ce pouvoir qui lui échappait des mains. On sentira plus tard la sérénité qui résulte de cette perspective nouvelle ouverte dans l'histoire de nos guerres civiles ; et peut-être la démocratie intelligente en appréciera-t-elle le mérite. Elle sentira ce qu'il y a de vrai, de pacificateur dans ce point de vue, dont le plus grand avantage est de rompre avec les traditions démocratiques du règne de Louis-Philippe et avec l'aveugle politique de l'exil et de la prison.

Au dehors, l'Assemblée se divisait en divers groupes ou factions parlementaires qu'on est convenu de qualifier honorablement du nom de réunion. Ces groupes étaient désignés sous les noms suivants : la *réunion du Palais-National,* ou réunion Dupont (de l'Eure), fondée par MM. Marrast et de Vaulabelle, et dont faisaient partie MM. Mathieu (de la Drôme), Pascal Duprat, Babaud-Laribière, Flocon, Billault, Sénard, Dupont (de Bussac), Chauffour, etc. Elle représentait le gros du parti républicain dans le parlement et se composait d'environ trois cents membres. La réunion de la rue Castiglione, d'abord présidée par M. Menand, devint, rue Taitbout, la *réunion de la Montagne.* M. Ledru-Rollin en était le président. Ces deux groupes se subdivisèrent plus tard en réunions de l'Institut et des Beaux-Arts. En face d'eux s'était formée, sous la vague bannière de l'ordre, une réunion qui prit bientôt une importance considérable. On la nommait la *réunion de la rue de Poitiers.* M. le général Baraguay-d'Hilliers la présidait. Les trois partis monarchiques s'y groupèrent, et y formèrent une alliance momentanée contre la République.

Dans l'Assemblée, on retrouvait les divisions ordinaires de gauche, de droite, de centre avec leurs subdivisions. Le parlementarisme qui n'est autre chose que la lutte organisée, engendre toujours la même série d'antinomies politiques. De même que, dans les formations des trois règnes, les molécules se dirigent d'après de mystérieuses attractions sur un plan providentiel, les assemblées délibérantes obéissent à une loi secrète qui les distribue par nombre impair en trois, cinq ou sept fractions. La première combinaison offre les trois divisions mères : centre, droite, gauche ; la seconde donne les cinq suivantes : centre, centre droit, centre gauche, droite, gauche ; à la troisième il suffit d'ajouter : extrême droite et extrême gauche.

L'inconvénient de ces grandes assemblées est de servir d'arène à toutes les passions et à toutes les intrigues du dehors. Tout aboutit là. Et si l'on ajoute à ces causes de troubles le conflit qui, sous le système parlementaire, s'établit entre le pouvoir exécutif et le pouvoir législatif, on comprend qu'un tel régime ne saurait être, chez certains peuples, que la révolution en permanence.

Dès que le 15 mai eut en quelque sorte rompu la digue de la pudeur et de la crainte parmi les factions monarchiques, le semblant d'unité républicaine qui jusqu'alors avait régné dans l'Assemblée constituante, cessa. Les séances ne furent plus interrompues par ces cris de : *Vive la République!* dont les royalistes fatiguaient les tribunes. La fée des révolutions avait donné un second coup de baguette. Les hommes changeaient de visage en moins de temps qu'il n'en faut à la crysalide pour devenir papillon. Les conditions de la vue n'étant plus les mêmes, les objets changeaient d'aspect. Ce qui la veille paraissait bleu ou blanc devenait rouge. La physionomie de M. de Lamartine se teintait aux yeux de la réaction de nuances démagogiques. Sa colossale popularité se dégonflait. Le 15 mai avait donné le coup d'épingle. Ce crâne olympien, dépourvu de la fantasmagorie des premiers jours, apparaissait comme un fanal où brûle une flamme incertaine. La peur et l'égoïsme n'avaient plus besoin de lui; la démocratie réveillée ne croyait plus à ses discours. Réduit à soutenir ce qu'il avait attaqué, il défendait M. Caussidière et s'appuyait sur M. Ledru-Rollin.

Tous ces prestiges de trois mois s'écroulaient comme des châteaux de cartes. La Commission exécutive dédaignée du public et de l'Assemblée pendait plutôt sur la situation comme un débris démantelé du Gouvernement provisoire que comme une création véritablement nouvelle. Les constructions de campagne n'étaient plus de service. Les bonnes gens voyant venir une Constituante s'imaginaient qu'il était l'heure de bâtir. Quant aux royalistes, ils songeaient, au contraire, à pousser leurs opérations de siége.

De toutes parts les fils des intrigues rompus par le 15 mai tendaient à se renouer; il se formait des trames nouvelles. L'araignée reconstruisait sa toile; mais les fils les plus dangereux et les plus forts furent évidemment tissés par la réaction.

Tandis que la Commission de constitution, nommée les 18 et 19 mai, prépare lentement un thème aux passions et aux intérêts déchaînés, ces passions et ces intérêts saisissent les premiers prétextes venus pour se mesurer. Le vent qui souffle est mortel pour les gloires d'un jour et les triomphes d'un instant. C'est la droite qui tient les outres de ces autans destructeurs. Elle est pressée, la droite ; elle voudrait aller plus vite que le vent. Pareille à ces femmes qui oublient le lendemain leur amant de la veille, elle méprise ses propres triomphes et n'aspire qu'à de nouvelles conquêtes. M. Buchez, accueilli par elle comme le fiancé de ses espérances, ne lui paraît plus digne d'agiter la sonnette présidentielle ; elle l'a trouvé couard et plat devant l'émeute, et l'humilie du souvenir malencontreux de M. Boissy d'Anglas. Son héros du 15 mai, M. Clément Thomas, lui semble suspect ; il est soupçonné de modérantisme réactionnaire parce qu'il prétend se ménager une position tranquille entre l'anarchie et la résistance, parce qu'il se fait le complaisant messager des vœux de cette nature émis par la garde nationale poursuivant après Louis-Philippe la vieille utopie du juste milieu. Tout ce qui a joué un rôle est suspect : M. Caussidière, parce qu'il était facilement complice des factieux ; M. Charras, parce qu'il a empêché de battre le rappel ; M. Ledru-Rollin, parce qu'il était l'ami de M. Caussidière ; M. de Lamartine, parce qu'il s'était rallié à M. Ledru-Rollin.

Pour quiconque a été mêlé à la politique du temps et a gardé mémoire de ces jours étranges, y eut-il jamais un plus curieux sujet d'observation que le moral de l'Assemblée constituante après la journée du 15 mai ? Il y a des jours où l'Assemblée s'éveillait sous le coup d'une terreur sans objet ; alors les abords du Palais-Bourbon se hérissaient de baïonnettes, il était interdit de former le moindre groupe à 1,500 mètres autour de cette enceinte sacrée. Un autre jour l'Assemblée se demandait si bien réellement M. de Lamartine, que tout le monde avait jusqu'alors considéré comme un homme parfaitement honorable, n'était pas précisément tout le contraire, et M. de Lamartine se croyait obligé de se défendre devant les dix départements qui l'avaient élu. A la calomnie qui régnait alors on sentait que la compagnie de Jésus était bien représentée à la Constituante.

La Pologne et l'Italie, prétextes de la journée du 15 mai, ne tardèrent pas à rentrer dans la discussion. C'était là deux plaies vives qui devaient plus d'une fois faire tressaillir la seconde République française. La Constituante eut peur, le 23 mai, et pourtant l'orateur qui devait porter le premier la parole sur cette brûlante question était M. Wolowski, dont la froide et lourde éloquence glacerait la température des tropiques. Cette peur ridicule donnait à M. Cavaignac l'occasion de s'exercer à ce rôle de gendarme qui fut toute sa destinée. La démission du général Baraguay-d'Hilliers, qui eut lieu à cette même séance, était pour le nouveau ministre de la Guerre un premier succès.

M. Wolowski parla donc et après lui MM. Sarrans jeune, Napoléon Bonaparte et Vavin. Le discours à effet qui termina la discussion fut prononcé par M. de Lamartine ; il justifia sa politique d'abandon et de fausses promesses, en cherchant à prouver que l'Italie n'avait pas demandé d'intervention. Pendant ce temps M. Manin, invoquant les termes du manifeste, demandait avec une insistance solennelle et désespérée quelques vaisseaux français à défaut de secours réels, un pavillon à défaut de canons, pour cette noble, cette héroïque République de Venise qui succomba les armes à la main, noyée dans son généreux sang.

M. de Lamartine retrouva des applaudissements dans

cette séance où il déploya son talent ordinaire. La réaction avait certes bien raison de l'applaudir; mais, le talent de l'orateur mis à part, la gauche savait-elle ce qu'elle faisait en l'imitant? Cela est douteux; car, au fond, la politique de M. de Lamartine était bien inférieure à celle de M. Guizot qui, du moins, ne berçait pas de promesses illusoires les peuples insurgés et sacrifiait franchement la dignité du pays au génie de la paix à tout prix. Mais ces applaudissements hétérogènes devaient coûter cher à M. de Lamartine; ils prolongeaient dans son imagination la croyance à une popularité irréparablement anéantie, ils le trompaient sur ses propres forces et contribuaient à l'égarer de plus en plus dans une route perdue où l'imprudent allait bientôt se trouver seul, oublié, abandonné, désert. La réaction, tout en applaudissant l'orateur, ne craignait pas de désigner déjà cette proie que les hauteurs du Pouvoir ne garantissaient pas contre ses attaques.

Vers cette époque où le foyer des mauvaises passions semblait se concentrer dans la Chambre, un bruit mystérieux commença de circuler de bancs en bancs. Il rasa d'abord le sol « comme l'hirondelle avant l'orage », ainsi que l'a dit poétiquement Beaumarchais. Ce bruit se murmurait à l'oreille, avec défense d'en parler, de sorte que c'était à qui le confierait à son voisin. A force de ramper et de cheminer, la bête s'engraissa et devint bientôt plus formidable que la chimère de l'Apocalypse. On n'avait jamais vu ni entendu calomnie mieux réussie.

Ce qui se disait était bien simple. On assurait que M. Marrast, qui, le 15 mai, se trouvait à l'Hôtel de Ville, y avait vu M. Louis Blanc. Le parti jésuite n'était pour rien dans l'affaire; voilà ce qu'il y a de merveilleux. Il faisait sa partie dans le chorus général, mais l'invention ne lui appartenait pas. Je le dis avec douleur : en matière de calomnie, il y a des hommes plus forts que les jésuites, ce sont les démocrates. La calomnie est la plaie la plus vive de la démocratie en France. Ce vice infâme a dégoûté les plus généreuses natures, lassé les dévouements les plus infatigables et écarté d'une cause juste une multitude d'hommes distingués qui lui eussent été d'un grand appui. Bazile en chapeau mou et en longue barbe griffonne aux tapis de rédaction, hante les clubs, les comités, les sociétés secrètes, la chambre. On le rencontre partout où il y a des démocrates, la tête penchée vers l'oreille de quelqu'un, les lèvres cerclées par un *on dit*.

Il y a eu peu d'hommes plus calomniés que M. Louis Blanc. Son orgueil excessif, ses prétentions, la recherche de son attitude, tout en lui contribuait à attirer les sentiments hostiles. La calomnie venait à lui comme le fer à l'aimant. Il faut ajouter que la position qu'il avait prise au Luxembourg et la façon absolue dont il venait de poser la question sociale, n'étaient pas de nature à empêcher les vipères de siffler.

Dans cette circonstance, le calomniateur n'était ni un Brutus, ni un Caton d'Utique, c'était un républicain de la rue Lepelletier, un homme d'autant d'esprit et d'amabilité que MM. de Montalembert et de Falloux, un citoyen à qui le hasard moqueur avait donné, par antithèse, un nom congénère de celui de Marrat. M. Marrast, puisqu'il faut attacher l'auteur à son acte, avait imaginé, exécuté, tendu cet infernal traquenard où il espérait précipiter M. Louis Blanc et à sa suite MM. Lamartine, Ledru-Rollin et Caussidière. Il choisit un confident funèbre et tout taché du sang des morts de Rouen, M. Sénard, dont le nom sinistre grandissait et couvrait de son ombre l'étoile pâlissante du président Buchez.

Quand ces deux hommes si dissemblables, le journaliste et le procureur, furent d'accord, ils préparèrent leurs manœuvres dans cette réunion de républicains du juste milieu qui figura sous le nom de réunion du Palais-National. L'affaire se présentait sous l'aspect d'une simple enquête à ouvrir sur les événements du 15 mai. Le moyen était bien choisi : la droite ne laisserait pas échapper une si favorable occasion de continuer son œuvre d'élimination et de proscription. M. Marrast espérait qu'en faisant descendre la révolution d'un nouvel échelon, elle se trouverait enfin justement à sa hauteur. L'imprudent ne prévoyait point qu'elle tomberait ensuite bien plus bas.

Au fond, et sous des masques divers, ce qui se jouait dans l'imbroglio de cette intrigue n'était autre chose que la vieille, l'éternelle comédie de l'Exécutif et du Législatif, intermède ordinaire des époques d'anarchie. C'est à la Commission exécutive qu'il fallait remonter pour bien se rendre compte du fait. Là fermentait encore un reste de vieux levain, aigri, moisi, infect des conspirations du Gouvernement provisoire. On retrouvait là M. Garnier-Pagès et M. Marie, M. de Lamartine et M. Ledru-Rollin. Le vénérable Arago, dont certains républicains clairvoyants voulaient faire un chef investi du pouvoir militaire, apte à tenir au besoin la réaction en échec, ne faisait partie d'aucune faction. Cette attitude même lui ralliait l'opinion et le portait vers le sommet du Pouvoir par une de ces lois naturelles et mal comprises qu'on met sur le compte de la déesse Fortune.

Des négociations s'établirent à ce sujet entre les émissaires de M. Marrast qui menait l'opération et la Commission exécutive. Les hommes d'État du Palais-National agirent en écoliers dans cette circonstance. Les négociations manquaient de la plus vulgaire philosophie. Une transformation du Pouvoir exécutif ne s'accomplit jamais sans catastrophe, à moins que ce pouvoir ne soit assez fort pour se transformer lui-même, ou si faible qu'il obéisse docilement à l'impulsion du législatif. Supposer que MM. de Lamartine, Ledru-Rollin, Garnier-Pagès et Marie allaient de bonne grâce résigner le commandement et quitter le royal palais du Luxembourg, ce n'était pas bien connaître le cœur humain. MM. Garnier-Pagès et Marie seraient volontiers entrés dans une combinaison, (c'est le mot honnête donné à ces intrigues) qui eût éliminé MM. de Lamartine et Ledru-Rollin; mais s'éliminer eux-mêmes, ils en étaient incapables.

L'affaire en resta là. Elle était épineuse, froissante, et touchait aux plus irritables fibres de l'orgueil et de l'ambition. M. Marrast, s'apercevant qu'il faisait fausse route, changea de tactique. Il abandonna l'Exécutif pour le Législatif, conçut le plan de l'enquête, qui, en donnant d'abord à dévorer MM. Louis Blanc et Caussidière, devait entraîner MM. de Lamartine et Ledru-Rollin, fortifier le parlement et transformer le Pouvoir exécutif.

L'intrigue, on le sait, fut insuffisante, mais elle eut pour résultat, comme tout ce qui agitait alors des passions et des intérêts, d'envenimer les haines et de précipiter la marche des événements vers cette effroyable bataille qui dénoua le premier acte du drame révolutionnaire.

Ainsi qu'on l'a vu, la calomnie servit d'avant-garde à

l'enquête. Les rôles furent distribués : M. Sénard devait influer à la Chambre. M. Crémieux, ministre de la Justice, consentit à servir d'exécuteur en chef. Il eut pour aides deux figures que nous avons rencontrées parmi le groupe de conspirateurs du cabinet de M. Ledru-Rollin, les procureurs Portalis et Landrin.

Il est à remarquer, comme simple observation physiologique, qu'il y avait un journaliste, un ministre de la Justice et trois procureurs dans l'affaire.

La première victime qui, dans la prévision de M. Marrast, devait trébucher dans l'enquête, M. Louis Blanc, ignorait tout. Il sentait bien qu'il ne marchait qu'enveloppé de haine dans une espèce d'atmosphère malfaisante ; mais il y était accoutumé depuis le 16 avril, et surtout le 15 mai. Il menait alors une existence amère qui dut grossir son orgueil, parce qu'évidemment il attribuait l'animadversion dont il était l'objet à la crainte qu'il inspirait, au lieu de l'attribuer à son orgueil même.

Dans les assemblées délibérantes, il faut savoir très-habilement dissimuler les sentiments de cette nature, parce qu'ils y sont particulièrement en horreur. Je ne doute pas que M. Thiers ne soit aussi orgueilleux que M. Louis Blanc; mais M. Thiers savait dissimuler. Jamais il n'a été accusé sur ce point. M. Louis Blanc, plus roide et plus naïf, ressemblait à la mouche qui, par ses efforts mêmes pour se débarrasser d'une toile d'araignée, ne fait que s'en envelopper plus étroitement. Sans cesse harcelé, il se défendait sans adresse. « Ainsi, dit-il, l'on me plaçait dans l'alternative ou de courber la tête, et, dans ce cas, l'on disait : « Vous voyez bien qu'il n'a rien à répondre ; » ou bien de faire face aux accusations, et, dans ce cas, l'on disait : « Voyez comme il est personnel (1) ! »

Ce n'était rien encore. Bientôt M. Louis Blanc put s'apercevoir qu'il s'avançait dans les ténèbres et qu'un danger mystérieux, inconnu, planait sur sa tête. Il avait été appelé en témoignage, à propos de personnes récemment arrêtées. Le juge d'instruction l'interrogea d'un ton singulier. M. Louis Blanc sentit qu'on voulait l'embarasser et changer le témoin en accusé. La calomnie, agissant en même temps sous les formes les plus savantes, semait de fausses nouvelles. Un jour, quelque feuille complice annonçait que M. Louis Blanc venait d'être arrêté. Puis le bruit, trouvant un écho complaisant, se répercutait avec une sonorité formidable. En pareil cas dire qu'un homme est arrêté, c'est un procédé ingénieux pour le faire arrêter en effet. Les crieurs de journaux venaient aboyer la nouvelle sous les fenêtres de la victime. Une feuille, poussant la mise en scène jusqu'au degré le plus révoltant, racontait qu'on avait vu M. Louis Blanc sortir, très-pâle et très-agité, du cabinet du juge d'instruction.

Le 31 mai, l'intrigue fit un grand pas et souleva un coin de son masque. Elle se présenta au public en tenue officielle. Acteurs et comparses étaient à leur poste. L'un des meneurs, un des trois procureurs, M. Sénard, vice-président de l'Assemblée nationale, présidait la séance. L'air de la salle charriait de l'électricité. Ce qu'il y a de saisissant dans ces tragédies législatives, c'est que les formes y sont respectées. Le jour d'un assassinat parlementaire, on lit, comme à l'ordinaire, le procès-verbal de la dernière séance, on écoute paisiblement le dépôt des pétitions, et l'ordre du

(1) *Pages d'histoire*, par M. Louis Blanc, page 153.

jour poursuit lentement et gravement sa marche, comme un maître des cérémonies.

Ce jour-là, M. Xavier Durrieu interpellait M. Bastide sur les affaires de Naples. Ni le ministre, ni son interpellateur n'étaient hommes à faire patienter ceux qui attendaient le drame. « Assez! » disait-on. Mais il fallut encore entendre MM. Dahirel, Cazy et Crémieux ; puis le président engagea les Représentants éparpillés dans la salle à reprendre leurs places et annonça à l'Assemblée « une communication grave. » Ce mot éveilla toutes les attentions. Il se fit un profond silence au milieu duquel M. Sénard déclara que le citoyen procureur général près la Cour d'appel et le citoyen procureur de la République demandaient à l'Assemblée l'autorisation de poursuivre M. Louis Blanc. Il lut ensuite le réquisitoire de MM. Portalis et Landrin. Après qu'il eût parlé, le silence se prolongeait encore. Chez les uns, c'était de la stupeur en présence de tant d'audace et d'impudeur; les autres digéraient par anticipation ce festin de la peur et de la haine. « S'élève-t-il quelques observations? » demanda le président Sénard d'une voix troublée par l'inquiétude. M. Piétri demanda la parole. Il déclara qu'il ne connaissait pas M. Louis Blanc, mais qu'il voulait rendre hommage à la vérité. Il donna au réquisitoire un démenti formel, et ajouta que M. Louis Blanc n'était allé haranguer la foule que sur l'autorisation du président Buchez. « Je ne l'ai entendu prononcer que des paroles de paix et de conciliation, articula-t-il, et non pas des paroles d'irritation et de provocation à la révolte (1). »

Sur ces entrefaites, la victime entra dans la salle. Elle

(1) *Moniteur universel* du 1er juin 1848.

parut aux bancs supérieurs de l'extrême gauche et alla s'asseoir à la place laissée vide par M. Barbès. Naturellement M. Louis Blanc n'avait été prévenu de rien. Il était pâle, souffrant de cette vie que la calomnie lui faisait depuis quelque temps. Il était venu en hésitant, par esprit d'assiduité, mais il ne soupçonnait même pas que l'idée d'un réquisitoire eût pu germer dans la tête de ses ennemis. En entendant prononcer son nom à la tribune, en voyant tous les regards se diriger vers lui, il s'informe. En deux mots on lui apprend tout. « C'est aujourd'hui l'anniversaire de la proscription des Girondins, » lui dit M. Bac. « Je demande la parole ! » s'écria M. Louis Blanc.

Il mit de la dignité, de l'élévation dans sa défense ; il la rendit en quelque sorte impersonnelle en avertissant l'Assemblée des périls d'une politique de proscription qui conduisait au rétablissement de la peine de mort. A ce mot, les réacteurs furieux d'un avis qu'ils voulurent prendre pour une menace, furieux peut-être par cette irritation qu'engendre la crainte intérieure, couvrirent de leurs rumeurs la voix de M. Louis Blanc. « Expliquez-vous ! » criait l'avocat Avond que la galanterie n'avait pas encore illustré. « Qui ramènera la peine de mort? » répétait-on avec rage. « L'entraînement des passions, » répliqua M. Louis Blanc.

Il faisait en parlant ainsi beaucoup d'honneur à l'Assemblée. Elle était à la vérité capable de laisser la garde nationale furieuse se baigner dans le sang des vaincus ; elle pouvait déléguer à des conseils de guerre la triste mission d'accomplir une besogne à laquelle elle n'eût pas même osé s'associer ; mais quant à relever d'une main ferme l'échafaud en place publique, quant à condamner juridiquement, même à l'aide d'un jury corrompu, formé de « soixante bougres à poil » comme disait Darthé à Robespierre ; quant à poser carrément sa signature au bas du papier timbré que l'histoire enregistre et que Dieu vérifie, cette Assemblée, sortie du fumier de Louis-Philippe, n'avait pas une âme de telle trempe. Elle avait trop lu l'histoire, elle savait trop les retours d'ici-bas, elle aimait trop sa chair et ses vanités, et croyait trop peu au reste.

Plusieurs Représentants se succédèrent à la tribune et vinrent témoigner en faveur de M. Louis Blanc. M. James Demontry ayant fait remarquer que M. Louis Blanc était demeuré sur son banc quand tant d'autres avaient gagné la porte, ce fut un tumulte à ne plus s'entendre. Chacun prétendait n'avoir pas quitté son poste, notamment MM. de Larey et de Rancé ; le président accommoda tout en déclarant que l'Assemblée était restée à son poste jusqu'au moment où elle avait quitté la place. Cette naïveté fut applaudie avec un imperturbable sérieux.

L'un des aides du complot parut alors à la tribune. C'était le ministre de la Justice, Crémieux. En revoyant ce masque merveilleux qui, pour l'Assemblée au courant des événements, personnifiait si bien le démon grotesque de la variabilité, chacun leva la tête : en entendant grincer la girouette, on voulait voir de quel côté tournait le vent. M. Crémieux demanda qu'une Commission fût nommée. La réunion du Palais-National, dirigée par M. Marrast, faisait, on le sait, les majorités. Elle pouvait compter sur la droite. L'affaire était sûre.

La Commission fut donc accordée. — Un dernier incident termina cette honteuse séance. M. Louis Blanc venait de prendre connaissance du réquisitoire lu en son absence. Son émotion était extrême : c'est que l'injustice et le mensonge, alors qu'on en est l'objet, causent des révoltes incommensurables. Le cœur se gonfle, l'esprit se stupéfie devant l'odieux des menées dont on se sent victime. Le réquisitoire disait : « Considérant, en effet, que ledit Louis Blanc a, de son aveu, deux fois parlé au peuple, etc. ». Le mot aveu était caractéristique. On sait que M. Louis Blanc n'avait été appelé chez le juge d'instruction qu'en qualité de témoin. L'intrigue se trahit toujours quelque part. « Mais il fallait ajouter, s'écriait M. Louis Blanc, que je n'ai parlé au peuple que d'après le consentement du président. Quant aux paroles qu'on me prête, je déclare sur l'honneur qu'elles sont de toute fausseté. » On lui soutint qu'il les avait dites. La faction des sourds entra en fureur contre l'accusé. Il y eut des si, des non, des grondements, des cris. « C'est indécent ! » disaient les honnêtes gens indignés. M. Louis Blanc, découragé, se tut. MM. Baraguay-d'Hilliers, Pyat et Espinasse le conjurèrent de parler. Il reparut enfin à la tribune, répéta d'une voix brisée son démenti, et la Chambre entra dans ses bureaux.

Le lendemain M. Louis Blanc publia une brochure intitulée : *Journée du 15 mai.* Sa conduite y était clairement exposée. Mais nul, mieux que les fauteurs de la demande en autorisation de poursuite, n'était convaincu de l'innocence de celui qu'ils poursuivaient. M. Marrast n'avait-il pas imaginé l'audacieuse calomnie qui mettait en jeu la liberté d'un Représentant du peuple ?

La Commission chargée de l'examen du réquisitoire se mit à l'œuvre avec une grande activité. M. de Lamartine se conduisit envers M. Louis Blanc en loyal adversaire et déclara hautement qu'il était aussi innocent que lui-même. M. Dupont (de Bussac) et M. Bac parlèrent en faveur de l'accusé. Le violent Freslon lui-même répara, par son vote, ses injures de la soirée du 15 mai.

Mais quiconque a ce courage d'écrire l'histoire de son temps et de faire comparaître les hommes au tribunal de la postérité avant que la postérité ait commencé pour eux, celui-là, dis-je, doit s'attendre à traîner derrière soi le sombre cortége des orgueils et des ambitions brisés. Il s'avance dans la vie ayant la Haine à sa droite, la Calomnie à sa gauche, et la Vengeance derrière ses talons. M. Louis Blanc avait écrit l'*Histoire de dix ans*. Dans cette histoire, la conduite d'un avocat, secrétaire général du ministère de l'Intérieur et membre influent de la Commission, avait été sévèrement qualifiée à propos du procès d'avril. M. Jules Favre conservait ce souvenir comme on conserve un trésor. L'instinct de grandeur lui fit défaut. Il fut moins généreux que M. de Lamartine et que Freslon lui-même.

A trois voix près, la Commission conclut unanimement à l'autorisation de poursuites. Dans la séance du 2 juin, M. Jules Favre, nommé rapporteur, parut à la tribune de l'Assemblée nationale. Il lut, d'une voix dont la douceur surprit et frappa l'Assemblée, un rapport que le journaliste Ribeyrolles qualifia d'un mot pittoresque : « C'est une jatte de lait empoisonné, » dit-il. M. Jules Favre avait dépassé le but. Un rapport vulgaire, lu par une vulgarité de la Commission, eût enlevé l'autorisation de poursuites. Cette haine mielleuse révolta, froissa l'Assemblée, et entraîna les hésitants dans le parti de l'accusé.

Au rapport de M. Jules Favre, les consciences équitables opposaient une déclaration du loyal Barbès, dont M. Sénard, qui présidait, avait dû donner lecture au commencement de la séance. Cette lettre, datée du donjon de Vincennes, acquérait, par la situation même de celui qui l'avait écrite, une sorte de solennité. Il était beau de voir cet hommage rendu à la vérité du fond d'un cachot par un infortuné, tandis qu'une poignée de calomniateurs impudents, qui n'avaient pas cessé de conspirer depuis le 25 février, qui conspiraient encore, demandaient des victimes le lendemain d'une émeute dont ils eussent été les flatteurs, la fortune aidant. Il fallut que des lèvres de M. Sénard tombassent ces mots qui donnaient un démenti à ce réquisitoire si laborieusement échafaudé : « Citoyen président, à chacun la responsabilité de ses paroles et de ses actes. On accuse le citoyen Louis Blanc d'avoir dit dans la journée du 15 mai aux pétitionnaires : « Je vous félicite d'avoir reconquis le » droit d'apporter vos pétitions à la Chambre : désormais » on ne pourra plus vous le contester. » Ces mots, ou leurs équivalents, ont été en effet prononcés dans cette séance ; mais il y a confusion de personnes. Ce n'est pas Louis Blanc qui les a dits : c'est moi. Vous pouvez les lire dans le *Moniteur*, écrits quelque part, après mon nom. La présente n'étant à autres fins que de faire cette déclaration à l'Assemblée, je vous prie, citoyen président, de vouloir bien agréer, pour elle et pour vous, mes salutations fraternelles. — Signé, A. Barbès. »

La discussion fut renvoyée au 3 juin. La bataille, ce jour-là, fut livrée en règle. M. Dupont (de Bussac) déploya beaucoup de talent dans l'attaque du rapport. Il rappela ingénieusement, à M. Duvergier de Hauranne, l'un des plus âpres partisans de l'autorisation de poursuites, que lui-même, Duvergier de Hauranne, avait fortement repoussé, le 23 mai 1835, à la Chambre des députés, la demande en autorisation de poursuites formée contre M. Audry de Puyraveau. « Si M. Duvergier de Hauranne, ajouta M. Dupont (de Bussac), pense aujourd'hui le contraire de ce qu'il pensait en 1835, qu'il ait le courage de venir le déclarer ici tout haut. » Le doctrinaire fourvoyé n'accepta pas la proposition. « Dites tout ce que vous voudrez, » articula-t-il au milieu d'un inexprimable tumulte provoqué par un Représentant fort bruyant, nommé Denjoy.

M. Bac avait montré M. Louis Blanc enveloppé dans la « conspiration du mensonge et de la calomnie. » M. Louis Blanc lui-même s'était écrié : « J'atteste que je n'ai pas mis les pieds à l'Hôtel de Ville ; que dis-je ? je l'atteste ! j'en fais le serment devant Dieu, et, au nom de la vérité, au nom de la justice, je somme celui qui croirait avoir le droit de me démentir, de venir à la tribune opposer son serment au mien (1). » M. Marrast était resté sourd à cette sommation. Nominativement interpellé par M. Dupont (de Bussac) et sommé pour la seconde fois de s'expliquer sur ce bruit mystérieux qu'il avait répandu dans l'Assemblée, il garda le silence. Alors M. Raynal vint à son tour inviter poliment M. Marrast à dire ce qu'il savait sur la prétendue présence de M. Louis Blanc à l'Hôtel de Ville. « Je crois, ajouta-t-il, que, plus que tout autre, il peut édifier l'Assemblée sur la véracité d'un pareil bruit. »

Il fallut alors que l'artiste qui avait si bien ourdi cette trame vînt la détruire de sa propre main. « Au moment où je suis sorti de l'Hôtel de Ville, articula M. Marrast, un citoyen qui était à mes côtés m'a affirmé que le citoyen Louis Blanc avait été à l'Hôtel de Ville. » — « Quel est ce citoyen ? » s'écria M. Louis Blanc. M. Marrast déclara qu'il l'ignorait et

(1) *Moniteur* du 4 juin 1848.

que ses recherches à cet égard étaient restées inutiles. « Il m'est resté la conviction la plus complète, ajouta-t-il, que jamais Louis Blanc n'avait mis les pieds à l'Hôtel de Ville dans la journée du 15 mai (1). »

Cet aveu, de la part de l'auteur même de la calomnie, fit une sensation profonde dans l'Assemblée. M. Bac, qui avait demandé la parole, y renonça. La clôture est prononcée.

Une proposition anonyme, déposée sur le bureau du président Buchez, prouva que l'intrigue tentait un dernier et inutile effort pour ressaisir la proie qui lui échappait. Cette proposition tendait à laisser continuer l'information judiciaire jusqu'à ce qu'elle eût réuni des éléments nécessaires pour éclairer l'Assemblée. Invité à se nommer, l'auteur de la proposition jugea prudent de rester dans l'ombre.

On passa au vote. Deux épreuves restèrent douteuses. La puissance de la calomnie dépasse tout ce qu'on en a dit, tout ce qu'on en peut imaginer. A la troisième épreuve, qui eut lieu au scrutin de division, les timides faiblirent. Le réquisitoire fut écarté à 32 voix de majorité (2).

Mais le ressort avait été tendu. En se refermant, il prit au trébuchet ceux-là même qui avaient voulu y pousser M. Louis Blanc. MM. Crémieux, Jules Favre, Portalis et Landrin se démirent de leurs fonctions de ministre de la Justice, de secrétaire général du ministère de l'Intérieur, de procureur général et de procureur de la République. Les deux grands coupables, MM. Marrast et Sénard, échappèrent comme toujours. Le dernier fut nommé, le 7 juin, président de l'Assemblée ; le second resta vice-président.

L'insuccès de cette intrigue, dans laquelle s'étaient jouées

(1) *Moniteur* du 4 juin 1848.
(2) *Idem.*

les destinées de la Commission exécutive, ne rendit aucune force à ce pouvoir. L'Assemblée dominait tout par le retentissement de ses discussions ; les moindres questions s'y enflammaient. Les esprits disposés à la lutte cherchaient plutôt des motifs de querelles que des objets de délibérations. Le grand Lamennais s'était retiré de la Commission de constitution, et le dominicain Lacordaire avait rendu au peuple son mandat de Représentant.

M. Marrast avait espéré décimer la Commission exécutive en renversant M. Louis Blanc; puis M. Caussidière, et, à leur suite, MM. Ledru-Rollin et Lamartine. Travail de fourmi, intrigue d'araignée ! Les passions allaient, par un chemin plus court, amener cette transformation du Pouvoir exécutif. Les diplomates de la démocratie avaient souhaité un chef militaire. La guerre civile allait le leur envoyer.

Car c'était à la guerre civile qu'on marchait, et l'on s'en cachait à peine. La Commission exécutive n'existait plus que de nom. Le bruit courait à tout instant qu'elle allait se retirer ou que sa dissolution était imminente. La majorité de la Chambre était méprisée et détestée au dehors. Le peuple, fatigué de promesses mensongères, oisif, affamé, laissait éclater son mécontentement. Du 15 mai au 22 juin, Paris présenta un aspect extraordinaire. Les partis monarchiques ne dissimulaient plus leurs prétentions. La presse offrit l'image d'un débordement de fleuve. Les feuilles, notamment du 1er au 21 juin, se multiplièrent dans une effrayante proportion. Il était évident que tout ce papier allait bientôt servir de bourre de fusil. L'émeute devint endémique. Les élections partielles attisaient le feu des passions politiques. La Chambre, au lieu de pacifier, ajoutait à ces causes de désordre l'exemple d'un scandale permanent. La majorité, insolente et impatiente, jetait dans l'Assemblée les questions les plus irritantes, notamment celle de la dissolution des Ateliers nationaux. Mais dans l'impossibilité de faire marcher de front sous la plume une telle armée de faits, il est essentiel de les diviser. Un grand nombre d'entre eux se rattachent aux élections partielles, dont le résultat à Paris ressemble à un miroir qu'on promènerait sur la situation.

Tant par démissions que par élections doubles il y avait, pour vingt et un départements, trente-neuf Représentants du peuple à nommer et particulièrement onze pour le département de la Seine. Un décret de la Commission exécutive, du 22 mai, convoquait les électeurs pour le 4 juin (1). Les partis monarchiques saisirent cette occasion de se faire représenter d'une façon significative à l'Assemblée où ils comptaient déjà de nombreux adhérents.

Trois prétendants se trouvaient en présence : le comte de Chambord, le prince de Joinville et le prince Louis-Napoléon Bonaparte. Le portrait de ces trois princes, tracé comme il sera permis de le faire dans un demi-siècle, quand ni les convenances, ni la politique, ne s'opposeront plus aux libres allures de l'historien, suffirait à éclairer une situation si mal jugée en son temps. Cette compétition pour le trône qui, se pliant aux circonstances, ne craignait pas de se manifester jusque dans l'humble arène du scrutin, prouvait la surabondance monarchique de la France. Comme aux premiers temps de notre histoire, la couronne allait se donner à l'élection universelle. Les mâles de la loi salique allaient se réunir et nommer leur chef. Qu'impor-

(1) *Moniteur universel* du 23 mai 1848.

tait que l'élu fût un instant confondu avec d'autres chefs secondaires? Au milieu de cette foule d'hommes obscurs ou discrédités, la puissance de la race et du nom ne se dégageait-elle pas comme un élément distinct, supérieur, le seul qui offrît un principe pur parmi cette Assemblée barbare, mélangée, divisée, vouée aux querelles de mots, de systèmes, de doctrines, querelles bonnes pour l'école, infimes en politique. Le suffrage universel non organisé, n'ayant d'autres catégories que les circonscriptions administratives, ne devait-il pas créer la monarchie, alors même que les prétendants de race royale lui eussent manqué? L'accord circonstanciel des volontés n'engendrerait-il pas un pouvoir supérieur aux volontés individuelles, oppresseur des minorités protestantes et si bien armé qu'il pourrait un jour, prenant acte du vote national, se considérer comme l'équivalent du peuple lui-même, en droit par conséquent de lutter contre lui s'il devenait hostile?

Mais loin de trouver de grandes résistances dans cette vieille France, catholique, royaliste jusqu'à la moelle des os, le principe monarchique allait rencontrer un parti républicain sauvage et inintelligent, dévoré de cuistrerie et d'amour des systèmes, empesté de gens de talent sans caractère, tout ce qu'il faut pour se disputer et se perdre, aucune tête à la César, à la Cromwell, à la Washington, à la Robespierre, à la Napoléon. Çà et là quelque grande ruine, comme Lamennais, se hâtant vers la tombe avec la désillusion dernière; et puis rien, rien qu'une multitude ignorante, capricieuse, oppressive aujourd'hui, passive le lendemain, voulant tout, se contentant de rien, affamée de discours, de chansons, de mélodrames, de romans, d'utopies, de tabac et de vin; — et enfin, bien loin, sur toute la surface de cette vaste France, cette classe immense, éparpillée, que sous aucun régime, à aucune époque du monde, la civilisation n'a seulement effleurée, qu'on retrouve partout du nord au midi, de l'est à l'ouest, dans la même attitude, la pioche en main et courbée vers le sol, insouciante et ignorante de ce qui se fait en haut, et regardant passer les gouvernements comme elle regarde la locomotive qui fuit en sifflant dans la plaine.

Au lieu d'ennemis redoutables, le principe monarchique allait donc rencontrer un parti républicain sans consistance qui, parce qu'il entendait crier *Vive la République!* qu'il imprimait des nuées de journaux démagogiques et déclarait officiellement la royauté à jamais abolie, se faisait sur la puissance des partis monarchiques les plus ridicules et les plus fatales illusions. Il donnait le ton, rien de plus. Les partis monarchiques se bornaient à s'y conformer dans leurs petites feuilles. Les forces respectives restaient les mêmes.

J'insiste sur ce point, parce que l'action des partis monarchiques dans le drame de la République n'a pas été appréciée à sa valeur par ceux-là surtout qui en furent victimes. On aime mieux accuser la fortune que d'avouer son aveuglement.

En face d'ennemis impuissants, au sein d'un vieux peuple coutumier du poids de la couronne, le principe monarchique, obligé de chercher une incarnation nouvelle pour triompher de la République, rencontrait trois candidats, et n'avait que l'embarras du choix.

Parmi ces trois candidats, il y en avait un dont la position était mal définie. Je veux parler de M. de Joinville qui, seul parmi ses frères, avait conservé un peu de popularité en France. Agissait-il pour sa propre cause, ou représentait-il les intérêts du comte de Paris, son neveu ? Nul autre que lui-même n'a pu le savoir.

Quoi qu'il en soit, des trois prétendants, le moins dangereux pour la République était assurément M. de Joinville. Et pourtant, parmi les partis qui encombraient la situation, le parti orléaniste était assurément le plus puissant. Mais sa chute trop récente le dépouillait de tout prestige. Le parti orléaniste, lorsqu'il est trahi par la garde nationale, n'a plus de force matérielle. Il n'a jamais su monter à cheval, conspirer et faire le coup de feu : il n'a ni audace, ni gloire, ni fanatisme. Comme il ne repose que sur des intérêts, tout coup de main lui est interdit. La boutique se bornait à faire des vœux pour lui, et la presse, à sa solde, à intriguer en remuant la poussière des vieilles doctrines.

La tactique mise en usage par la famille d'Orléans, pour rentrer en grâce auprès du peuple français, manquait d'habileté. L'ex-roi, qui tremblait pour ses biens mis sous le séquestre, jouait la comédie de la misère. Les princes saisissaient toutes les occasions de faire valoir leur soumission aux volontés du peuple français. Il eût mieux valu pour leur cause qu'on les supposât capables de monter à cheval et de marcher à la conquête du royaume.

Le parti orléaniste n'en crut pas moins l'heure venue de mettre en avant le nom d'un des princes d'Orléans. Il ne réussit qu'à éveiller les soupçons des républicains et qu'à hâter une mesure de proscription qui, plus tard, eût été difficile à obtenir de l'Assemblée. Dès que le projet d'un décret de bannissement arriva à la connaissance de la famille d'Orléans, il y causa autant de surprise que de douleur. Ainsi est fait le cœur humain. Louis-Philippe et ses fils ne voyaient pas combien la Providence montrait d'esprit et d'équité en frappant ceux qui avaient frappé, en proscrivant ceux qui avaient proscrit. La République cette fois fut pleine de supériorité : elle fut vraiment la commère du bon Dieu. En mettant dans le même sac à proscription la branche cadette et la branche aînée, elle rendit le repos à bien des âmes et versa le baume de la consolation sur des blessures encore saignantes depuis dix-huit ans.

Henri, François et Louis d'Orléans, s'abandonnant au premier sentiment que leur inspira le projet de décret, écrivirent au président de l'Assemblée nationale. Ils protestaient contre le projet de décret. « Ce projet indique, disaient-ils, une assimilation que nous ne saurions accepter (1). » Leurs lettres furent lues par le président de l'Assemblée dans la séance du 24 mai. La protestation de ces jeunes gens aimables, qui eussent été mieux à leur place dans la banque, dans l'armée ou dans l'administration qu'auprès du trône, ne produisit pas grande impression. Peu de jours après, le 26 mai, le décret de bannissement fut voté par six cents Représentants. Un petit nombre d'orléanistes protesta. En général, les plus courageux s'abstinrent : M. Dupin fut du nombre. Le reste, en y comprenant d'anciens ministres de la dynastie, vota le bannissement. Un parti est jugé par de tels actes.

Pour avoir fait preuve d'ingratitude et de pusillanimité, les orléanistes ne se tenaient cependant pas pour battus. Ils agissaient dans l'ombre et sans se compromettre. C'est ainsi que se produisit au 1er juin, comme un champignon éclos dans une nuit d'automne, la candidature du prince de Joinville.

(1) Voir aux *Pièces justificatives* n° 1.

M. de Girardin ne fut pas étranger à cette production spontanée. Il avait mis son journal à la disposition du prince, qui put y exprimer, dans quelques lettres adressées à un officier de marine, son désir de devenir Représentant du peuple et Président de la République. Dans le cas où la France ne voudrait pas lui ouvrir ses portes, le prince, quittant la politique pour l'industrie, s'en irait faire fortune en Amérique.

Cette préoccupation un peu bourgeoise des choses matérielles de la vie est traditionnelle dans la famille d'Orléans. Quiconque a feuilleté la correspondance du vieux roi Louis-Philippe avec ses fils a du être frappé de voir le plus riche particulier de France parler en homme qui craint de manquer du nécessaire et féliciter tel de ses fils d'un mariage qui assure son « bien-être (1). »

En produisant M. de Joinville, le parti orléaniste avait cru faire un miracle d'habileté. Ce jeune prince n'inspirait en effet d'antipathie à personne. Mais son nom vint se briser contre une bienveillance inerte qui ressemblait à l'indifférence universelle. La candidature du prince eut beau s'étaler sur les murs en dépit du décret de bannissement, elle ne produisit même pas l'éclat d'un scandale. Le Pouvoir prit plus d'émotion que le peuple. Il ordonna des poursuites contre l'imprimeur et le signataire du placard, et ce fut tout. Le défaut capital de ce prétendant était de manquer de physionomie personnelle en politique. C'est à peine s'il est possible à l'historien de saisir quelques mots de ce caractère aimable et banal. En cherchant bien, tout ce qu'on peut découvrir en lui se résume dans ce bagage d'i-

(1) Lettre de Louis-Philippe au prince de Joinville, datée de Neuilly, jeudi 22juin 1843. (*Revue rétrospective*, n° 17, page 260.)

dées libérales et incertaines qui flottent dans l'air des classes moyennes en France et que tout jeune homme sortant du collége apporte dans la vie avec son diplôme de bachelier-ès-lettres. Mais, depuis 1848, les destinées de la France sont entraînées dans des sphères orageuses, où il ne suffit plus pour régner de quelques formules vulgaires et de quelques préjugés en faveur.

Le nom de M. de Joinville, un moment à flot, coula bien vite dans ce lit profond de l'oubli qui engloutit si promptement les gloires les plus hautes en temps de révolution. Cet exemple n'encouragea pas les légitimistes. La France n'eut pas la gaieté de voir se produire la candidature de M. de Chambord. Il eût été bien étrange, en effet, que le descendant de Hugues Capet s'offrît aux suffrages de la multitude. Mais tout ce que peut enfanter le génie de la propagande n'en fut pas moins mis en usage pour populariser le nom de Henri. Un papetier, nommé Jeanne, avait jusqu'alors exercé le monopole de cette propagande, qui consiste à multiplier l'image du prince qu'on veut immerger dans l'âme des foules. A la vitre de sa boutique, on voyait sculptée dans le marbre ou coulée dans le plâtre une tête angélique sous laquelle était simplement gravé le doux nom de Henri. Mais, sous la République, cette figure, bonne à faire rêver les douairières amoureuses, n'était plus à l'unisson des mœurs du temps. Le peuple, armé du suffrage universel, pouvait faire des rois. Il fallait flatter le peuple et pénétrer jusqu'à lui. Alors circulèrent des chansons grossières, affectant le naïf langage du pauvre, et de petites médailles à l'effigie du prince. Certains départements du Midi furent infestés de ces amulettes. Mais l'objet le plus curieux de cette pacotille qui s'étalait aux yeux des passants avec une rare impudence, était une image à deux sous représentant Henri costumé en colonel de cuirassiers. Cette imagination n'eut pas de succès. Le peuple savait, par la voix de la médisance, que M. de Chambord était légèrement boîteux. On se représentait difficilement ce jeune homme, à la fois délicat et replet, sous le harnais d'un cuirassier. Cet appareil belliqueux n'était pas en harmonie, d'ailleurs, avec l'attitude du prince vis-à-vis de la France. Nul n'ignorait que M. de Chambord, transformant l'inaction en système, avait formellement déclaré qu'il ne monterait sur le trône qu'appelé par le pays lui-même (1). Ses partisans ne pouvaient pas chanter, comme les cavaliers de Charles II : « *Le roi reprendra sa couronne.* »

La République laissa passer ces factieuses manifestations de la propagande légitimiste. Une pareille indifférence n'eût pas manqué de grandeur; mais là n'était pas la cause réelle de cette tolérance. Le vrai motif, c'est que l'esprit de la monarchie montait comme l'Océan et envahissait non-seulement la Chambre, mais encore presque toutes les régions du pouvoir.

Homme aimable et ami du plaisir, doué d'une ambition paresseuse qui s'accommodait admirablement de l'axiôme économique de M. de Gournai : « Laissez faire, laissez passer. » M. de Chambord n'était pas dangereux, malgré le talent et l'habileté de ses partisans. Il se résignait de lui-même à ce rôle d'en-cas et de pis-aller. Mais la France n'en était pas encore réduite à apporter sur un coussin de velours les clefs de sa capitale au dernier des Bourbons.

Le troisième prétendant, dont le nom avait surgi avec

(1) Voir aux *Pièces justificatives*, n° 2.

une soudaineté, une vigueur remarquables dans les départements agités par les réélections partielles, différait profondément de ses deux compétiteurs. Le prince Louis-Napoléon Bonaparte, qui s'était retiré le 25 février, sur le refus du Gouvernement provisoire, revenait sur la scène politique, non plus en personne, mais, chose plus grave, nominalement, sur les bulletins de vote de quatre départements. La Seine, la Sarthe, la Charente-Inférieure, l'Yonne offraient au neveu de l'Empereur le mandat de Représentant du peuple. Et plus tard, la Corse, tressaillant au bruit de ce nom colossal sorti jadis de son sein, lui décernait aussi des suffrages presque unanimes.

Les penseurs qui aiment à rechercher les lois de la formation historique, les esprits philosophiques soucieux de mesurer la faible part de liberté qui reste à l'individu dans ce milieu cosmique et social où s'agite la pauvre humanité, méditeront sur la fortune de Louis-Napoléon Bonaparte. Et lorsqu'ils se seront rendu compte des accumulations providentielles qui ont présidé à l'élévation de ce prince, ce qui les étonnait hier, leur paraîtra aujourd'hui irrésistible et fatal.

Ces grossières images pendues au-dessus de la cheminée du cabaret de grande route et des plus pauvres cabanes de France, recevaient leur signification. Ce retour des cendres imaginé par la perfidie de M. Thiers, — les petites causes engendrent parfois de grands effets, — s'éclairait d'un caractère nouveau. Napoléon, comme César, apparaissait aux yeux des multitudes sous l'aspect surhumain d'un demi-dieu. Et comme les dieux sont immortels, au fond de ces obscures intelligences des masses que retient vers le sol le dur travail de la glèbe, la mort réelle de Napoléon restait à l'état de doute. Le héros lui-même passait à l'état de symbole, et son identité ne se dégageait pas clairement dans leur esprit. Aussi lorsque le nom de Napoléon commença de circuler, ils se relevèrent comme un seul homme au cri de *Vive l'Empereur !*

Un brouillard épais règne dans l'esprit des masses; la politique joue un très-petit rôle dans leur vie; leurs notions sur toutes choses, excepté sur le petit nombre de celles qui se rattachent à leur humble existence, sont plus confuses que ce monde physique vu à la faible lueur qui tombe des étoiles. Il serait sans doute absurde de dire que le peuple des campagnes, en votant pour Louis-Napoléon Bonaparte, crut unanimement voter pour son oncle; mais le vieux laboureur qui, secouant une tête chenue, répétait avec une foi obtuse : « Non, IL n'est pas mort! » celui-là, dis-je, exprimait peut-être mieux la pensée du vote que les plus habiles propagandistes.

C'est au nom de l'*Idée napoléonienne* que Louis-Napoléon Bonaparte avait deux fois fait appel au pays; l'idée ou plutôt le sentiment napoléonien lui répondait. Puis, après trois règnes comme ceux de Louis XVIII, de Charles X et de Louis-Philippe Ier, la France avait le droit d'être affamée de gloire. Au nom de Napoléon, le souvenir en faisait naître l'espérance. La bourgeoisie, la bourgeoisie parisienne surtout, s'étonnait de ce mugissement profond qui sortait des foules. Elle ne s'était pas sérieusement sentie blessée par le désastre de 1815. L'or étranger avait largement indemnisé son orgueil offensé. La blessure n'avait même pas saigné. Mais le paysan, lui, connaissait les Cosaques autrement que par l'or répandu. Il avait vu son toit souillé, son pain mangé, sa femme insultée par la soldatesque étrangère. Chaque chaumière avait logé cette garnison exécrée et conservait soigneusement la légende des mauvais jours. De sorte que Napoléon, pour elle, ne signifiait pas seulement la gloire qui console et enivre, la gloire nationale qui fait que le plus humble et le plus obscur se sent fier d'être un grain de sable de cette immensité, un individu noyé dans cette glorieuse collectivité qu'on nomme la nation française; Napoléon voulait dire : la vengeance ! Oui, la la vengeance pour les champs foulés aux pieds des chevaux, la vengeance pour la sainteté du foyer violée, pour la majesté de la famille outragée; pour tant d'injures secrètes qu'apporte au logis du pauvre l'invasion étrangère; vengeance inassouvie, inespérée, envoyée de Dieu en apaisement à un peuple humilié.

La Providence avait formé le prétendant pour son rôle. En lui donnant plus de caractère que de talents superficiels, en le créant plus propre à l'action qu'à la parole, en immobilisant pour ainsi dire sa pensée dans une sorte d'idée fixe : la reconstitution de l'Empire français, elle l'avait armé pour la lutte. Une mère lui avait dit à l'oreille le mot des sorcières de Macbeth : « Tu seras roi », et il s'en était allé à travers le monde portant partout cette pensée immuable, rapportant à elle chacune de ses actions, n'imaginant pas pour lui-même une autre manière d'être, à moins que ce ne fût la tombe. Il ne concevait pas que la vie valût quelque chose à moins que d'être Empereur des Français. « J'étais bien décidé, a-t-il écrit de sa main, à relever l'aigle impériale ou à périr victime de ma foi politique (1). » Quelle légende plus romanesque que celle du prince Louis-Napoléon Bonaparte

(1) *Lettre de Louis-Napoléon Bonaparte à sa mère*, sur l'affaire de Strasbourg.

dans trois siècles d'ici? quand depuis longtemps les rancunes de guerres civiles, les haines de partis, les passions politiques de tout genre se seront abîmées dans cette grande mélancolie de l'histoire qui ressemble à la paix des tombeaux! Il n'attendait pas celui-là que la couronne lui descendît sur la tête, comme le diadème de papier doré qu'un fil conduit sur le front de l'histrion ; il ne songeait pas à se consoler du trône perdu en s'enrichissant à New-York. Il risquait sa tête pour sa couronne; et son or, il le jetait au vent, ou plutôt aux hommes; de sorte qu'il pouvait à la fois mépriser les hommes et l'or. Aux yeux de nos descendants, il apparaîtra comme ces rois errants du vieux temps qui battent la contrée avec une poignée de chevaliers fidèles. Deux fois, en pleine paix, sous un monarque puissant, il apparut aux portes de la France. Il arriva un soir dans les murs de Strasbourg, tout d'une chevauchée, avec un petit groupe de courtisans et, le lendemain, montrant aux soldats étonnés les glorieuses aigles d'Austerlitz et d'Iéna, il leur rappelait César et ses légions. Une autre fois, on le vit débarquer sur la plage de Boulogne, non loin du lieu où gît encore le tronçon d'une tour du temps de Caligula; il revenait au pied de la colonne grise élevée par la grande armée, faire appel à ce peuple plongé dans les misérables occupations du négoce et n'ayant plus d'autre idée que celle de s'enrichir.

Et, comme si rien ne devait manquer à l'harmonie de ce récit des temps futurs, le prince, se sauvant à la nage, est pris, jugé par les grands du royaume et condamné à une captivité perpétuelle. Comme Richard Cœur de Lion, comme François Ier, comme son oncle lui-même, il devait connaître les tristesses de l'exil et de la prison. Un jour, quand la forteresse de Ham ne sera plus qu'une ruine, les poëtes et les chroniqueurs diront : Là gémit un prince qui de prisonnier devint Empereur des Français.

Louis-Napoléon Bonaparte n'était pas moins différent de son siècle par son caractère que par son histoire. Dans ce monde éclectique, procédurier, parlementaire, où les hommes, nous l'avons vu, à quelque parti qu'ils appartiennent, monarchiques ou républicains, sont si peu résolus à suivre la pente d'une destinée et à risquer le tout pour le tout, le prétendant apportait la détermination de vaincre ou de périr. Quelle supériorité ce seul fait ne devait-il pas lui donner parmi tant de sceptiques, d'incertains et de trembleurs !

Au plus simple examen on reconnaissait en lui deux qualités qui font les politiques. Il joignait le flegme du Nord à l'habileté méridionale. Si l'on ajoute à cela que les revers ne parvenaient jamais à ébranler sa foi ni à lasser son courage, on comprendra qu'en temps de guerre civile, le pouvoir devait difficilement échapper à un tel homme. Ceux qui ont pratiqué ce prince dans les conseils, savent avec quelle fixité sa volonté revenait toujours à son point de départ. Ennemi des paroles inutiles, il ne discutait pas, mais revenait sans cesse à la charge, comme si le décret de sa volonté eût été lié aux inévitables décrets de la destinée. Alors la différence qui existe entre le caractère et le talent se dessinait profondément et prouvait l'infériorité du second. Les discours les plus habiles, toutes les manœuvres parlementaires, tous ces moyens brillants et spécieux venaient se briser devant cette immuable volonté, comme l'écume légère des vagues s'écrase contre un rocher. Par ce flegme, par cette fixité d'opinion, par ce silence même, il se faisait obéir avant que d'avoir en main le bâton du commandement.

Des écrivains atteints sans doute par le glaive de la guerre civile, des blessés de la vie, des hommes lésés dans leurs intérêts, dans leurs passions, dans leurs croyances, — le nombre, hélas! en est grand après de telles années, — ceux-là, dis-je, ont pensé et cherché à répandre l'opinion que la petite image des chaumières avait tout engendré, que la puissance cabalistique du nom de Napoléon était le seul auteur de l'élévation de son neveu, que la Providence ne lui avait presque rien laissé à faire. Cette assertion manque à la fois de vérité et de philosophie. Sans doute le milieu conditionnel opprime l'homme de mille façons; mais, dans ce milieu même, il faut bien qu'il reste une petite part à son indépendance. Que serions-nous donc sans cela sur cette sphère ambiante? Or, cette petite part laissée à l'activité humaine et qui suffit quelquefois, quand l'homme est fort et militant, à incliner sa destinée, Louis-Napoléon Bonaparte en a fait le plus énergique usage. Ses agents ont remué les foules jusque dans leurs entrailles, il a semé l'or et les promesses, et toutes les fois qu'il a cru voir poindre la rouge aurore du combat il n'a pas hésité à tirer l'épée pour sa cause. Il n'eut foi dans le destin qu'à la condition de le seconder.

A une époque où la plupart des écoles économiques désignées sous le nom générique de Socialisme venaient nier la politique et la rejeter comme une souquenille usée, trop étroite pour la taille de ce siècle; quand de prétendus penseurs répandaient des flots d'encre contre la diplomatie, la guerre, etc., qu'ils considéraient comme les derniers vestiges des temps barbares, Louis-Napoléon Bonaparte entrait dans l'arène avec les vieux moyens d'escrime en usage au temps des Médicis. Il venait armé de cette politique italienne qui sera toujours la première du monde; car, dans l'Italie, je comprends la Rome antique; il venait avec cette politique de Tacite, de Tite-Live, de Jules César qui passe par le grand Machiavel et qui se continue dans le César moderne, dans Napoléon le Corse. Mais que parlé-je de politique italienne? Il venait avec la politique une et éternelle basée sur la connaissance de l'homme et sur le jeu des intérêts. N'était-ce pas encore un grand avantage dans un temps de feuillistes, d'économistes, d'utopistes de toute sorte voulant réduire le monde en systèmes?

Il y a dans le parti républicain, en France, une grande vertu, la vertu suprême des conspirateurs : la constance dans l'adversité. Elle fait le fond le plus solide de ce parti qui, par cela seul, mériterait toujours l'estime et la considération du politique. Cette rare vertu, Louis-Napoléon Bonaparte la possédait, lui aussi, au suprême degré. Chaque jour, il put en faire usage dans les premières difficultés que lui suscitèrent le Gouvernement provisoire et la Constituante. Le parti républicain, étant nominativement au Pouvoir, ne pouvait exercer cette faculté sans conspirer en quelque sorte contre lui-même, qu'en se scindant. Un individu ne se scinde jamais. Les collectivités, au contraire, n'ont d'unité que dans l'attaque.

En présence d'un prince dont le seul nom était un si grand danger pour la République, le parti républicain ne sut pas agir politiquement. Sans recourir à quelqu'une de ces sanglantes trahisons auxquelles il est toujours possible de suppléer par les ressources de l'esprit, il était aisé au parti républicain d'absorber Louis-Napoléon Bonaparte au profit de la République. Ni M. de Lamartine, ni M. Ledru-Rollin, ni M. Cavaignac, ni M. Changarnier, ni aucun autre parmi les hommes qui occupèrent un moment l'attention publique, n'était du caractère nécessaire à cette longue et laborieuse installation d'un gouvernement démocratique dans un pays monarchiste et catholique depuis quatorze siècles. Au lieu de susciter des obstacles au seul homme qui, par son origine à la fois royale et plébéienne, par la gloire singulière attachée à son nom, par l'inflexibilité même de son esprit, se trouvait dans les conditions nécessaires pour cette transition de la monarchie à la République, en France, il fallait l'envelopper d'une sympathie jalouse qui ne permît pas à l'esprit de la monarchie d'arriver jusqu'à sa personne. Lui-même n'avait-il pas en quelque sorte, sincèrement ou non, conçu le pressentiment de ce rôle étrange et sans précédent, lorsque, à la forteresse de Ham, ébauchant au fond de sa prison, avec cette foi en lui-même et dans la destinée qui le suivait partout, un projet de Constitution pour l'avenir, il débutait par ces mots : « X. par la volonté du peuple, Empereur de la République française » (1). En se serrant contre lui, les Républicains, maîtres des hautes fonctions de l'État, eussent retenu Louis-Napoléon comme les républicains anglais retinrent jadis Cromwell sur le bord de la royauté. Plus heureux que Cromwell, ce prince eût peut-être fondé la République, en France, et préféré une gloire personnelle comme Washington, à l'honneur moins rare de continuer une dynastie. Mais quiconque marche au pouvoir s'appuie sur ce qu'il trouve. Les Républicains s'étant retirés de Louis-Napoléon Bonaparte, il ne resta près de lui que les monar-

(1) *Œuvres de Louis-Napoléon Bonaparte*, publiées par M. Ch.-Ed. Tremblaire, t. I, p. 82.

chistes ; il s'appuya sur eux et, secondé par leur haine de la République, il inclina fatalement vers la monarchie.

Ces réflexions devancent les événements sans doute, mais elles servent la bonne foi de l'historien vis-à-vis de son lecteur. Les passions hostiles, pas plus que les enthousiasmes du moment, ne trouveront leur compte dans ce point de vue. Je n'écris ni pour les uns, ni pour les autres ; je parle d'un homme dont la carrière n'est pas finie, d'un prince placé au milieu de circonstances terribles et solennelles, armé d'un pouvoir absolu. En réalité, à l'heure présente, je ne puis, j'ajouterai même je ne veux pas accuser plus fortement les ombres du tableau et servir des pensées que je réprouve. Je me bornerai donc à suivre l'exemple tracé par Tacite au début de ses *histoires*. L'austère chroniqueur convient lui-même qu'après la bataille d'Actium, quand la paix publique exigea que le pouvoir fût confié à un seul homme, l'histoire dut se plier aux nécessités de la situation.

CHAPITRE II.

Progrès rapides du bonapartisme. — Journaux napoléoniens. — Arrestation de MM. Fialin de Persigny et Laity. — Prise en considération par l'Assemblée de la proposition de M. Piétri, tendant à abroger la loi d'exil de 1832. — Proposition du colonel Rey relative au rétablissement de l'effigie de l'Empereur sur la décoration de la Légion d'honneur. — Refus de l'Assemblée d'entendre la lecture d'une lettre de Louis-Napoléon. — M. Clément Thomas et les « hochets de vanité. » — L'Empereur l'avait dit avant lui. — Prodrômes de guerre civile. — Le Palais Bourbon transformé en place de guerre. — Élections du 4 juin ; proclamation du vote. — Le nom de M. Thiers accueilli par des huées et des sifflets. — Nomination de Louis-Napoléon Bonaparte. — Interpellations au ministre de la guerre au sujet d'un régiment qui crie à Troyes : Vive Louis-Napoléon ! — Réplique violente du général Cavaignac. — Anathème. — Rapprochement. — Quadruple antagonisme. — Rassemblements tumultueux ; les masses attendent le passage du neveu de l'Empereur. — Protestation des membres de la famille Bonaparte contre les bruits injurieux répandus contre leur parent. — Demande d'un crédit de cent mille francs par mois. — La Commission exécutive est attaquée. — MM. Pascal Duprat et Babaud-Laribière ses seuls défenseurs. — Efforts désespérés de M. de Lamartine ; ses attaques contre Louis-Napoléon. — Coup de main parlementaire. — Décret de la Commission exécutive exilant Louis-Napoléon. — Protestation de MM. Larabit et Vieillard. — Déclaration de M. Pierre Bonaparte en faveur de la République. — M. Flocon démasque la Commission exécutive. — M. de Lamartine paratonnerre. — Le crédit est voté, mais l'émeute continue. — Rassemblements quotidiens aux abords de l'Assemblée nationale et aux portes Saint-Denis et Saint-Martin. — « Vive Barbès ! nous l'aurons, Napoléon ! » — Arrestations nombreuses. — Assemblée nationale, séance du 12 juin. — Rapport de M. Jules Favre sur l'élection de Louis-Napoléon dans la Charente-Inférieure ; il conclut à l'adoption. — Rapport de M. Buchez concluant au rejet dans le département

de la Seine. — M. Vieillard. — Lettre de Louis-Napoléon Bonaparte. — Déclaration de M. Clément Thomas sur les coups de feu. — Un garde national maladroit. — M. Louis Blanc vote pour l'admission de Louis-Napoléon. — Nouveaux efforts de MM. Pascal Duprat et Ledru-Rollin. — M. Bonjean. — Deuxième lettre de Louis-Napoléon. — Victoire du parti bonapartiste. — Langage des journaux napoléoniens. — Habileté profonde de Louis-Napoléon. — Mot d'un Représentant du peuple. — Avénement prochain du général Cavaignac. — Troisième lettre de Louis-Napoléon. — Vive agitation au sein de l'Assemblée. — Le général Cavaignac et ses comparses. — Fougueuse interruption. — Exaltation républicaine de l'Assemblée nationale. — Auguste Blum menace le président. — Remerciements de Louis-Napoléon aux électeurs. — Le président Sénard n'en donne point connaissance à l'Assemblée. — L'Assemblée n'ose pas conclure. — Démission de Louis-Napoléon. — Joie de l'Assemblée. — Constitution du parti bonapartiste.

L'histoire ne vit pas d'appréciations. Comme l'art dramatique, elle se nourrit de faits. Les faits nous appartiennent. On verra d'ailleurs qu'ils ne s'écarteront guère du point de vue dont nous avons voulu les éclairer.

Remis à flot par la circonstance des élections, le bonapartisme fit des progrès foudroyants. Le peuple fatigué de ses dieux du Gouvernement provisoire, cherchait d'autres objets d'admiration. Les Républicains préoccupés des menées orléanistes et légitimistes, s'inquiétaient médiocrement de ce nouvel adversaire. La Chambre s'assimilant sans le savoir l'esprit de l'intrigue Marrast, obéissant d'ailleurs à l'éternel instinct des assemblées, battait en brèche la Commission exécutive. Les modérés, partisans d'un chef militaire qui remît l'ordre dans la rue, tournaient les yeux vers M. Cavaignac. La voix des départements et la voix de l'émeute, s'associant en quelque sorte pour apporter dans un vœu populaire le nom de Napoléon, éveillaient à peine l'attention distraite de cette nuée de politiques sourds aux avertissements de la Providence et n'écoutant au milieu du tumulte que le bruit de leur propre parole. Du 1er au 22 juin, seize journaux ostensiblement napoléoniens parurent et inondèrent la voie publique ; les princes de la famille Bonaparte fraternisèrent dans les banquets avec le peuple ; la propagande remua les faubourgs sans que la police prît une sérieuse alarme. Elle arrêta cependant MM. Fialin de Persigny et Laity. Le premier, ancien sous-officier d'artillerie, devenu secrétaire du prétendant, était l'âme du parti bonapartiste. Le second avait jadis été condamné à cinq ans de détention par la Chambre des pairs pour avoir publié une relation de l'affaire de Strasbourg. Tous deux furent relâchés peu de jours après et repartirent pour Londres où les attendait Louis-Napoléon.

L'Assemblée nationale ne se montra ni plus prévoyante ni plus habile. Quarante-huit heures après avoir assimilé la branche cadette à la branche aînée des Bourbons et décrété le bannissement de la famille d'Orléans, elle prenait en considération une proposition de M. Piétri, tendant à abroger la loi d'exil de 1832 contre la famille Bonaparte. Le même jour, 28 mai, un officier supérieur, M. Rey, lisait une autre proposition relative au rétablissement de l'effigie de l'Empereur sur la décoration de la Légion d'honneur. L'accumulation se formait. Le 30, le prince adressa à l'Assemblée nationale une lettre dont elle refusa d'entendre la lecture. Mais ce dédain devait bientôt céder devant l'entraînement des faits. La droite aimait encore mieux d'ailleurs manifester ses sentiments monarchiques en favorisant un Bonaparte, que d'être réduite à rester inactive contre la République. Elle donna au prince un premier encouragement en prenant en considération, le 3 juin, la proposition de M. Piétri, et en manifestant son mécontentement contre

M. Clément Thomas, adversaire de la proposition de M. Rey. Il est vrai que M. Clément Thomas eut la maladresse d'exprimer une opinion philosophique à la tribune. Il qualifia la croix d'honneur de « hochet de la vanité. » L'Empereur avait dit qu'avec ces hochets on gouvernait les hommes, mais l'Empereur n'aurait pas dit cela en plein parlement. Les opinions du coin du feu ne sont pas celles des assemblées parlementaires où le mensonge règne en maître. M. Clément Thomas, objet peu de jours auparavant des ovations de l'Assemblée, fut accablé d'interruptions insultantes. Peu après, écrasé sous le poids de son propre verbe, ce général de quinzaine démissionnait et rentrait dans l'obscurité.

Au milieu de tant de causes d'agitation, la ville en émoi offrait un aspect extraordinaire. Des derniers jours de mai au 22 juin, on put suivre dans chacune des convulsions de cette grande capitale les prodrômes certains de la guerre civile. L'Assemblée, livrée à l'intrigue, ne faisait rien pour le peuple mécontent et impatient. Dans les rassemblements, le cri était : « Du travail et vive la République. » Pleine de méfiance et de secrètes terreurs, l'Assemblée ressemblait, selon l'expression d'un journal du temps, à Louis XI au Plessis-lès-Tours. Le Palais Bourbon était transformé en place de guerre et les Représentants du peuple ne délibéraient plus qu'à l'ombre des baïonnettes. Mais, des groupes épars sur la place de la Révolution, ils pouvaient entendre articuler le nom de Napoléon. Ce nom commençait à troubler des ambitions récentes et anciennes. S'il n'était pas désagréable aux oreilles des royalistes quand même, s'il était accepté par une faible portion de l'extrême gauche comme une protestation, il s'en fallait que les hommes d'État de la République modérée vissent du même œil un aussi redoutable compétiteur.

L'orage s'amassait donc. Le prochain résultat des élections avait seul empêché peut-être son explosion. Un vote négatif eût tranché la question de bannissement. Le parti bonapartiste triomphait. Les noms des élus du département de la Seine furent proclamés le 8 juin, à neuf heures, du haut du balcon de l'Hôtel de Ville (1). Le vote du peuple donnait raison à M. Caussidière; mais, en même temps, il ramenait dans le courant des affaires un ancien ministre de la monarchie, M. Thiers. Ce nom fut accueilli par des huées et des sifflets qui partirent des rangs de la garde nationale et surtout de la garde mobile. Le fait capital de ce vote contradictoire fut la nomination de Louis-Napoléon Bonaparte. Sur le conseil de leurs chefs, une partie des masses ouvrières avaient voté pour lui.

Deux jours après, le 10 juin, vers la fin de la séance de l'Assemblée nationale, un Représentant bonapartiste, M. de Heeckeren, adressa des interpellations au ministre de la Guerre sur la conduite d'un régiment qui, en entrant à Troyes, avait répondu aux acclamations républicaines de la garde nationale par le cri de : « Vive Louis-Napoléon ! » M. Cavaignac ne sut pas, dans cette circonstance, conserver son flegme habituel. Il donna une réplique violente à son interpellateur et trahit aux yeux des spectateurs intelligents le secret de ses ambitions. Il affecta de croire à l'innocence de l'homme dont le nom était, disait-il, si malheureusement mis en avant et termina en s'écriant : « Je voue à l'exécration publique quiconque osera jamais porter une

(1) Voir aux *Pièces justificatives*, n° 3.

main sacrilége sur la liberté du pays! oui, citoyens, je le voue à l'exécration publique! » M. Cavaignac, parlant au nom de la République, plaçait en quelque sorte sa personne en antagonisme avec celle du prétendant et se traçait ainsi un premier rôle qui laissait dans l'ombre la Commission exécutive et éclipsait les gloires mourantes des premiers mois de la Révolution. Mais n'est-ce pas un fait digne de remarque que cet anathème contre quiconque attenterait à la liberté du pays articulée par M. Cavaignac, par l'homme de Juin, par celui qui exerça une si rigoureuse dictature et décima si largement la démocratie?

Les jours suivants le quadruple antagonisme de Louis-Bonaparte, du général Cavaignac, de la Commission exécutive et de l'Assemblée continua de se produire. Le pouvoir était évidemment en mal de transformation. A chaque séance nouvelle, les attroupements autour du Palais Bourbon devenaient plus nombreux et plus menaçants. Le nom de Napoléon circulait dans ces masses tumultueuses. Elles attendaient, avec une anxieuse curiosité, le passage du neveu de l'Empereur.

Dans la séance du 12, M. Napoléon Bonaparte, à propos de la lecture du procès-verbal, protesta contre les bruits injurieux répandus contre Louis-Napoléon et manifesta son étonnement de ce que le Gouvernement ne donnait aucune explication à ce sujet. M. Pierre Bonaparte s'associa aux paroles de son cousin.

Cet incident n'était qu'un prélude. Mais dans une lutte sans dualité, où quatre factions combattent chacune isolément, les hostilités changent à chaque instant d'aspect, s'engagent à propos de tout, se croisent, s'entremêlent et défient sans cesse la lucidité du narrateur.

L'ordre du jour appelait la discussion d'un projet de décret tendant à ouvrir un crédit de cent mille francs par mois à la Commission exécutive. La question d'argent n'était rien au fond. Aussi, au lieu de discuter le crédit, ce fut la Commission exécutive elle-même qu'on mit en jeu. MM. Pascal Duprat et Babaud-Laribière entreprirent de la défendre; d'autres déclarèrent que leur vote dépendrait des explications de la Commission sur tel ou tel sujet. La porte ainsi ouverte aux interpellations, la discussion continua de dévier jusqu'à ce qu'elle retombât dans l'inévitable querelle des partis qui se disputent le pouvoir. M. Bedeau vint paraphraser les paroles du général Cavaignac en faveur de l'armée et contre les prétendants. Le parti Cavaignac grossissait.

M. de Lamartine parut alors à la tribune. Il s'apercevait enfin que la révolution passait au-dessus de sa tête et qu'il descendait verticalement, inévitablement au fond du gouffre. Alors il fit comme l'homme qui se noie. Il fit des gestes démesurés que nul ne voyait; il poussa des cris désespérés que nul n'entendait. L'attention publique s'éloignait de lui. Parmi ces compétiteurs nouveaux venus et pleins d'ardeur, il ne savait auquel s'attaquer d'abord. Fallait-il détruire M. Cavaignac? diminuer l'autorité de la Chambre? écarter du sol français Louis-Napoléon Bonaparte? C'est là ce qu'il importait le plus, selon lui, d'obtenir.

Ce coup de main parlementaire était préparé. M. de Lamartine avait fait signer à la Commission exécutive un décret en vertu duquel la loi de 1832, qui exilait du territoire français la famille Bonaparte, serait mise en vigueur contre Louis-Napoléon Bonaparte qui, deux fois, avait fait acte de prétendant. Après s'être longuement livré à l'apologie du Gouvernement provisoire et de la Commission exécutive, après avoir épuisé toute la série des moyens oratoires et demandé une suspension, M. de Lamartine tira de sa poche le décret de la Commission exécutive et en donna lecture. La présence de deux membres de la famille Bonaparte protestait contre le décret d'exil. Alors M. de Lamartine raconta que l'émeute grossissait autour de la Chambre; que trois hommes avaient été tués au cri de : Vive l'Empereur ! mais il se trouva en fin de compte que ces coups de feu n'existaient que dans l'imagination de M. de Lamartine. Un garde national maladroit s'était blessé lui-même avec son propre fusil.

MM. Larabit et Vieillard protestèrent contre les paroles de M. de Lamartine. Deux Bonaparte se levèrent. M. Pierre-Napoléon Bonaparte repoussa les soupçons qui pesaient sur sa famille. « La République, ajouta-t-il en terminant, je la veux inviolable ; elle est mon idole, je ne veux qu'elle, et j'aimerais mieux mourir que de voir autre chose (1). » Plus habile, M. Napoléon Bonaparte montra ce qu'il y avait d'odieux à demander un décret sous le coup des troubles de la rue. M. Flocon acheva d'enferrer la Commission exécutive en disant que le décret avait été préparé à l'avance. La corrélation n'en était que plus odieuse. Il y a des moments où il est bien dangereux de manquer d'esprit, ne fût-ce que pour ses amis.

Ce fut dans cette séance que M. de Lamartine prononça la fameuse phrase : « J'ai conspiré comme le paratonnerre conspire avec la foudre. » Deux mois auparavant le mot eût fait fortune. La France entière en éclata de rire. Ce qu'il

(1) *Moniteur* des 12 et 13 juillet 1848, 2e supplément.

y a de consolant en ce pays, c'est que, si l'on y pousse à l'excès le culte des idoles, nulle autre part on ne les y brise avec plus de sans façon.

Cette logodiarrhée dont M. de Lamartine était pris dans les circonstances décisives, et qui tant de fois avait noyé la révolution, demeura sans effet. La Commission exécutive eut ses cent mille francs, le morceau de pain de l'aumône, et ce fut tout. Le soir il y eut émeute comme à l'ordinaire à la porte Saint-Denis.

Depuis une vingtaine de jours, Paris avait pris l'habitude de s'attrouper dans le jour aux environs de la Chambre, et le soir dans l'espace compris entre la porte Saint-Denis et la porte Saint-Martin. Grâce à la nuit, à cet air de fête que donnent les lumières, à la hardiesse particulière du gamin de Paris quand le soleil est couché, l'émeute du soir était fort brillante. Les faubourgs y affluaient et le centre de Paris y dégorgeait par toutes ses grandes artères. Le Paris ganté du boulevart des Italiens y venait lui-même afin de jouir du coup d'œil. On allait alors à l'émeute comme on va au spectacle : les femmes y cherchaient des émotions. La foule était si grande que les voitures, craignant des fantaisies de barricades, ne s'y hasardaient plus. Alors la foule, maîtresse du terrain, grouillait comme une fourmilière ; puis, des profondeurs de ces masses, une psalmodie sourde, têtue, monotone, s'élevait sur l'air bien connu des lampions : « *Vive Barbès ! nous l'aurons, Napoléon !* » Le peuple marquait ainsi son mécontentement des dédains que la Chambre faisait essuyer à Louis Bonaparte. Quant à cet accouplement bizarre de Barbès et de Napoléon que la police considéra comme une ruse de la part des agents du prétendant, il ne choquait point le sentiment du peuple. Napoléon était proscrit par la Chambre et Barbès prisonnier à Vincennes par la volonté de la Chambre. L'audace incroyable dont Barbès ainsi que Napoléon avaient fait preuve en attaquant avec une poignée d'hommes le gouvernement de Louis-Philippe achevait de les confondre dans son cœur si accessible à l'admiration pour le courage malheureux. Les proclamations du préfet de Police, du maire de Paris et de la Commission exécutive contre les attroupements, le décret du 4 juin lui-même, n'avaient produit aucun effet. La garde nationale perçait lentement et péniblement la foule, elle dévorait sa fureur et l'exerçait partout où elle en trouvait sans danger l'occasion. La police en joie se livrait à des razzias inconnues de mémoire d'agent, rue de Jérusalem. La veille de la discussion que nous venons d'analyser, on avait arrêté aux portes Saint-Denis et Saint-Martin 750 personnes d'un seul coup de filet (1). Dans la soirée du 12, l'émeute hurlante et chantante recommençait de plus belle.

La séance de l'Assemblée nationale du lendemain, s'ouvrant sous de pareils auspices, devait être chaude. Il s'agissait d'entendre le rapport du septième bureau relativement à l'élection de Louis-Napoléon Bonaparte par le département de la Charente-Inférieure. Le rapporteur était M. Jules Favre, non plus le Jules Favre des conspirations nocturnes du ministère de l'Intérieur et secrétaire général audit ministère; mais un fonctionnaire tout récemment hors d'emploi, brouillé avec ses amis de la veille et encore aigri des amertumes d'une défaite. Pour M. Jules Favre, comme pour tant d'autres mécontents, Napoléon c'était le

(1) *Moniteur universel* du 12 juin 1848.

vengeur, il fallait que la Commission exécutive eût cette douleur de voir l'élection de la Charente-Inférieure validée. M. Jules Favre plaida éloquemment contre la loi de 1832, annulée de fait, selon lui, par la révolution et par la présence de deux membres de la famille Bonaparte dans le sein de l'Assemblée.

M. Buchez, rendant compte des conclusions du dixième bureau pour les élections de la Seine, proposa l'annulation, se fondant sur ce que Louis-Napoléon Bonaparte, par ses antécédents, par les circonstances mêmes du vote, devait être considéré comme un prétendant. Pendant presque tout le temps que M. Buchez occupa la tribune, des rumeurs et des murmures couvrirent sa voix fatiguée. Le sixième bureau, par l'organe de son rapporteur M. Desmarais, conclut à l'admission de Louis-Napoléon Bonaparte comme représentant pour le département de l'Yonne.

Un ami du prince, M. Vieillard, s'élança ensuite à la tribune et déclara qu'il venait remplir un devoir sacré, celui de défendre un absent, un ami. « C'est un procès qui se juge, s'écria-t-il, j'espère que vous voudrez bien entendre un défenseur en l'absence de l'accusé. » Et comme on l'interrompait en lui criant : « Et Boulogne ! et Strasbourg ! » il déclara qu'il venait seulement défendre les intentions calomniées de Louis-Napoléon Bonaparte ; et pour donner une preuve plus éclatante de l'injustice de ces calomnies, il demanda la permission à l'Assemblée de lire une lettre confidentielle du prince, datée de Londres, 11 mai 1848.

« Mon cher monsieur Vieillard, écrivait Louis-Napoléon, je n'ai pas encore répondu à la lettre que vous m'avez adressée de Saint-Lô, parce que j'attendais votre retour à Paris et l'occasion de vous expliquer ma conduite.

» Je n'ai pas voulu me présenter comme candidat aux élections, parce que je suis convaincu que ma position à l'Assemblée eût été extrêmement embarrassante. Mon nom, mes antécédents, ont fait de moi, bon gré mal gré, non un chef de parti, mais un homme sur lequel s'attachent les regards de tous les mécontents. Tant que la société française ne sera pas rassise, tant que la Constitution ne sera pas fixée, je sens que ma position en France serait très-difficile, très-ennuyeuse et même très-dangereuse pour moi. J'ai donc pris la ferme résolution de me tenir à l'écart et de résister à toutes les séductions que peut avoir pour moi le séjour dans mon pays. Si la France avait besoin de moi, si mon rôle était tout tracé, si enfin je pouvais croire être utile à mon pays, je n'hésiterais pas à passer sur toutes les considérations secondaires pour remplir un devoir; mais, dans les circonstances actuelles, je ne puis être bon à rien, je ne serais tout au plus qu'un embarras.

» D'un autre côté, j'ai des intérêts personnels graves à surveiller en Angleterre ; j'attendrai donc encore quelques mois ici que les affaires prennent en France une tournure plus calme et plus dessinée. J'ignore si vous me blâmerez de cette résolution, mais si vous saviez combien de propositions ridicules me surviennent ici, vous comprendriez combien davantage à Paris je serais en butte à toutes sortes d'intrigues. Je ne veux me mêler de rien ; je désire voir la République se fortifier en sagesse et en droits, et, en attendant, l'exil volontaire m'est très-doux, parce que je sais qu'il est volontaire. »

Les mots de Boulogne et de Strasbourg revinrent avec entêtement à la suite de cette lecture. M. Marchal déclara qu'ouvrir la porte à un prétendant, c'était l'ouvrir aux autres. M. Fresneau démontra qu'il ne fallait pas s'effrayer de la conspiration; que la France conspirait en effet, non pas contre le Gouvernement, mais pour avoir un gouvernement, et que Louis Bonaparte n'était en réalité redoutable qu'à l'égard de la Commission exécutive. Ce dernier trait flattait les passions de la majorité de l'Assemblée. M. Clément Thomas, en venant raconter ensuite que les coups de feu dont avait parlé M. de Lamartine se bornaient à un seul coup de fusil parti par la maladresse d'un garde national, amoindrit dans les imaginations le spectre de la guerre civile que M. de Lamartine avait évoqué. M. Repellin ne parvint pas à détruire cette impression, et M. Louis Blanc, mû par le même esprit qui l'avait porté à voter contre le bannissement des princes d'Orléans, et dont la parole pouvait être considérée comme l'expression des sentiments d'une partie de la classe ouvrière, vint combattre la mesure proposée contre Louis Bonaparte. MM. Pascal Duprat et Ledru-Rollin répliquèrent. Le dernier surtout s'éleva avec beaucoup de vigueur contre l'admission. Il soutint que quelques départements ne pouvaient pas faire la loi au pays. Il prouva qu'il y avait conspiration flagrante dans l'entourage du prince, et demanda que la loi de 1832 fût exécutée, au moins provisoirement.

Un bonapartiste, M. Bonjean, s'efforça de faire oublier la sensation prolongée qui suivit le discours de M. Ledru-Rollin. Il ne crut pouvoir mieux y parvenir qu'en lisant la lettre que le prince adressait, le 24 mai, à l'Assemblée nationale et dont la lecture n'avait pas été autorisée. Louis Bonaparte s'exprimait ainsi :

« Citoyens Représentants,

» J'apprends par les journaux du 22 qu'on a proposé, dans les bureaux de l'Assemblée, de maintenir contre moi seul la loi d'exil qui frappe ma famille depuis 1816. Je viens demander aux Représentants du peuple pourquoi je mériterais une semblable peine. Serait-ce pour avoir toujours publiquement déclaré que, dans mes opinions, la France n'était l'apanage ni d'un homme, ni d'une famille, ni d'un parti? Serait-ce parce que, désirant faire triompher, sans anarchie ni licence, le principe de la souveraineté nationale, qui seul pourrait mettre un terme à nos dissensions, j'ai deux fois été victime de mon hostilité contre le gouvernement que vous avez renversé?

» Serait-ce pour avoir consenti, par déférence pour le Gouvernement provisoire, à retourner à l'étranger après être accouru à Paris au premier bruit de la révolution? Serait-ce enfin pour avoir refusé, par désintéressement, les candidatures à l'Assemblée qui m'étaient proposées, résolu de ne retourner en France que lorsque la nouvelle Constitution serait établie, et la République affermie?

» Les mêmes raisons qui m'ont fait prendre les armes contre le gouvernement de Louis-Philippe me porteraient, si on réclamait mes services, à me dévouer à la défense de l'Assemblée, résultat du suffrage universel.

» En présence d'un roi élu par deux cents députés, je pouvais me rappeler être l'héritier d'un empire fondé sur l'assentiment de quatre millions de Français; en présence de la souveraineté nationale, je ne peux et ne veux revendiquer que mes droits de citoyen français; mais ceux-là, je les réclamerai sans cesse, avec l'énergie que donne à un cœur honnête le sentiment de n'avoir jamais démérité de la patrie.

» Recevez, Messieurs, l'assurance de ma haute estime.

» Votre concitoyen,

» Napoléon-Louis BONAPARTE. »

La lecture de cette lettre, commentée par M. Jules Favre, dans les termes les plus flatteurs, décida de la victoire. Elle resta au parti bonapartiste. M. Buchez maintint la proposition d'annulation; M. Degousée offrit un amendement dans le sens du maintien provisoire de la loi de 1832, jusqu'à la promulgation de la Constitution. Ce fut peine inutile. Les cris : *Aux voix! la clôture!* montraient combien la Chambre avait hâte d'opprimer la Commission exécutive.

Les journaux bonapartistes affectèrent de donner à cette journée une importance considérable. Ils représentèrent Paris et sa banlieue dans l'attitude menaçante qui précède la guerre civile. Sous le titre de *Journée du 13 juin,* ils tracèrent un récit destiné à frapper les esprits. Ils montrèrent les villages des environs encombrés de troupes, les quais barrés, les Tuileries fermées, la place de la Concorde envahie par des rassemblements d'ouvriers venus de tous les points de la ville (1). Il y avait en effet, depuis plusieurs jours, des attroupements sur les quais d'Orsay, des Tuileries et sur la terrasse du bord de l'eau. Quant au déploiement de force armée aux alentours du Palais Bourbon, c'était, depuis le 15 mai, un spectacle quotidien. A la nouvelle du vote favorable de la Chambre, les attroupements se dispersèrent au cri de : *Vive Napoléon!*

(1) Voir notamment le *Napoléonien,* 14 juin 1848.

Ce prince fit preuve, dans ces conjonctures, de beaucoup d'habileté. Bien renseigné sur les sentiments de la Chambre, il sentit qu'il avait servi d'instrument aux rancunes de la droite, et rien de plus. L'heure n'était pas venue pour lui d'entrer en France. Il fallait qu'une nouvelle couche républicaine eût rejoint la première, pour que son rôle fût possible. La République ne s'était pas encore assez dévorée elle-même. Le pouvoir n'était pas encore tombé exclusivement aux mains des modérés, et des modérés dans celles des monarchistes, seul moment où un prince s'appuyant sur les masses pouvait le disputer avec avantage.

Un mot d'un Représentant sortant de la Chambre, après cette séance du 13 juin, donne une idée juste de la direction des esprits. « Qu'avez-vous fait? disait M. Ducoux à M. Babaud-Laribière, vous avez soutenu la Commission exécutive, vous vous êtes perdu. L'avenir est au général Cavaignac. » Cette combinaison était déjà en effet trop fortement nouée pour qu'il fût aisé de la rompre. Le moindre incident devait entraîner sa réussite. Les fatales journées de juin ne firent que lui donner un triomphe plus complet.

La lettre que Louis-Napoléon Bonaparte écrivit à l'Assemblée dans ces circonstances, était non-seulement un chef-d'œuvre d'habileté par le fond, mais elle le vengeait bien par la forme des dédains qu'il avait essuyés. Cette lettre, datée du 11, parvint à l'Assemblée le 15. Elle était conçue dans les termes suivants :

« Londres, 11 juin 1848.

» Monsieur le Président,

» Je partais pour me rendre à mon poste, lorsque j'apprends que mon élection sert de prétexte à des troubles déplorables et à des erreurs funestes. Je n'ai pas recherché l'honneur d'être Représentant du peuple, parce que je savais les soupçons injustes dont j'étais l'objet; je rechercherai encore moins le pouvoir.

» Si le peuple m'impose des devoirs, je saurai les remplir; mais je désavoue tous ceux qui me prêteraient des intentions ambitieuses que je n'ai pas. Mon nom est un symbole d'ordre, de nationalité et de gloire, et ce serait avec la plus vive douleur que je le verrais servir à augmenter les troubles et les déchirements de la patrie. Pour éviter un tel malheur, je resterais plutôt en exil; je suis prêt à tous les sacrifices pour le bonheur de la France.

» Ayez la bonté, monsieur le Président, de donner connaissance de cette lettre à mes collègues.

» Je vous envoie une copie de mes remercîments aux électeurs.

» Recevez l'assurance de mes sentiments distingués.

» Louis-Napoléon BONAPARTE. »

L'habileté de cette lettre était d'augmenter le dissentiment du peuple et de l'Assemblée, et d'agir sur l'âme des masses toujours charmées de rencontrer un citoyen qui se refuse aux honneurs que d'autres briguent ardemment. En accablant la Chambre de son mépris, Louis Bonaparte était d'accord avec le sentiment du peuple. Aussi l'agitation fut vive dans l'Assemblée, quand le président Sénard eut cessé de lire.

Le général Cavaignac monta ensuite à la tribune, et comme s'il eût déjà reçu mission de porter la parole au nom de la République : « L'émotion qui m'agite, articula-t-il d'une voix brève, ne me permet pas d'exprimer, comme je le désirerais, toute ma pensée. Mais, ce que je remarque, c'est que, dans cette pièce, qui devient historique, le mot de République n'est pas prononcé. »

M. Cavaignac articula ces mots de ce ton légèrement solennel qui dénote ou la possession ou l'espérance du pouvoir. Les comparses du futur dépositaire de l'autorité exécutèrent un mouvement d'indignation. Chacun s'exerçait à son prochain rôle. Le mot de 18 brumaire circula de bouche en bouche : « Qu'il essaie ! qu'il vienne ! » s'écriaient des voix nombreuses. « Nous ne craignons aucun prétendant ! » articula M. Antony Thouret. « Il faut qu'il vienne ! qu'il vienne ! » ajoutèrent MM. Raynal et Glais-Bizoin. Quand cette fougueuse interruption fut un peu calmée, M. Antony Thouret demanda la permission de citer une phrase : « Si le peuple m'impose des devoirs, je saurai les remplir. »

Ce qu'il y a de curieux dans cette exaltation républicaine d'une Chambre détestée du peuple à cause de ses sentiments dynastiques et réactionnaires, c'est que, issue du suffrage universel, elle ne pouvait souffrir qu'on invoquât le principe de la souveraineté du peuple.

Au fond de ces fureurs parlementaires à propos du mot République, il y avait un peu de mauvaise foi et beaucoup d'inexpérience, sinon de niaiserie. La mauvaise foi fut démasquée par un certain Auguste Blum qui, du haut d'une tribune, lança au président cette phrase écrite au crayon : « Si vous ne lisez pas les remercîments aux électeurs, je vous déclare traître à la patrie. Signé : Auguste Blum, ancien élève de l'École polytechnique. » On déclara que cet homme était fou. Cet agent bonapartiste était délégué des maçons aux conférences du Luxembourg. Sa menace, loin d'indiquer de la démence, marquait au contraire beaucoup d'audace et d'à-propos. La circulaire de remercîments aux électeurs des départements de la Seine, de l'Yonne, de la Sarthe et de la Charente-Inférieure, ne marchandait pas ce mot dont l'absence avait scandalisé le général Cavaignac. Aussi le président Sénard, dans la crainte de détruire l'effet des paroles du ministre de la Guerre, se garda bien de lire cette seconde pièce dans laquelle se trouvait la phrase suivante : « Rallions-nous donc autour de l'autel de la patrie, *sous le drapeau de la* RÉPUBLIQUE, et donnons au monde ce grand spectacle d'un peuple qui se régénère sans violence, sans guerre civile, sans anarchie (1). »

L'inexpérience ou (si l'on veut qualifier plus sévèrement l'étrange crédulité du parti républicain) la niaiserie, fut d'attacher une importance quelconque à ce que le mot de République se trouvât ou ne se trouvât point dans les lettres de Louis-Napoléon Bonaparte ; la niaiserie fut encore d'imaginer que ce prince pût être sérieusement d'un autre parti que le sien. Le général Cavaignac et les autres illustrations de la gauche, témoignant pour si peu leur étonnement et leur fureur, étaient alors en politique de la force de ce poëte des carrefours qui terminait une chanson très en vogue par ce refrain : « *Napoléon, sois bon républicain !* »

Oser prétendre à gouverner les hommes, oser faire de la politique avec cette croyance que les actions humaines peuvent avoir d'autres mobiles que l'intérêt, c'est s'exposer à tomber de mécompte en mécompte, au plus avilissant degré de la duperie. Que le général Cavaignac, qui, au 25 février, n'était pas plus républicain que Louis-Napoléon, le

(1) Voir aux *Pièces justificatives*, n° 4.

fût devenu, cela se conçoit. Il avait besoin d'être républicain pour s'élever, il ne pouvait arriver au pouvoir suprême que par la République. Le prince, au contraire, avait le choix entre la République et l'Empire. Or, n'ayant jusqu'alors reçu de la République que des avanies, il n'était pas probable qu'en son cœur il dût incliner vers elle. Pour devenir républicain, il eût fallu qu'il trouvât quelque intérêt à l'être. Le parti républicain se garda bien de le lui créer. Que n'agissait-il alors avec toute la rigueur de la logique ! Sous je ne sais quel prétexte de dignité, cette Assemblée, qui avait encore la pudeur de la République et où le parti républicain jouissait de ses derniers jours de majorité, n'osa même pas conclure dans la séance du 15.

Ces mâles confidences sont, je le sais, peu en harmonie avec la politique sentimentale à la mode, en France, depuis une vingtaine d'années. Elles froisseront les hypocrites et les crédules. Mais elles importent à la clarté de ce récit complexe. L'histoire, sans ces précieuses lumières, ne serait qu'une fiction, une mêlée de fantômes s'agitant dans les brouillards. Tout homme de sang royal qui se mêle à la vie publique, aspire au trône. Tout particulier de haute ambition, en ce siècle et en ce pays, aspire à la République. Les chefs politiques, quels qu'ils soient, mêlent toujours à leurs convictions les plus pures des mobiles intéressés; mais, ce qui doit rassurer la foule, c'est que ces ambitions ne trouvent leur voie qu'en se mettant à l'unisson des intérêts généraux. Le bien public est leur indispensable passe-port. Ce qui s'écarte de cette loi peut être considéré comme exception.

C'est donc au sein des masses à qui les changements de gouvernement sont en général de nul profit, c'est dans le peuple seul que la politique prend une sorte de caractère moral et religieux. Encore n'est-il pas malaisé de démêler parmi ces sentiments exaltés de la multitude, un fond de pensées terrestres, d'aspirations au bien-être et à la fonction.

En sortant de l'Assemblée, les Représentants du peuple purent juger, à l'attitude des groupes, que le péril de la situation augmentait. « Quant à la bataille, soyez sûrs qu'elle ne s'engagera pas, » avait dit M. Duclerc à la fin de la séance. Il eût fallu en ce moment bien peu de chose pour la faire naître. Le peuple mêlait à ses cris de : « Vive Napoléon ! » des menaces de mauvais augure contre M. Thiers et les monarchistes. Une nouvelle lettre de Louis Bonaparte dissipa toutes les craintes de guerre civile et rasséréna les ambitions pressées. Le prétendant jouissait d'une faculté rare et précieuse en politique : il savait attendre. La lettre fut apportée le 16 au président de l'Assemblée par un homme de lettres, nommé Frédéric Briffaut, domicilié à Londres depuis plusieurs années. Elle lui avait été remise la veille par le prince. M. Sénard ayant fourni ces explications, donna lecture du texte suivant :

« Londres, 15 juin 1848.

» Monsieur le président,

» J'étais fier d'avoir été élu Représentant du peuple à Paris et dans trois autres départements. C'était à mes yeux une ample réparation pour trente années d'exil et six ans de captivité. Mais les soupçons injurieux qu'a fait naître mon élection, mais les troubles dont elle a été le prétexte, mais l'hostilité du Pouvoir exécutif, m'imposent le devoir de refuser un honneur qu'on croit avoir été obtenu par l'intrigue.

» Je désire l'ordre et le maintien d'une République sage, grande et intelligente; et, puisque involontairement je favorise le désordre, je dépose, non sans de vifs regrets, ma démission entre vos mains.

» Bientôt, j'espère, le calme renaîtra et me permettra de rentrer en France comme le plus simple des citoyens, mais aussi comme un des plus dévoués au repos et à la prospérité de son pays.

» Recevez, monsieur le président, l'assurance de mes sentiments les plus distingués.

» Louis-Napoléon BONAPARTE. »

L'Assemblée dissimula sa joie et passa dédaigneusement à l'ordre du jour. Elle poussa l'impertinence jusqu'à contester à Louis Bonaparte le droit de donner sa démission, se fondant sur ce que son élection avait été seulement validée et l'admission ajournée jusqu'à preuve de l'âge et de la nationalité. Le parti bonapartiste n'en demeura pas moins constitué. La modération du prince lui acquit de sérieux partisans et le peuple continua de crier par les rues et les carrefours : « Nous l'aurons, Napoléon! »

CHAPITRE III.

Semences de guerre civile. — Mouvement propre du prolétariat. — Armée anonyme de la misère. — Club des montagnards à Belleville. — Grève. — Bruits alarmants. — Rassemblements. — Les ouvriers ne répondent pas au rappel. — Effroi de la garde nationale. — Excitations des partis. — Invectives des journaux réactionnaires contre la démocratie. — On veut donner une leçon aux ouvriers de Paris et de Lyon. — Conseils pacifiques de M. Raspail aux électeurs des 4 et 5 juin. — Vains efforts. — Généralité de la fureur de la guerre civile. — Appel aux coups de fusil. — M. Arago. — Réponse aux délégués de la ville de Nantes. — Maué, Theal, Pharès. — Il faut en finir ! — Banquets provocateurs de la réaction. — Banquets à vingt-cinq centimes. — Progrès effrayants de la souscription. — M. Lagrange fait don de sa première journée d'*ouvrier parlementaire*. — 150,000 souscripteurs en quatre jours. — Réunion de la rue Albouy. — Paris prend l'alarme. — Arrestation de MM. Thomassin, Himer et Préau. — Gaspillage des fonds de la souscription. — Un jury d'honneur. — Révélations. — Rumeurs sourdes. — Agitations bonapartistes. — Menées légitimistes. — M. Caussidière, lion du moment. — M. Caussidière candidat à la présidence de la République. — Bruits d'évasion des prisonniers de Vincennes. — 116 journaux nouveaux. — Attitude des clubs. — État du faubourg Saint-Antoine. — Mot de M. Arago. — Proclamation des délégués du Luxembourg et des Ateliers nationaux aux travailleurs. — Cause déterminante et effective de l'insurrection de juin. — Détails sur les Ateliers nationaux. — Embarras du ministre des Travaux publics, M. Trélat. — Ses tentatives pour conjurer le danger. — Enlèvement de M. Emile Thomas, directeur des Ateliers nationaux. — Il est remplacé par M. Lalanne. — Vive émotion parmi les ouvriers. — Protestation de MM. Polonceau et Flachat. — Encore M. Taschereau. — Heureux résultat des mesures prises par M. Trélat. — Opposition de la sous-commission des finances ; MM. Goudchaux et de Falloux. — M. le baron Charles Dupin. — Réplique des travailleurs des

Ateliers nationaux au citoyen Goudchaux. — Agitation dans Paris. — Arrestations en masse. — Colère du peuple. — Bruit de dissolution immédiate des Ateliers nationaux. — Enrôlements forcés dans l'armée. — Envoi d'ouvriers en Sologne. — Rendez-vous à la place du Panthéon. — Appel au tribunal de l'histoire. — Les fauteurs de la guerre civile.

Maintenant descendons plus bas encore, toujours plus bas. Pour analyser les semences de la guerre civile, il ne faut pas craindre de coudoyer les multitudes, d'écouter le mugissement des carrefours, la chanson du ruisseau, le discours de la borne, les causeries du cabaret; de pénétrer dans une foule de choses basses et intimes, dédaignées des maîtres, mais qui font notre chétive gloire à nous autres de la décadence. Il ne faut pas même dédaigner de suivre la sandale immonde de cette sorcière qui va du salon au bouge, dressant à toutes les portes l'oreille majuscule sans laquelle nos vieilles sociétés européennes ne croiraient point pouvoir vivre. Les passions des chefs et des puissants, leurs intrigues ne suffisent plus à expliquer les révolutions des empires. La masse colossale du prolétariat se meut depuis soixante ans; ce n'est plus seulement le doigt d'un prince ou d'un agitateur qui la mène; elle donne les signes foudroyants d'un mouvement propre; et cette grande bataille vers laquelle nous marchons, dont nous recherchons les causes, dont nous retraçons les sinistres préliminaires, cette bataille fut livrée par une armée sans chef, l'armée anonyme de la misère; ses pâles régiments n'eurent pour général que le spectre de la faim. Il est donc temps d'interroger aussi le peuple.

Si nous nous transportons en esprit sur quelque lieu élevé d'où le regard embrasse la foule, d'où l'imagination saisit l'ensemble et les rapports de cette multitude de faits infimes qui s'égrènent ou se pressent du 15 mai au 21 juin, on n'aperçoit d'abord qu'une masse confuse, une mêlée pareille à celle d'un champ de bataille vu de loin. Puis quand l'esprit s'est accoutumé à ce grand désordre des hommes, des choses et des idées, tout cela prend son caractère, sa physionomie distincte. Dans la conflagration générale, chaque individualité, chaque action s'isole, et de même que, dans un tableau, il est loisible de considérer séparément chaque figure ou d'embrasser le tableau d'un coup d'œil, l'esprit s'accoutume, en face de ce tableau d'une révolution, au double exercice de l'analyse et de la synthèse.

C'est d'abord un club, le club des Montagnards de Belleville qui, le lendemain même de la défaite du 15 mai, fond des balles, comme si le problème de la justice sur la terre devait être résolu par un coup de fusil. Puis vint la grève, la triste grève, désolation des femmes et des enfants, maladie des peuples déclassés et qui atteste les lacunes du pacte social. Elle commence au 25 mai par les ouvriers chapeliers, gagne les boulangers, les tisseurs et plusieurs autres corporations. L'esprit de l'émeute, les excitations des partis, notamment des partis dynastiques, attend ces masses mécontentes et désœuvrées que la grève verse sur la place publique ; et comme ces masses augmentent sans cesse, le 29 mai, l'alarme se répand dans Paris. On prétend que les Ateliers nationaux, soutenus de la huitième et de la douzième légion, sont en pleine révolte et veulent former un nouveau gouvernement. Dans des terrains vagues, au nord de Paris, aux alentours d'un hôpital inachevé, qui doit porter le nom de Louis-Philippe et que la République a pris sous son patronage, des rassemblements considérables se forment; c'est le clos Saint-Lazare, qui bientôt deviendra un sanglant champ de bataille. On bat le rappel; le tambour est pris par la foule qui brise ses baguettes et crève sa caisse. La garde nationale s'aperçoit avec effroi que les ouvriers ne répondent plus au rappel et laissent dans les rangs des vides immenses; elle découvre que le pouvoir n'a plus de force, et quand, le soir, les patrouilles de cette milice citoyenne fendent lentement les flots de l'émeute, un cri s'élève autour d'elles : « A bas les municipaux patentés ! »

Les excitations de toute nature sont répandues par tous les partis à la fois. On dit aux soldats : Vous avez été honteusement désarmés en février; il faut laver cette injure dans le sang. On dit au peuple : Méfie-toi, au mépris de la foi jurée on a fait rentrer les soldats dans Paris. Trois feuilles : le *Constitutionnel*, l'*Assemblée nationale* et le *Siècle* se signalent par la violence de leurs invectives contre la démocratie et par l'impudeur de leurs calomnies. Les chefs de la réaction, les familiers de la Commission exécutive même, se vantent à haute voix de bientôt *donner une leçon* aux ouvriers de Paris et de Lyon. Chaque parti, sans en excepter la Commission, qui ne vaut même pas un parti, chaque faction compte sur une victoire pour s'emparer du pouvoir; c'est pourquoi il faut que l'insurrection ait lieu au nom de la démagogie afin que les excitateurs puissent triompher au nom de l'ordre. Les mots de *fainéants*, de *forçats*, de *voleurs*, retentissent à la tribune nationale. Les ouvriers auxquels ils s'adressent y répondent le soir à la tribune des clubs par la menace d'une prochaine vengeance. Les gardes nationaux de province jurent que s'ils reviennent à Paris ce ne sera plus, comme au 15 mai, pour ne rien faire contre l'émeute. Les ouvriers promettent que s'ils descendent dans la rue, ce ne sera plus, comme au 15 mai, les mains dans les poches. « Le jour de la vengeance approche, écrit à M. Blanqui un membre anonyme du *Club central républicain*, vous sortirez tous du donjon de Vincennes et vous serez rendus à vos amis, qui vous attendent pour sacrifier sur l'autel de la patrie, l'aristocratie d'une part, et l'Assemblée nationale de l'autre (1). » Vainement les journaux démocratiques exhortaient-ils le peuple à se tenir en garde contre les instigateurs de toute sorte, l'entraînement était général. « Avec le suffrage universel, écrivait M. Raspail aux électeurs des 4 et 5 juin, vous avez entre les mains une armée plus puissante que la mitraille. Pour vider nos querelles intestines, n'ayons plus recours à d'autres armes ; la guerre civile profiterait à la trahison. Nos ennemis nous tendent des piéges, évitons-les. Ils veulent nous pousser au désespoir, soyons résignés..... Ces ennemis sont des citoyens français, ils sont nos frères. Gardons nos armes pour nous défendre contre les rois qui menaceraient nos nouvelles institutions (2). » Mais tel n'était pas le langage des clubs ; ces exhortations d'un prisonnier n'avaient d'écho nulle part. La fureur de la guerre civile gagnait toutes les classes.

On rapporte une parole du vieux François Arago qui donne la mesure exacte de l'état des esprits à cette malheureuse époque. Parlant des querelles relatives au drapeau rouge devant la Commission d'enquête, qui le questionnait sur ce qui se passait alors dans le sein du gouvernement, il répondit : « Quand la querelle devenait plus vive, je disais :

(1) *Rapport de la Commission d'enquête*, I, 212.
(2) Voir le *Représentant du Peuple* du 11 juin 1848.

Appelez vos adhérents, je ferai battre le rappel, et nous déciderons la question à coups de fusil (1). » Les délégués de la ville de Nantes, s'étant présentés à la Commission exécutive vers la mi-juin et sollicitant un emprunt pour payer les ouvriers des Ateliers nationaux, reçurent d'un membre du gouvernement cette étrange réponse : « Si vous ne pouvez pas en sortir, faites ce que nous allons faire ici, tirez des coups de fusil (2). »

Ainsi l'émeute se présentait fatalement à la pensée de tous comme un moyen pour ceux-ci, comme une solution pour ceux-là.

Alors une parole de sang s'échappa soudain de toutes les bouches, comme si cette parole eût été le ***Manè, Thecel, Phares,*** le verbe fatidique éclos irrévocablement du ventre même de la situation : *Il faut en finir.* La France entière le répéta. Elle le répéta de l'Est à l'Ouest, du Nord au Midi, comme elle avait répété jadis le *ça ira!* Mais dans ce *ça ira* qui faisait tomber les têtes, il y avait aussi le courage du malheur, a circulation, le travail quand même, le gain des batailles et le salut de la patrie ! Le *ça ira*, plein de jeunesse, d'audace et d'espérance, était une merveilleuse réponse aux déclarations de Pilnitz, aux diatribes de Burke, à l'émigration des nobles et à la coalition des rois. Mais rien de semblable ne transpirait de cette sinistre parole des premiers jours de juin. Soldats et ouvriers, riches et pauvres, monarchistes et républicains, peuple et gouvernement, le répétaient, ce mot, avec un entêtement aveugle. Le levain de toutes les colères fermentait dans cette résolution funeste d'en finir par les armes. Aux vastes

(1) *Rapport de la Commission d'enquête*, I, 230.
(2) *Prologue d'une révolution*, par Louis Ménard.

interrogations du XIXe siècle, l'égoïsme des hautes classes n'avait pas d'autre réponse que : *Il faut en finir*. A bout de systèmes et d'utopies, renonçant à convaincre, la démocratie voulait en finir. Comme si tout devait être fini par l'égorgement les uns des autres; comme s'il suffisait d'offrir aux problèmes de la conscience un sacrifice de sang humain pour apaiser les angoisses de l'esprit; comme si le sang versé empêchait le pauvre d'avoir faim et l'opprimé de sentir son joug. Le paysan voulait en finir avec l'impôt, l'ouvrier avec le chômage, le boutiquier avec l'émeute, le gouvernement avec l'opposition, les royalistes avec la République. Tel était le sens de cette parole articulée d'une voix sourde, le sourcil menaçant, l'œil farouche, et qui fit en quelques jours le tour de la France entière.

A ces sombres préoccupations, il s'en joignait d'autres d'une nature moins grave en apparence, mais qui concouraient activement, elles aussi, à ce dénoûment sanguinaire que la France appelait d'un vœu unanime. On sait qu'un banquet patriotique avait servi de prétexte à la révolution de février. Malgré l'abus qu'on avait fait de ce genre de manifestation, malgré la diversion profonde causée par le renversement de la monarchie, la fureur des banquets ne s'était point calmée. A la suite de ses premiers succès d'avril et de mai, la réaction elle-même célébra ses triomphes et manifesta ses espérances dans des banquets moins sobres mais non moins exaltés que ceux des socialistes et des républicains. Les vins capiteux coulaient à flots dans ces réunions, qu'animait d'un esprit ridiculement belliqueux la présence de la garde nationale. Des officiers de l'armée et de la garde mobile étaient invités à ces fêtes. Elles prirent bientôt un caractère provocateur dont la démocratie s'émut.

La résolution de répondre à ces fêtes continuelles par une solennité formidable, germa dans les têtes. D'obscurs agitateurs conçurent l'idée d'une sorte de *fête du travail* à laquelle serait convié le prolétariat tout entier. Il fallait pour cela que le prix du repas descendît à la portée du plus pauvre parmi les plus pauvres. Il fut fixé à vingt-cinq centimes, et la fête prit aussitôt le nom de *Banquet à vingt-cinq centimes*. Ces agapes de la misère devaient être célébrées avec du pain, du vin et du fromage, au milieu de la plaine Saint-Denis. Des orchestres et des feux d'artifice devaient égayer la fête. Des entrepreneurs maçons des Batignolles offraient un ballon.

Cette étrange conception sortit des bureaux d'une feuille démagogique nommée *le Père Duchêne*. L'esprit littéraire et imitateur avait si bien empoisonné la démocratie française, que les plus basses régions de la politique n'en furent point exemptes. Hébert lui-même trouva des adeptes. Le banquet à vingt-cinq centimes, mis en avant par ce journal populacier, obtint un succès de vogue. Il mit en joie la canaille parisienne et enflamma l'imagination des chiffonniers. Les républicains sensés, effrayés des conséquences que pouvait avoir une pareille manifestation, s'efforcèrent d'en ruiner le projet. Le club de M. Barbès, qu'animait encore le noble cœur de son chef prisonnier, parvint seulement à faire ajourner indéfiniment le banquet.

Pendant ce temps, la souscription au banquet faisait d'effrayants progrès. Le parti légitimiste avait, disait-on, pris cent billets. On accusa également le parti bonapartiste d'avoir fait souscrire, mais ce dernier fait fut démenti par les commissaires du banquet, interpellés à ce sujet. On rapporte que M. Lagrange fit don à la caisse de *sa première journée d'ouvrier parlementaire.* La majeure partie des Ateliers nationaux, d'anciens soldats de la garde républicaine et de la garde mobile, des personnes de toutes les classes apportaient leurs vingt-cinq centimes au bureau du *Père Duchêne.* Au 4 juin, on comptait 15,000 souscripteurs. Le 8 du même mois, ce nombre, déjà considérable, s'élevait à 165,532.

Il fut question alors de fixer au dimanche 11 juin la célébration du banquet. On voulut ensuite reculer la date jusqu'au 18 juin. Chacun sentait bien que la *fête du travail* devait être le signal d'un combat et qu'il s'agissait, comme au 22 février, de souper chez les morts. Pour ces sanglantes ripailles, on choisit son jour et son heure. Le jour et l'heure propices n'apparaissaient pas. M. de Falloux n'avait pas dit son dernier mot.

Dans la soirée du 10 juin, une réunion eut lieu, rue Albouy, 15, dans la salle centrale de la *Société des Droits de l'homme.* Elle était composée des commissaires du banquet et d'un millier de délégués des clubs, des corporations ouvrières, de la garde nationale et de l'armée. Dans cette séance, le banquet à vingt-cinq centimes fut, malgré les efforts de la commission, qui ne voulait pas d'ajournement, définitivement fixé au 14 juillet, anniversaire de la prise de la Bastille.

Paris avait pris l'alarme. De son côté, la police se livrait à des visites domiciliaires et faisait arrêter, le 12 juin, sous prétexte de complicité dans l'affaire du 15 mai, les sieurs Thomassin, typographe, commissaire du banquet à vingt-cinq centimes; Himer, architecte, et Préau, lieutenant de la garde nationale de Montmartre. On sait que le banquet n'eut pas lieu, et que l'inquiétude publique changea bientôt de direction. Une somme de 15,000 fr., produit des souscriptions, avait été déposée à la Banque de France; elle fut ensuite retirée, tomba dans des mains infidèles et servit à des usages galants. Un jury d'honneur, comme on disait dans le langage du temps, fut assemblé dans les bureaux de la *Tribune des Peuples*. Une fille avait été mise en boutique et entretenue dans la banlieue de Paris avec l'obole patriotique du prolétariat parisien. C'est à peu près tout ce que put découvrir le jury d'honneur, devant qui le coupable se garda bien de comparaître. La montagne accouchait d'une souris, et l'argent de la guerre civile tombait dans un tablier déshonnête.

Mais, en ces temps d'orage, une nuée avait à peine disparu de l'horizon qu'il s'en reformait une autre plus sombre, plus menaçante que la première. Il n'y avait pas de bruit, si absurde qu'il fût, dont la population ne s'émût. La moitié de la journée des Parisiens se perdait à dire ou à écouter des absurdités dans des groupes sur les boulevards et les places publiques. A la barrière de la Chopinette, aux buttes Saint-Chaumont, à la Villette, des conciliabules avaient eu lieu, disait-on, dans le but de se transporter, le 27 mai, à deux heures, rue Vivienne, nº 49, et d'y signer une pétition pour faire nommer Bonaparte premier consul. On savait que l'avocat Charles Ledru était parti pour Londres, et l'on se demandait quel but le conduisait vers le prince. Le bruit courait d'une gratification de 50 centimes faite dans le peuple au nom de Louis Bonaparte. Le point central était, disait-on, dans le faubourg Saint-Germain; on citait dans les groupes un marchand de vin, non loin de l'Assemblée nationale, où se faisaient ces distributions; un bureau était également établi rue du Bac. On reconnut plus tard que ces 50 centimes étaient une paye régulière des Ateliers nationaux pour une demi-journée, lors du recensement. On parlait aussi d'enrôlements pour la cause du prince à bureaux ouverts, rue Hauteville, nº 14, de sa candidature à la représentation nationale et au grade de colonel de la 2e légion, des soirées du général Piat. Le 14 juin, un individu à cheveux blancs avait été arrêté, vers six heures du soir, vis-à-vis l'Ambigu, alors que, du haut d'un cabriolet de place, il répandait parmi la foule une grande quantité de brochures à la louange du prince Louis Bonaparte.

D'autres, ne cachant pas leurs sympathies légitimistes, attribuaient la misère du peuple à la méfiance des hautes classes, effrayées par la République, et qui ne se rassureraient qu'en voyant Henri V sur le trône. Des agents colportaient en même temps une fausse lettre du comte de Chambord, ce qui permit au prétendant de la démentir par un véritable manifeste (1).

Des incidents grotesques se mêlaient à ce tissu d'intrigues et d'instigations de tout genre. M. Caussidière, surnommé le *soleil de la République,* fut pendant huit jours le lion de Paris. Un bataillon de montagnards licenciés, qui jadis s'était intitulé *bataillon sacré,* invoquait le nom de M. Caussidière, son chef, dans un placard belliqueux. Les électeurs de Paris donnaient 147,000 suffrages à l'ex-préfet de police; et, peu de jours après, le 17 juin, le nommé Alfred Boullenot, ex-rédacteur du journal *la Révolution sociale* (de l'Isère), proposait, dans un placard sous forme de pétition à l'Assemblée nationale, la nomination de

(1) Voir aux *Pièces justificatives* nº 5.

M. Caussidière à la présidence de la République. Paris s'égaya un peu de cet incident, mais le lendemain il reprenait ses sombres préoccupations.

Depuis le 15 mai, il avait été fréquemment question, dans les conciliabules populaires, de faire évader M. Barbès et les autres prisonniers de Vincennes. Cette rumeur prit de la consistance dans les premières semaines de juin. On avait, disait-on, découvert une ancienne conduite souterraine communiquant du donjon de Vincennes à un ancien couvent de Charenton, transformé en manufacture. La maçonnerie qui masquait l'entrée du souterrain était détruite, et sous peu de jours les prisonniers de Vincennes devaient s'échapper. La police eut vent de l'affaire et se mit en mesure. La Commission exécutive décida que M. Arago irait, le jour de l'attaque, s'enfermer à Vincennes. Il s'y rendit même, accompagné du général Tournemine, pour examiner à l'avance les moyens de défense, et fit placer quatre obusiers près d'un tas de fourrages et de foin dont on disait vouloir se servir pour combler le fossé. Mais les espérances et les passions du prolétariat n'en recevaient pas moins une excitation nouvelle.

Au surplus, la presse et les clubs ne laissaient pas respirer le lion populaire et entretenaient à l'envi sa fureur. 116 journaux nouveaux, dont 49 républicains, 16 bonapartistes, 12 royalistes et 39 sans couleur fixe, c'est-à-dire livrés aux plus coupables intrigues, parurent du 15 mai au 22 juin. De leur côté, les clubs hurlaient la menace et l'injure. La *Société fraternelle* et le club de la *Belle Moissonneuse*, qui contenait plus de cinq cents ouvriers déterminés des ateliers d'Ivry, discutaient ouvertement l'insurrection. Le faubourg Saint-Antoine était en feu. « J'aimerais mieux les plus mauvais théâtres que les clubs, disait le vieux François Arago. Nous les avons chassés des édifices appartenant à l'État, mais nous étions forcés de respecter le droit d'association. Sous le Gouvernement provisoire, la position était difficile. On nous disait : Pourquoi ne mordez-vous pas ? Nous aurions pu répondre : Parce que nous n'avons pas de dents (1). »

Épouvantés des conséquences que pouvaient avoir ces excitations de toute nature, des délégués du Luxembourg et des Ateliers nationaux, parmi lesquels figuraient MM. Pierre Vinçart, Auguste Blum, Bacon, Carlier, Petit-Bonnard, etc., et faisant cause commune depuis la cessation du provisoire, adressaient aux travailleurs une proclamation pour les engager à la méfiance et au calme. Ils terminaient ainsi : « Nul ne doit prétendre désormais qu'au plus beau de tous les titres : celui de citoyen ; nul ne doit essayer de lutter contre le véritable souverain : le peuple ; le tenter serait un exécrable crime, et quiconque l'oserait serait traître à l'honneur et à la patrie. La réaction travaille, elle s'agite ; ses nombreux émissaires feraient luire à vos yeux, frères, un rêve irréalisable, un bonheur insensé ; elle sème l'or, *défiez-vous*, amis, *défiez-vous !* attendez, attendez encore quelques jours, avec ce calme dont vous avez fait preuve, et qui est la véritable force. Espérez, car les temps sont venus, l'avenir nous appartient ; n'encouragez pas par votre présence les manifestations qui n'ont de populaire que le titre ; ne vous mêlez pas à cet folies d'un autre âge. Croyez-nous ! écoutez-nous ! rien maintenant n'est possible en France que la République

(1) *Rapport de la Commission d'enquête*, I, 229.

démocratique et sociale! L'histoire du dernier règne est terrible; ne la continuons pas. Pas plus d'empereurs que de rois! Rien autre chose que la liberté, l'égalité et la fraternité (1). »

Le lecteur a pu remarquer comme nous que parmi les signatures de cette pièce figure un agent bonapartiste; ce détail, et mille autres de même nature qu'il serait fastidieux de relever, montrent dans quelle profonde confusion d'idées, dans quelle inextricable mêlée de factions, la France était plongée à la veille de la bataille de juin.

Telles furent, à peu de chose près, les causes de cette boucherie humaine qui devait, d'un instant à l'autre, ensanglanter Paris. Nous en avons déroulé le tableau dans son ensemble, il importe à la clarté du récit d'en distraire la cause déterminante et effective : les Ateliers nationaux. Cette armée de la misère, recrutée contre le Luxembourg par l'avocat Marie, a son action isolée dans ce vaste drame politique. Dans le chœur des monstres et des fantômes évoqués par les principes et les ambitions en lutte, sa personnalité colossale se détache et domine enfin la scène entière.

Une politique détestable, celle d'une faction qui, sous le masque de la modération, flairait le sang, elle aussi, avait contribué à l'accroissement des Ateliers nationaux. Nous avons vu, à certains jours, les enrôlements se multiplier dans de menaçantes proportions. On n'avait pas attendu que la misère vînt demander secours à l'État. Des incitations plus ou moins directes encouragèrent plus d'une fois le pauvre à vaincre sa pudeur et à s'enrôler dans les ate-

(1) *Journal des Travailleurs* cité par l'*Organisation du travail* du 14 juin 1848.

liers de la fainéantise. Quand la finance, poursuivie par le cauchemar du Luxembourg, avait mal dormi, la porte des Ateliers nationaux s'ouvrait si aisément qu'en vérité ce n'était pas la peine de n'y pas entrer. Lorsque cessa le provisoire, quand les pouvoirs furent à peu près légalement constitués, et qu'on songea à se débarrasser de ce polype dévorant, on s'aperçut alors de son énormité et de la difficulté de l'opération.

Les Ateliers nationaux comptaient 113,010 enrôlements (1), lorsque fut formé, au 12 mai, le ministère de conciliation. Parmi les membres de cet étrange cabinet se trouvait un homme de bon sens et de bonne volonté, M. Trélat. Placé au département des Travaux publics, il se vit par conséquent plus spécialement chargé de la dissolution de cette formidable bande, organisée presque militairement.

La situation était clairement indiquée. Les Ateliers nationaux obéraient les finances en même temps qu'ils épouvantaient les hautes classes par le seul fait d'une pareille agglomération de prolétaires. Les dissoudre, c'était jeter sur la place publique cent mille ouvriers sans ouvrage et livrés aux conseils de la colère, aux excitations des partis. Les conserver, c'était épuiser le trésor, c'était ajourner indéfini-

(1) La progression des embrigadements s'était ainsi faite :

Du 9 au 15 mars.	5,100	ouvriers.
16 au 31 »	23,250	—
1er au 15 avril	36,520	—
16 au 30 »	34,530	—
1er au 15 mai.	13,610	—
16 au 31 »	3,100	—
1er au 15 juin	1,200	—
	117,310	ouvriers.

(*Rapport de la Commission d'enquête*, II, 156.)

ment le retour de la confiance et la reprise des affaires.

Or, à l'heure où le nouveau ministre méditait sur ce dilemme plein d'angoisses, des bandes d'ouvriers, de gens sans aveu, partaient des départements, de la Belgique, de l'Afrique même, et se dirigeaient vers le caravansérail du chômage ouvert au prolétariat dans Paris.

Il fallait agir promptement et sûrement; deviner l'énigme ou être dévoré par le sphinx. M. Trélat comprit de suite que ces cent treize mille hommes, divisés par petits groupes, répartis sur toute la surface du pays, fondus pour ainsi dire au reste de la population, cesseraient d'abord d'être un danger; il ne s'agissait pour l'État que de rapatrier au travail ces proscrits de l'atelier. Pour cela il fallait que l'atelier se rouvrît. Le nouveau ministre s'appliqua résolûment à en trouver le moyen.

Il forma, le 12 mai, une commission chargée de lui faire un rapport sur l'état des Ateliers nationaux, et sur les moyens de les dissoudre sans danger. Il adressait en même temps un chaleureux appel aux patrons et chefs d'ateliers pour les engager à reprendre une partie de leurs ouvriers. La commission travailla jour et nuit; son rapport fut remis le 19 au ministre, qui l'approuva et en ordonna l'impression à douze cents exemplaires. Ce rapport jette l'effroi dans la Commission exécutive; le fantôme du droit au travail lui apparaît à travers ces palliatifs innocents qui, loin de viser à la solution du problème de l'organisation du travail, n'ont d'autre but que de remettre les choses à peu près où elles étaient au temps du roi Louis-Philippe. Cette même Commission exécutive, qui, vers la même époque, n'osait pas dissoudre la société des Droits de l'Homme, reculait maintenant devant un péril imaginaire. L'Assemblée l'épouvantait et lui ôtait le peu d'initiative qui pouvait lui rester. Le Pouvoir exécutif ne trouve rien de mieux que de faire décréter par l'Assemblée le travail à la tâche et le renvoi dans leurs départements des ouvriers étrangers à Paris, et d'adresser aux maires l'invitation de ne délivrer de passe-port pour Paris qu'aux travailleurs qui justifieront d'une existence ou d'un travail assuré (1). Le ministre s'aperçoit en même temps qu'il est trahi par le mauvais vouloir et l'inactivité du jeune directeur, M. Émile Thomas, qui obéit évidemment à des inspirations étrangères.

Il devenait indispensable de faire acte d'énergie; mais tel était alors le dégradant état de faiblesse du pouvoir que, dans la crainte d'être mal soutenu sans doute, M. Trélat, pour se débarrasser de M. Émile Thomas, dut recourir à un moyen romanesque; il fit appeler le jeune homme dans son cabinet, et le fit enlever en sortant par des gens de police. Ce ne fut qu'en arrivant à Chartres que M. Émile Thomas put raconter sa mésaventure dans cette lettre adressée à sa mère : « Voici toute l'affaire. Arrivé hier au soir chez M. le ministre, il me demande de lui donner sur-le-champ ma démission et m'annonce que je vais partir immédiatement en mission à Bordeaux et à Bayonne; d'explications aucunes... Tout cela avec infiniment de politesse et d'apparence d'amitié. J'écris ma démission, je la copie... On me donne un passe-port, et je monte en voiture à six heures et demie avec deux officiers de paix... le motif véritable n'est, je crois, que celui-ci : J'ai déclaré que si on prenait des mesures que je jugeasse imprudentes pour la

(1) *Moniteur universel* du 4 juin 1848.

tranquillité publique, je me retirerais pour n'en pas supporter la responsabilité, ou tout au moins que j'en appellerais à l'Assemblée nationale. »

Tandis que la lettre de cachet de M. Trélat recevait son exécution, M. Lalanne, son gendre, était installé, non sans quelque difficulté, à la direction des Ateliers nationaux. Les ouvriers s'émurent, moins par intérêt pour M. Émile Thomas qu'en pressentiment d'une dissolution prochaine des Ateliers nationaux. On leur répondit par les promesses d'usage et ils se calmèrent. MM. Polonceau et Flachat présentèrent, au nom du personnel de la direction, une protestation contre la mesure exceptionnelle qui frappait l'ex-directeur. A la Chambre, M. Taschereau, l'éditeur de la *Revue rétrospective*, essaya de faire un peu de scandale sur cette illégalité si peu importante à côté des immenses périls de la situation. La commission instituée pour les solutions relatives aux Ateliers nationaux s'étant adressée au ministre, M. Trélat lui répondit : « Il n'y a rien eu dans la mesure prise à l'égard de M. Émile Thomas, qui puisse porter la moindre atteinte à son caractère, à son honneur, ni diminuer la justice rendue à ses services. » C'était bref, c'était obscur; mais il s'agissait bien de M. Émile Thomas dans un pareil moment! aussi fut-il bientôt oublié.

Mieux secondé, M. Trélat reconstitua la commission des Ateliers nationaux, qui se mit en permanence, et reprit en sous-œuvre les propositions du rapport écarté. Le premier résultat des travaux de cette commission fut d'éliminer, sur les 120,000 noms formant alors le total des Ateliers nationaux, 25,000 noms inscrits en double (1). Les bureaux

(1) *Rapport de la Commission d'enquête*, II, 148.

furent réduits à de modestes proportions. Le travail à la tâche remplaça le travail à la journée. Le règne de la fainéantise tirait à sa fin. Et comme les mauvaises passions jouent un rôle important dans les révolutions, il faut ajouter à la nomenclature des causes de l'insurrection de juin, la colère des paresseux, forcés à un travail réel, et l'exaspération des coquins, expulsés pour double inscription.

Ces mesures d'ordre réjouissaient au contraire les bons ouvriers, qui voyaient poindre une garantie dans la sévérité même de la nouvelle administration. Mais les partis dynastiques n'avaient pas intérêt à ce que l'avalanche se fondît. Ils ne pouvaient voir d'un œil favorable une telle difficulté se résoudre pacifiquement et permettre à la République de prendre assiette dans le pays.

Une sous-commission des finances, à la tête de laquelle était le banquier Goudchaux, et dont faisait partie un gentilhomme de robe courte, M. de Falloux, se mit en travers des propositions présentées par les commissaires de M. Trélat. Avec cette inintelligence et cet entêtement de comptable dont il avait déjà donné les plus tristes preuves au début de la République, M. Goudchaux, impropre à la politique, allait, bien certainement sans le vouloir, servir de sinistres desseins. Il allait favoriser la Saint-Barthélemi de M. de Falloux.

La *Commission des Ateliers nationaux* proposait des mesures d'une économie bien entendue. Elle ne séparait point l'ouvrier du patron dans l'appui qu'elle demandait à l'État en faveur du travail. Lorsqu'elle réclamait des primes pour l'exportation, des commandes directes, une garantie sur des objets manufacturés, l'ouvrier n'était évidemment pas le seul objet de ses préoccupations. Le projet de la commission contenait, en outre, une série de dispositions embrassant la colonisation algérienne, des encouragements à donner aux associations ouvrières, une loi sur les prud'hommes (1), la fondation d'une caisse de retraite et d'assistance, des avances sur les salaires. Tout cela coûtait 200 millions, dont chaque ministère prenait une part. M. le baron Charles Dupin fit observer que cela donnait, pour cent mille hommes, deux mille francs par tête. Étrange façon de calculer! s'il se fût agi de verser deux mille francs dans les mains de chaque ouvrier des Ateliers nationaux, la Chambre eût bien fait de trouver cela trop cher et de refuser un remède inutile et dangereux. Mais, en présence des projets de la commission, l'observation de M. le baron Charles Dupin était une balourdise économique. Elle triompha pour ce motif peut-être et aussi parce qu'elle rencontrait d'actives passions.

M. Trélat se débattait contre les étreintes d'implacables factions, pour lesquelles un conflit devenait ou le chemin du pouvoir, ou celui d'une restauration monarchique. Il faut ajouter que la Chambre voulait aussi en finir et ne savait rien de l'état réel du pays. Les assemblées délibérantes, composées comme elles l'étaient, et fonctionnant à l'état normal, deviennent en peu de jours des académies politiques, absorbées dans de mesquines préoccupations de coteries.

Epurés de leurs repris de justice et des doubles emplois, les Ateliers nationaux prirent, dans les derniers jours qui précédèrent la bataille de juin, une attitude non

(1) Décrétée par l'Assemblée le 27 mai 1848.

dépourvue de quelque dignité. Ils demandèrent du travail utile. Dans une réplique au banquier Goudchaux, qui réclamait la dissolution immédiate, ils exprimèrent cette pensée :

« Pourquoi ces clameurs, disaient-ils, ces préventions injustes, ces accusations calomnieuses contre les Ateliers nationaux? Ce n'est pas notre volonté qui manque au travail, c'est un travail utile et approprié à nos professions qui manque à nos bras. Nous le demandons, nous l'appelons de tous nos vœux! »

On était alors au 18 juin. L'agitation croissait. La veille, Paris s'était ému pour deux cents ouvriers renvoyés du chemin de fer de Rouen, et qui, après avoir député quelques-uns des leurs vers le ministre des Travaux publics, rentraient dans le plus grand calme. Une bande avait, le matin, traversé le faubourg Saint-Antoine, et une poignée de ces enfants du ruisseau que l'on a surnommés les *tambours de l'émeute*, s'était traînée, en criant: *Vive Napoléon!* de la place du Châtelet et de la rue Saint-Jacques-la-Boucherie jusqu'au sommet de la rue Saint-Martin.

L'émeute prit, le 18, un caractère assez grave pour qu'il fût question, dans les groupes, de s'emparer de l'Hôtel de Ville. D'anciens montagnards, non compris dans les nouveaux cadres de la garde républicaine récemment réorganisée, se concertaient chaque jour au jardin de l'Archevêché. Jusqu'alors les postes regardaient sans émotion passer l'émeute. Le 19 et le 20, les arrestations commencèrent en masse. La police semblait informée à l'avance de ce qui allait se passer à l'Assemblée.

Le nombre de ces arrestations s'éleva à plus de 200 par soirée. Ce n'était plus aux portes Saint-Denis et Saint-Martin que se massait l'émeute. Elle s'attroupait sur les places de l'Hôtel de Ville et du Châtelet, sur les quais de la Grève et Lepelletier. Il semblait qu'en se rapprochant de l'heure du combat, elle se concentrât dans le voisinage de ces quartiers obscurs et populeux du centre de Paris, où se forme l'insurrection. Chez l'homme aussi, dans les grandes émotions, le sang se retire au cœur.

La colère du peuple grossit beaucoup le lendemain. Sur les places et dans les rues où s'agglomérait la multitude, des pierres volaient et venaient frapper au front les gardiens de Paris et les soldats. Telles sont ordinairement les premières escarmouches des insurrections. Au 22 février, le peuple avait aussi fait de sa main une fronde et lancé des pierres aux soldats. Dans les poches des agitateurs on trouva de la poudre, des balles, des capsules. La banlieue n'était pas moins surexcitée. A Courbevoie, à Suresne, à Puteaux, des bandes d'ouvriers refusaient le travail à la tâche, décrété le 30 mai par l'Assemblée, et prenaient une attitude menaçante. Les demandes de troupes arrivaient à la Commission exécutive. Le soir, la foule était immense autour de l'Hôtel de Ville. Le *Chant du départ* et la *Marseillaise*, s'élevant de ces masses profondes, faisaient vibrer les pierres du palais et les maisons de la place.

Le bruit de la dissolution immédiate des Ateliers nationaux se répandait dans Paris avec une prodigieuse intensité. L'opinion de la Chambre à cet égard n'était pas douteuse; mais le vote n'avait pas eu lieu. Un tel bruit, dans un pareil moment, ne se produisait pas sans cause. La taupe creusait son souterrain; le parti jésuite chargeait la mine. Un homme d'une haute intelligence, d'une rare distinction, élevé aux grandes écoles de la politique cléricale et capable d'une résolution implacable, d'une audace froide, avait d'un mot jeté le gant à l'insurrection : *Dissolution immédiate*. Ce mot, selon Basile, « allait le diable, » semant partout la fureur et la consternation. Et la Commission exécutive, après avoir conspiré pour elle-même et contre elle-même d'abord, puis collaboré avec la réaction, signala la fin de sa carrière en se faisant la servante d'un jésuite. Elle copia la politique de M. de Falloux, elle jeta l'huile sur le feu. Elle fit savoir, par le *Moniteur* du 21 juin, qu'elle avait donné des ordres pour l'exécution du décret qui exigeait l'expulsion des Ateliers nationaux ou l'enrôlement dans l'armée des ouvriers de dix-sept à vingt-cinq ans. Cet enrôlement devait commencer le lendemain 22 juin. La Commission exécutive invitait en outre, par avis spécial, le ministre des Travaux publics à veiller avec fermeté aux enrôlements. D'autres détachements d'ouvriers devaient, le même jour, être dirigés sur la Sologne, pays malsain, et vers d'autres départements éloignés. La plupart d'entre eux se refusaient à s'éloigner : « Ne partons pas, disaient-ils, on veut détruire la République ! » A ces hommes ramassés dans le cœur d'une grande capitale, où mille professions diverses créent des mœurs et un tempérament si différents, la munificence de l'État offrait uniformément des travaux de terrassement à la tâche. L'individu qui n'a pas la force de remuer une pioche peut au moins presser la détente d'un fusil. Et mieux vaut, aux yeux d'un chétif irrité, la chance de mourir d'une balle que de mourir de fièvre ou de misère.

Toutes ces mesures rendaient l'insurrection irrévocable. Un combat devenait en effet, par l'habileté des dynastiques, par l'audace du parti jésuite et par la couardise du pouvoir exécutif combinés, le seul, l'inévitable moyen d'en finir. Quant à la Chambre, véritable boîte de Pandore dont le monstre de la guerre civile s'était échappé, elle s'occupait de tout, excepté de ce qui faisait l'intérêt du moment. C'est un fait bien remarquable du reste que les assemblées parlementaires sont toujours en retard des événements. A toutes les révolutions, le même phénomène se produit. N'est-il pas étrange que, malgré cette impuissance constatée à prendre l'initiative, elles aient, depuis soixante ans, la prétention de gouverner la France?

Quand des mesures aussi maladroites ne sont pas soutenues par un formidable déploiement de forces, il est certain que le maintien de l'ordre n'est pas possible. Le soir, dans les groupes de la place de l'Hôtel-de-Ville, formés en majeure partie d'ouvriers des Ateliers nationaux, la décision de la Commission exécutive passa de bouche en bouche. L'alarme fut donnée; et tandis que soldats et gardiens de Paris chargeaient sans relâche ces masses agitées, rendez-vous était pris pour le lendemain à neuf heures et demie du matin, place du Panthéon.

Maintenant que nous allons mettre les pieds dans le sang, que l'attention du lecteur redouble, qu'il veille sur sa conscience et sur la nôtre. Il faut que tout sang versé remonte au front de celui qui l'a répandu et s'imprime sur sa face comme une marque indélébile; car, à défaut des tribunaux soumis aux conditions changeantes des gouvernements pressés comme des vagues en ce siècle de tempêtes, il faut au moins que le tribunal de l'histoire puisse se dresser devant les générations futures. Ce n'est pas dans les lois qu'il faut chercher l'idéal de la justice, c'est dans le cœur de l'homme indépendant, qui ne craint rien et n'attend rien de ses semblables. Que cette justice sans glaive s'accomplisse, elle descendra comme une rosée bienfaisante sur des lèvres desséchées, elle empêchera peut-être que des milliers d'âmes nient et désespèrent. Elle sera une consolation, pleine de mélancolie sans doute, mais elle rafraîchira les cœurs ulcérés à qui elle démontrera qu'un arrêt ou un verdict ne contiennent pas toute émanation divine.

Chaque fait va démentir un préjugé; chaque fait prouvera aux républicains imbéciles ou complices d'une faction que, ni Napoléon, ni Joinville, ni Chambord, ni l'or de quelques partisans impatients n'enfanta cette bataille horrible; chaque fait prouvera aux monarchistes et aux jésuites impudents qui traitaient le peuple de forçat, que ce ne fut pas le désir du pillage, du meurtre et du viol (ornement obligé de cette phrase banale), qui arma quarante mille prolétaires.

L'avocat Marie et la faction dynastique du Gouvernement provisoire créèrent ces Ateliers en vue de la guerre civile; le jésuite Falloux les voulut disperser en vue de la guerre civile, et la faction Cavaignac laissa couler le sang en vue de la dictature. C'est là que remontent les taches indélébiles que l'Océan tout entier ne laverait pas.

Il faut que les mères inconsolables qui pleurent encore la mort de leurs fils aient au moins cet apaisement de connaître la vérité sur ces fatales journées. Elle sera dite ici. Sans doute la patrie, la société en danger dépassent l'humble considération des larmes et du sang des familles, mais trop souvent ces grandes figures ont servi de masque à l'ambition d'un homme et d'une coterie. Maintenant que de plus nobles batailles ont remplacé les combats de la rue, que le levain des discordes civiles est heureusement apaisé, l'histoire peut, sans danger, évoquer le spectre des multitudes égorgées et les confronter avec ces grands coupables dont on fait quelquefois des héros d'une semaine. Il est rare que le crime soit tout entier d'un seul côté dans ces luttes fratricides.

CHAPITRE IV

Journée du 22. — Colonnes d'ouvriers. — Pujol et les délégués des Ateliers nationaux au Luxembourg. — Maladresse de M. Marie. — Rendez-vous général des ouvriers sur la place du Panthéon. — Promenade nocturne aux flambeaux. — M. Marie demande des troupes au général Cavaignac. — Intrigues des factions. — La réunion du Palais-National et le général Cavaignac. — Démarches actives. — MM. Ducoux, Latrade et Landrin. — Démarche officieuse de M. d'Adelsward auprès de la réunion de la rue de Poitiers. — État du complot le soir du 22. — M. Martin (de Strasbourg) propose à la Commission exécutive de se retirer; refus. — Le général Cavaignac obtient le commandement de toute la force armée. — Ordre de faire occuper la place du Panthéon donné au général Cavaignac par M. Barthélemy-Saint-Hilaire. — Journée du 23. — Rassemblement de la place du Panthéon. — Rappel dans la onzième et dans la douzième légion. — Le peuple s'arme. — Les barricades. — Le gouvernement tient conseil. — Protestation du général Cavaignac contre une proposition pacifique de M. Recurt. — M. Clément Thomas. — Le général Cavaignac et le général Fouché. — Discussion du plan de bataille. — Opinion du maréchal Bugeaud. — Emportement du général Cavaignac. — « Que la garde nationale défende ses boutiques. » — Le plan du général Cavaignac l'emporte. — Hésitation de la garde nationale. — Progrès de l'insurrection. — Absence de troupes. — Effectif de la garnison de Paris au 23 juin. — Suspicion contre la garde mobile et la garde républicaine. — Distribution des commandements. — Barricade de la porte Saint-Denis. — Quartier général de M. Lamoricière. — La bataille s'engage. — Rive gauche. — M. Arago. — Tentatives de conciliation de M. Pinel-Grandchamp. — Mot d'un insurgé à M. Arago. — Épisode de la barricade de la rue des Mathurins. — Arrivée du général Damesme. — Conflit entre M. Garnier-Pagès et le général Cavaignac. — Assemblée nationale. — Les conspirateurs lèvent le masque. — M. de Falloux et son rapport sur les Ateliers nationaux. — Vains efforts de M. Corbon en faveur des travail-

leurs. — Proposition Creton. — M. Jobez et la question du rachat des chemins de fer par l'État. — Nouvelles du dehors. — Demandes de troupes arrivant à la Commission exécutive de tous les points de Paris. — Suite de la séance. — Le général Cavaignac, MM. Garnier-Pagès, Lamartine, etc. — Motion de M. Caussidière. — Suspension de la séance. — Circulaire du maire de Paris. — Proclamation du président de l'Assemblée nationale. — Difficultés que rencontre le général Lamoricière. — Petit nombre de ses troupes. — Le général Cavaignac lui amène du renfort. — Terrible engagement dans le faubourg du Temple. — Échec du général Cavaignac. — Le colonel Dulac enlève la barricade. — Situation de la commission exécutive pendant l'absence du général. — Nouvelle sortie. — Terreur de l'Assemblée nationale. — Séance de nuit. — Proposition de M. Degousée. — Un conspirateur trop pressé. — L'insurrection se rapproche de l'Hôtel de Ville. — Le général Bedeau. — Attaque et prise de la barricade du Petit-Pont; la maison des Deux-Pierrots. — Belle conduite de la troupe et de la garde républicaine. — Le général Dupouey; le colonel de Vernon. — Le général Bedeau est blessé. — Le général Duvivier. — Récapitulation de la journée. — Ignorance du général Cavaignac sur le nombre et la situation des troupes.

La journée du 22, veille de l'insurrection, mûrit la situation et prépara la catastrophe du lendemain. L'intrigue et l'émeute firent un grand pas. Nous allons voir la faction du général Cavaignac utiliser à son profit les noires mixtures de M. de Falloux et s'offrir comme l'unique branche de salut pour la patrie en danger, à mesure que grossira la tempête.

Dès le matin, le pouvoir, informé pendant la nuit du rendez-vous pris par le peuple la veille au soir, essaya de se préparer à la répression. Il y eut une grande activité de circulaires et d'avis entre l'autorité et ses divers agents, mais il ne paraît pas que l'état des forces militaires fût une chose bien claire dans l'esprit de la Commission exécutive et des ministres, y compris le ministre de la Guerre.

Vers onze heures du matin, Paris, surtout dans les faubourgs et dans les quartiers du centre, prit un aspect inaccoutumé. Une circulation très-active s'y établit ; cent mille oisifs, jetés brusquement sur le pavé dans leurs habits de travail, rompent entièrement l'harmonie de la ville. On sent bien que ni fêtes ni travaux ne donnent lieu à cette inondation des blouses parmi les rues et les places publiques. Les visages étaient sombres, affairés. Les postes de la garde nationale offraient en même temps je ne sais quel aspect furieux et hérissé. Il était évident qu'on allait en finir.

Des colonnes d'ouvriers se formèrent à diverses heures et sur divers points de Paris. Vers onze heures du matin, on en vit une d'environ trois cents hommes portant une bannière avec ces mots : *Ateliers nationaux.* Elle traversa le pont des Tuileries, le Carrousel, la rue Saint-Honoré et la place du Palais-National. Les émeutiers chantaient le *Chant du Départ*. Vers la même heure, une autre colonne de cinq cents hommes traversa le septième arrondissement. On les vit s'enfoncer dans la rue de la Tixeranderie et se diriger vers la place de la Bastille ; ils gagnèrent ensuite le faubourg Saint-Antoine. Leurs drapeaux flottaient au vent et ils criaient sur les trois notes connues du rappel : « On n'part pas ! on n'part pas ! » Quelle menace dans ce *on* personnifiant cent mille hommes ! Cette bande, sans cesse grossissante, laissait tomber sur son chemin des paroles sinistres : « Mieux vaut mourir ici qu'en Sologne, » disait-elle. D'autres répétaient ce cri têtu que le peuple s'accoutumait à articuler comme une menace contre l'Assemblée nationale : « Vive Napoléon ! nous l'aurons ! »

En même temps une troisième bande d'ouvriers, d'environ deux cents hommes, sillonnait le douzième arrondissement. Elle traversa notamment les rues Saint-Victor et

Saint-Jacques; sur les places de l'Hôtel de Ville, du Panthéon, du Marché Beauveau, etc., des rassemblements nombreux se formaient, puis ils s'allongeaient en colonnes et parcouraient les rues en répétant : « Nous ne partirons pas ! A bas Thiers ! à bas Marie ! à bas Lamartine ! » A deux heures, cette bande grossie de quinze cents hommes se dirigea vers le Luxembourg, elle était conduite par un lieutenant des Ateliers nationaux nommé Pujol. Pujol était un de ces ouvriers que le génie des révolutions saisit par la chevelure comme certains héros d'Homère qu'entraînent de belliqueuses déesses. Le fanatisme illumine ces âmes passionnées. Poëtes, écrivains, orateurs de quelques jours, ces ouvriers, qu'un secret orgueil dévore, jettent aux multitudes des lambeaux de phrases vertigineuses et vides de sens qui exercent sur le peuple l'influence de certains cris sur les animaux; elles l'excitent à la fureur.

Pujol et quatre délégués entrèrent dans le palais et furent reçus par M. Marie. Cet avocat voulut faire de la fermeté. Il eut le tort de n'être que brutal et insolent. Au lieu de calmer, il irrita. Il ne voulut pas entendre Pujol, froissa l'orgueil des délégués en leur reprochant leur déférence pour leur chef. « Pourquoi ne parlez-vous pas? Êtes-vous les esclaves de cet homme ? » articula M. Marie. La fin de cette entrevue se passa de part et d'autre en paroles menaçantes. Pujol ayant rejoint sa troupe, la conduisit sur la place Saint-Sulpice, la harangua dans un récit plein de colère de l'accueil fait aux délégués et acheva en disant : « Ce soir au Panthéon ! » La bande retourna vers les faubourgs en criant sur son passage : « Du pain ! du travail ! ou du plomb ! »

La place du Panthéon était restée vide. On apercevait seulement aux galeries extérieures du monument un homme qui secouait au vent un mouchoir blanc. Ce signal, planant sur la ville immense, rencontrait peut-être au loin des regards attentifs. Des gardes mobiles montèrent pour arrêter cette vigie de l'émeute.

Vers quatre heures, une colonne d'environ deux cents hommes défila sur les quais près de l'Hôtel de Ville, et marcha vers le Pont-Neuf. Pendant ce temps, la colonne du faubourg Saint-Antoine évoluait dans le même sens. Elle revenait au marché Beauveau, traversait la rue de Charenton, franchissait le pont d'Austerlitz et s'engouffrait dans les rues étroites et sombres du douzième arrondissement.

Ces diverses colonnes, dont nous avons cherché à suivre la marche à travers les quartiers populeux de Paris, semaient une seule parole sur leur passage : « Ce soir, à six heures, place du Panthéon. » La parole tombée était recueillie par des messagers improvisés, qui la transportaient au camp de ces ruches humaines, de ces carrefours, de ces cités où la misère des grandes villes refoule les classes laborieuses.

Une avant-garde d'environ sept cents hommes envahit, dès cinq heures, la place du Panthéon. Elle arriva en grand tumulte. A sept heures, ils étaient cinq mille, vêtus de blouses; à dix heures, leur nombre n'était plus évaluable. On retrouvait là le lieutenant des Ateliers nationaux, Pujol, et d'autres orateurs d'émeute qui, accrochés aux grilles du temple, soufflaient la haine et l'esprit de vengeance à cette multitude trahie, sans espérance, sans lendemain. Et ces pauvres gens répétaient comme M. de Falloux : « Il faut en finir! »

De temps en temps, des bandes se détachaient, drapeau

en tête, et allaient recruter dans les faubourgs. Il en partit une à sept heures dans la direction du faubourg Saint-Marcel afin de faire jonction avec les bandes attardées du faubourg Saint-Antoine. Une autre, forte de trois mille hommes, descendit la rue Saint-Jacques, traversa la Cité, le pont Notre-Dame, la rue Saint-Martin, suivit le boulevard jusqu'à la Bastille, fit en chantant le tour de la colonne et disparut comme la première, mais grossie de mille hommes dans le faubourg Saint-Antoine.

Vers neuf heures, le faubourg Saint-Antoine vomit de nouveau les masses qu'il avait englouties. Ils étaient dix mille hommes cette fois. Cent gamins de Paris, armés de torches, les précédaient. A ces lueurs sinistres, on voyait flotter les bannières des Ateliers nationaux. Il y avait là, comme au 15 mai, un pompier armé d'un drapeau. Quelques gardes mobiles vociféraient des cris de mort. Cette masse imposante traversa fièrement la place de l'Hôtel de Ville où stationnaient quelques bataillons de troupe de ligne. Les portes et les boutiques se fermaient sur son passage. Quelquefois un cri s'élevait unanime et retentissant : « On n'part pas! » d'autres répliquaient : « Du travail! du travail! du pain! » Des profondeurs de cette masse populaire sortait aussi une parole comprise sans qu'il fût besoin d'y ajouter un nom : « Nous l'aurons! » De temps en temps revenait une acclamation qui, depuis 1839, est devenue en quelque sorte un cri de guerre : « Vive Barbès! » quelques-uns ajoutaient : « Barbès ou du plomb! »

Quand cette cohue disparate, rassemblée sous le drapeau commun du désespoir et de l'exaltation démagogique, déboucha, torches et bannières en tête, sur la place du Panthéon où plusieurs milliers d'hommes couvraient déjà le pavé, un frémissement de joie jaillit pour ainsi dire du choc fraternel de toutes ces misères. La multitude est très-sensible à la mise en scène de ses propres manifestations. L'orgueil du nombre l'enflamme.

Un grand cri s'éleva donc : « Vive la République! » Et cet hommage rendu à la forme du gouvernement, ils ajoutèrent : « A bas les traîtres! A bas la garde nationale! » A dix heures, le mot final passa de bouche en bouche : « A demain matin les barricades. » Une heure après, la place du Panthéon était pleine d'ombre et de solitude. Paris rentrait dans son court silence de la nuit, et les agents de l'autorité échangeaient une active correspondance. Ordre était donné au préfet de Police de mettre en état d'arrestation immédiate tous les délégués des Ateliers nationaux du douzième arrondissement, au nombre de cinquante-six. Au lieu d'agir, le préfet se plaignit d'un vice de forme. Les délégués, et notamment Pujol, ne furent pas arrêtés. M. Marie écrivait au général Cavaignac, ministre de la Guerre, pour l'informer de ce qui s'était passé sur la place du Panthéon où l'émeute devait reparaître le lendemain à six heures du matin. Il demandait des troupes. Le général envoya au Luxembourg.

Ainsi fut close cette journée dans laquelle le peuple posa très-nettement la question : « Du travail ou du pain, » c'est-à-dire la continuation du salaire des Ateliers nationaux ou l'adoption des mesures proposées par le ministère des Travaux publics. M. de Falloux ne devait pas faire attendre la réponse.

Les factions, à ces heures critiques, songeaient à tirer parti des événements dans la mesure de leur situation. La faction du Palais-National surtout était en mesure de saisir le pouvoir et cherchait à précipiter les faits. On sait que cette réunion, originairement fondée dans le but de soutenir la Commission exécutive, était devenue, depuis la conception d'une République gouvernée par un chef militaire, son ennemie acharnée.

Dès le 14 juin, la bonne harmonie entre la réunion du Palais-National et la Commission exécutive cessa. Le 18, les délégués de cette réunion tentèrent un coup de main. Ils voulurent peser sur la Commission, toucher aux portefeuilles et indiquer des mesures financières.

M. Cavaignac se trouva placé dans ces conjonctures de telle sorte que la plus simple prudence et la plus commune habileté devaient le porter au pouvoir. Il s'appelait Cavaignac ; il était un des officiers distingués de l'armée d'Afrique : cette double circonstance faisait de lui le chef militaire invoqué par les meneurs du Palais-National.

Le même homme qui avait refusé le portefeuille de la Guerre lorsque cette position pouvait compromettre son avenir militaire sans l'élever au pouvoir suprême, comprit très-bien les avantages de sa nouvelle condition. Il ne s'agissait que d'aller à la dérive en évitant les écueils. J'insiste sur ces nuances délicates parce qu'elles servent à expliquer l'apparente impersonnalité du général Cavaignac.

Mais le secret de ses préoccupations ne fut bientôt plus un mystère pour la Commission exécutive. Il se révéla dès que les attaques du Palais-National devinrent plus vives. La Commission, se voyant battue en brèche, voulut au moins s'assurer le concours de ceux qu'elle avait élevés. Elle demanda à ses ministres, dans le cas où elle se retirerait, de la suivre dans sa retraite. Le général Cavaignac seul ne voulut pas accepter cette solidarité.

Une ouverture décisive eut lieu le 20 juin. Le général déclara qu'il ne repousserait pas les offres qui lui seraient faites. En même temps il poursuivait le côté négatif de son rôle avec beaucoup de sang-froid, engageant la Commission exécutive à ne point se retirer, et se renfermant vis-à-vis d'elle dans la stricte obéissance qui, plus tard, lui permit de donner à sa défense une apparente solidité. Mais déjà, dans ses discours à la tribune de l'Assemblée nationale, ce militaire prenait le ton d'un homme qui touche au pouvoir. Ce qui fit dire honnêtement à M. de Lamartine, ou du moins à son journal, *le Bien public,* que de jour en jour le général Cavaignac portait davantage à la tribune l'attitude de l'homme d'Etat. De jour en jour, en effet, la faction du Palais-National gagnait du terrain. L'avenir du général Cavaignac n'était plus à la Chambre qu'un secret de comédie. On n'a pas oublié le mot de M. Ducoux à M. Babaud-Laribière.

Les démarches furent très-actives dans la journée du 22 juin. A 6 heures du soir, trois délégués du Palais-National, MM. Ducoux, Latrade et l'ancien procureur Landrin, dont le nom revient sous la plume dès qu'il s'agit d'intrigues, se rendirent auprès du général Cavaignac. Ils lui demandèrent s'il se sentait disposé à entrer au pouvoir dans le cas où la Commission exécutive cesserait ses fonctions. Le général répondit qu'il accepterait le pouvoir dans ces conditions.

Il sortit ensuite et s'en alla dîner chez un de ses collègues. Pendant le repas, il reçut deux lettres. Un de ses compagnons des guerres d'Afrique, M. d'Adelsward, demandait à lui parler. Le général quitta la table et, questionné par M. d'Adelsward sur la démarche des délégués de la réunion du Palais-National, il répondit que cette démarche avait été faite, qu'il était disposé à accepter le pouvoir si la Commission exécutive cessait d'exister. M. d'Adelsward le félicita et sortit.

En quittant le général, cet ami officieux se rendit, le soir même, à la réunion de la rue de Poitiers. Cent cinquante membres environ étaient présents à la séance. M. d'Adelsward déclara que le général Cavaignac était prêt à prendre le pouvoir si la réunion, à l'instar de celle du Palais-National, était disposée à le lui confier.

La réunion de la rue de Poitiers se composait d'éléments purement monarchiques. Quelque douteuses et quelque nouvelles que fussent les opinions républicaines du général Cavaignac, c'était encore beaucoup pour des royalistes. Une surprise, un peu simulée peut-être, fit éclater un murmure. Il fut pourtant décidé qu'on entrerait en relation avec le général Cavaignac. Cette décision était sage; car alors la réunion de la rue de Poitiers ne dominait pas encore la Chambre, tandis que la réunion du Palais-National donnait les majorités.

Au point où en étaient les choses dans la soirée du 22, il ne s'agissait donc plus que de renverser la Commission exécutive. L'imminence d'une insurrection semblait favoriser les projets de cette faction si persévérante. Quand l'émeute eut abandonné les places publiques, M. Martin (de Strasbourg) se rendit au Luxembourg. Il était plus de minuit; la séance de la Commission exécutive durait encore.

Au nom de la réunion du Palais-National, M. Martin (de Strasbourg) apportait à la Commission exécutive le conseil de laisser le pouvoir à d'autres mains. Un tel avis, dans des circonstances aussi périlleuses, devait blesser la susceptibilité de la Commission. Elle résista. M. Martin (de Strasbourg) obtint seulement que la Commission laisserait au général Cavaignac le commandement de toute la force armée. Mais cette concession, au moment où la guerre civile allait éclater, valait une abdication complète. L'amour-propre de la Commission exécutive était peut-être sauf, mais le pouvoir réel lui échappait. M. Cavaignac venait de faire un pas décisif.

On peut, de cette situation, tirer une formule : c'est que rien n'est plus dangereux pour le pouvoir, en temps de guerre civile, que d'abandonner la plus faible parcelle du commandement à un chef militaire. On doit au contraire éviter d'attirer l'attention publique sur tel ou tel général, afin qu'il ne puisse pas, après la victoire, se poser en sauveur de la société. Il n'y a pas besoin d'ailleurs d'un général de premier ordre pour empêcher les barricades. Tout pouvoir résolu, qui aura à sa disposition une bonne police et dix mille soldats aguerris, foudroiera l'insurrection avant qu'elle ait pu prendre position. Mais il faut frapper fort et de suite.

Le dernier rapport de police arriva à la Commission exécutive à deux heures du matin. M. Barthélemy St-Hilaire, qui aidait la Commission dans ses travaux, envoya un capitaine d'état-major de la garde nationale, M. Avrillon, porter au général Cavaignac l'ordre de faire occuper la place du Panthéon à cinq heures du matin. Une sorte de confusion entre cet ordre et celui donné la veille, à onze heures du soir, par M. Marie, semble s'être produite dans l'esprit du général. M. Cavaignac envoya un bataillon du 39e, un autre du 73e et deux escadrons du 4e dragons, au Luxembourg ; mais la place du Panthéon resta inoccupée. Quand les agents de police y arrivèrent, à six heures du matin, ils y furent maltraités et vigoureusement pourchassés par l'émeute. Deux mille ouvriers occupaient déjà la place. Des orateurs de barricades prêchaient la guerre civile et excitaient à la vengeance ces malheureux, bernés par tant de vaines promesses.

Deux heures se passèrent ainsi. Cette absence de troupes n'est pas un fait isolé. Nous allons le voir se reproduire sur divers points, et la signification qui en restera dans la conscience de l'historien passera sans doute dans celle du lecteur.

Cependant la foule qui s'était accrue sur la place du Panthéon délibérait à haute voix. Le rappel des douzième et onzième légions commençait à résonner dans les rues voisines. Mais les gardes nationaux ne paraissaient pas. Des bruits alarmants avaient couru parmi ces légions, profondément travaillées par l'esprit révolutionnaire. Les gardes nationaux, membres de la société des Droits de l'Homme, devaient, disait-on, comme signe de ralliement, ne pas mettre la baïonnette à leurs fusils. Un peu avant huit heures, un officier d'ordonnance, suivi d'un dragon, parut sur la place et sembla examiner avec attention des maisons en construction à l'entrée de la rue Soufflot. La foule échangea quelques mots avec cet officier et ne manifesta aucun sentiment hostile. Vers huit heures, le rassemblement s'écoula dans la direction du quartier St-Marceau, s'en allant à la Bastille chercher des armes et des compagnons de combat.

Pendant ce temps, les barricades s'élevaient dans le centre et dans les quartiers populeux de Paris. La générale retentissait avec une activité sinistre. L'aspect de la ville prenait je ne sais quelle expression formidable qui se manifeste sur le front des hommes, comme dans le ciel, lorsqu'une grande tempête est sur le point d'éclater. Paris dut offrir quelque chose d'analogue au début de la Saint-Barthélemy. Dans l'une et l'autre de ces deux exécutions, si la politique peut revendiquer sa part, il n'y a là rien pour la gloire.

A huit heures, tandis que l'insurrection, que nous laisserons un instant de côté, s'en allait planter ses enseignes dans les carrefours de Paris et lever les pavés, le conseil de gouvernement s'assemble. Au moment d'entrer en séance, le médecin Recurt, ministre de l'Intérieur, fut pris d'un mouvement d'humanité. « On peut encore tout arrêter, » s'écria-t-il. Le général Cavaignac protesta contre une pareille idée. L'ancien gérant du *National,* M. Clément Thomas, ci-devant maréchal-des-logis, général d'un jour comme Henriot, mais à qui peut-être ce grade révolutionnaire avait tourné la tête, fit une réponse implacable à l'instar du soldat d'Afrique. Alors M. Recurt s'écria douloureusement : « C'est donc une bataille que l'on veut ; c'est insensé ! »

Outre la Commission exécutive, il y avait au conseil plusieurs ministres, M. Cavaignac, et un autre général nommé Fouché. La bataille n'avait pas commencé que déjà le cri du sang se faisait entendre et que chacun disait, comme Pilate : Je m'en lave les mains. Les deux ennemis étaient en présence, en champ clos pour ainsi dire : le général Cavaignac d'un côté, la Commission exécutive de l'autre. Et quiconque a vécu de la vie politique, quiconque a passé par le pouvoir ou aspiré à le conquérir, comprendra bien ce drame dont la guerre civile et les masses forment l'accompagnement, comme les chœurs dans le théâtre antique. Pauvre France !

On sait quels masques et quelle parole se font les gens

qui jouent ces tragi-comédies. M. Barthélemy Saint-Hilaire demanda des explications au général Cavaignac à propos de l'ordre qu'il lui avait expédié la nuit. Malgré sa demande formelle, aucune troupe n'avait été envoyée à la place du Panthéon, où deux mille hommes donnaient la chasse aux agents de police et excitaient impunément à la révolte. Le général Cavaignac nia d'abord, puis la mémoire lui revint, il avait reçu l'ordre; il sembla vouloir rejeter la faute sur le général Fouché, celui-ci se défendit vivement. Une sorte de querelle, à laquelle le général Cavaignac, usant de sa prérogative de ministre de la Guerre, mit fin en imposant silence à son adversaire, termina l'altercation.

Il est bon de faire immédiatement observer au lecteur que le général Foucher, blessé dans la bataille de juin, n'en subit pas moins une sorte de disgrâce à peu de temps de là. Ceci est un rayon égaré que nous ramenons au faisceau. Lorsqu'il s'agit d'éclairer consciencieusement un caractère afin que la postérité le puisse connaître et comprendre, comme si l'homme se promenait encore parmi les vivants, nul trait de lumière n'est à dédaigner.

A la suite de cet incident, l'entretien retomba sur une question bien souvent agitée dans les journées précédentes. Il y avait longtemps que le spectre de la guerre civile apparaissait dans les insomnies de ces hommes qui voulaient conserver le pouvoir ou qui le convoitaient. C'est dans l'imagination aisément impressionnable de M. de Lamartine surtout que le fantôme apparaissait plus alarmant. Comme dans les temps anciens, le poëte était aussi le devin : « Préparons-nous au combat, » disait-il souvent. Un plan de bataille de rue avait été discuté. La Commission exécutive pensait qu'il fallait disséminer la troupe de telle sorte qu'aucune barricade ne pût s'élever et l'insurrection prendre corps. Le maréchal Bugeaud avait, disait-on, indiqué lui-même ce plan à propos de la défaite de février. Il est évident que, résolûment mis à exécution, ce système coupe toute insurrection dans sa racine.

Le général Cavaignac, frappé au contraire du danger de disséminer les troupes, soutint d'une façon soldatesque le système de la concentration ; il s'écria qu'il se brûlerait la cervelle si une seule de ses compagnies était désarmée. Son plan consistait à masser les troupes dans les Champs-Elysées, sur la place de la Concorde, autour de l'Assemblée nationale, et de lancer de fortes colonnes sur les quartiers insurgés. On lui représenta qu'avec un tel système Paris allait se couvrir de barricades. « Que la garde nationale garde ses boutiques, » répliqua-t-il avec une hauteur prétorienne. Alors on lui parla de tout le sang qu'il faudrait répandre si on laissait l'insurrection se fortifier dans Paris ; mais cet officier général, étourdi par les facilités que rencontrait son ambition déraisonnable, répliqua comme eussent pu le faire un Richelieu, un Robespierre, un Napoléon. Il n'eut pas de pitié pour la chair humaine. Mais qu'a-t-il fondé en ce monde? voilà ce que les mères, les femmes et les sœurs ont le droit de lui demander jusqu'à son heure dernière. Où est le prix du sang versé? Telle sera la question de l'histoire, parce que l'histoire veut, pour du sang, de grandes actions; elle veut que ce sang cimente quelque chose, et ses comptes sont sévères pour toute ambition qui n'a rien produit.

La Commission exécutive n'était pas de force à lutter contre le général Cavaignac. M. de Lamartine plia le premier, et M. Ledru-Rollin résista le plus longtemps ; mais il avait perdu sa force au 16 avril; l'amour ne renaît pas, quand il s'est en allé, c'est la chose à jamais perdue. Il en est de même des faveurs de la fortune et de l'immaculation politique.

A considérer en eux-mêmes les deux plans stratégiques, on peut dire que celui de la Commission exécutive était excellent pour étouffer une insurrection naissante, et celui du général Cavaignac fort convenable pour la vaincre, une fois produite. Il est impossible de ne pas remarquer ici que les deux plans sont conformes à la position des compétiteurs. Pour arriver au pouvoir, le général Cavaignac avait besoin d'une insurrection vaincue; pour le conserver et s'y fortifier, il suffisait à la Commission exécutive d'une crise dénouée, d'une émeute comprimée; au-delà c'était la lutte, c'est-à-dire la prédominance militaire, un sauveur et ses conséquences. Que chacun vienne ensuite, la main sur le cœur, jurer que son âme est blanche et pure. Qu'importe? cette connexité entre la condition et l'idée subsiste. Si vous êtes honnête homme, tant mieux pour votre famille, pour vos amis et pour vos créanciers. En politique il n'y a point d'honnêtes gens; il y a des intérêts, des conditions, une humanité éternellement semblable à elle-même, la souveraineté du but et la vertu absolue. Tout ce qui n'est pas intimement héroïque en politique est au-dessous du dernier trafiquant. C'est pourquoi les honnêtes gens médiocres et ambitieux y sont monstrueux, inconséquents, immoraux, odieux, et souvent grotesques.

Le général Cavaignac triompha aisément de supérieurs qui n'avaient plus la force d'ordonner. Il se transporta ensuite à l'Assemblée nationale, qui allait devenir le centre du gouvernement dans cette anarchie du Pouvoir exécutif.

MM. de Lamartine, Ledru-Rollin, Marie et Pagnerre s'y réunirent à lui et lui confirmèrent officiellement le commandement de toute la force armée, arraché pendant la nuit sur les sollicitations de M. Martin (de Strasbourg). MM. Garnier-Pagès et Arago restèrent au Luxembourg dans le dessein de pacifier les arrondissements populaires de la rive gauche, où la garde nationale battait un rappel désespéré.

Ce rappel général résonnait d'ailleurs dans tout Paris et dans la banlieue. Il ne s'agissait plus, comme au 16 avril, de protéger le pouvoir pour l'opprimer, ni comme au 15 mai, de croiser la baïonnette contre une émeute sans armes; cette fois il s'agissait de combattre. N'apercevant point de soldats, voyant les rues livrées à l'insurrection, elle réfléchissait. L'excès de terreur ne lui avait pas encore donné ce courage furieux dont elle devait offrir l'étrange spectacle dans les journées suivantes. Elle se montrait timidement et en petit nombre. L'insurrection levait sans obstacle les pavés et crevait les tambours qu'elle rencontrait. Les barricades s'élevaient comme par enchantement; elles couvraient le centre de Paris et s'étendaient simultanément vers l'est et vers le sud.

Le résultat évident de cette absence de troupes devait être de faire accuser de trahison la Commission exécutive. Telle fut en effet la pensée de la garde nationale dans la journée du 23. Le seul, le vrai coupable, n'était autre cependant que le général Cavaignac. Quel que fût son plan de bataille, il ne pouvait pas consister à laisser Paris livré à lui-même et à permettre que l'insurrection prît tous les avantages du terrain.

Selon l'affirmation du général et les documents publiés

par la Commission d'enquête, Paris, au 23 juin 1848, comptait dans ses murs et dans sa banlieue vingt-cinq mille hommes de troupes, composés de bataillons de guerre. La garde mobile s'élevait à quinze mille hommes, et la garde républicaine, épurée et réorganisée en vertu d'un arrêté de la Commission exécutive, du 16 mai, formait un corps de deux mille six cents hommes. Mais ces divers corps, dont le premier devait entraîner la victoire et se distinguer par un courage et une férocité inouïs, étaient suspects au pouvoir et à la garde nationale. Leur origine révolutionnaire pouvait, en effet, réveiller en eux l'esprit de révolte. Sauf un petit nombre qui passa à l'insurrection, ces gardes, comme tous les corps privilégiés d'origine récente et d'existence douteuse, brûlaient au contraire de tremper leur uniforme dans le sang, et de prendre, par ce baptême, une sorte de consécration. Cette écume de Paris, disciplinée en quelques mois, commandée par une jeunesse intelligente et avide d'aventures, recevait une solde prétorienne. Tant que la garde mobile vécut, la prostitution en liesse déborda dans Paris, et la police se demanda compte du prodigieux accroissement de l'immonde troupeau qui, hors la loi commune, vit parqué sous sa verge.

Toutes ces troupes, formant ensemble près de quarante-trois mille hommes répartis dans Paris et la banlieue, devaient être concentrées sur un point principal. Mais c'est en vain qu'on les y chercherait dans la journée du 23 juin. Les troupes ne donnèrent qu'au milieu de la journée, et en dépit des affirmations du général Cavaignac et des bons de la manutention, il serait impossible dans cette première journée de constater, dans Paris même, la présence de plus de douze mille soldats de la ligne.

Mais à côté de ce mystère inexpliqué, un fait subsiste, acquis à l'histoire. A qui les retards et le manque de troupes a-t-il profité? Au général Cavaignac. Les affirmations ou les dénégations des hommes sont peu de chose. L'homme est habile à altérer la vérité, à la colorer au profit de sa cause ; mais le fait nu, envisagé dans son résultat définitif, n'a-t-il pas un sens formidable au-dessus de la parole humaine? Un général aspirant au pouvoir aurait-il pu alors concevoir un plan de bataille de barricades autre que celui du général Cavaignac? Le retard des troupes et leur petit nombre en de telles conjonctures pouvaient-ils profiter à un autre qu'au général Cavaignac? La réponse ne sera douteuse pour personne. Quel secret d'ailleurs résisterait à cette méthode objective devant qui l'individu n'est rien, et qui laisse le fait seul parler à sa conscience humaine?

D'après le plan du général Cavaignac, le général Foucher fut chargé de garder l'Assemblée nationale; le général Grouchy, d'occuper les boulevarts des Italiens et Montmartre avec une brigade de cavalerie. Le général Lamoricière devait, avec sa division, couvrir depuis le Château-d'Eau jusqu'à la Madeleine toute cette vaste portion de Paris qui contient les faubourgs et les populeuses barrières où vivent des classes pauvres et belliqueuses, toujours prêtes à la sédition. Il n'avait que cinq mille hommes sous la main. Cela ressemblait à une dérision. Le général Bedeau eut l'Hôtel de Ville et le centre de Paris; Damesme, la rive gauche et le Luxembourg.

Quoi qu'il en soit, vers midi, en plein soleil, une barricade, formée d'une voiture omnibus et de pavés amoncelés, surmontée d'un drapeau, barrait l'entrée de la rue Saint-Denis. Les passants regardaient avec curiosité les barricadeurs qui étendaient leurs retranchements aux rues voisines. Une petite bande de gardes nationaux descendait la pente du boulevart, marchant derrière les tambours qui faisaient beaucoup de bruit. A l'aspect de la barricade, elle s'arrêta un instant et se remit en marche. Quelques coups de fusil éclatèrent. Les gardes nationaux ripostèrent par un feu de peloton; mais ils essuyèrent aussitôt le feu de la barricade et celui d'un groupe d'insurgés qui avait pris position sur une terrasse au premier étage d'une maison située à l'angle du boulevart en face de la rue Saint-Denis. Neuf gardes nationaux furent tués, et tandis que le reste fuyait, laissant sur le pavé des shakos, des buffleteries et des armes, on transportait les cadavres dans une salle obscure du bazar Bonne-Nouvelle, sous le café de France.

Peu d'instants après, un bataillon de la 2e légion et une compagnie de la 3e accoururent. Une première décharge leur tua douze hommes. Après environ trois quarts d'heure de lutte, la barricade succomba sous le nombre. Peu d'insurgés échappèrent. La garde nationale tua deux femmes. Pujol était, dit-on, à cette affaire. Le drapeau de la barricade fut porté à l'Assemblée, comme s'il se fût agi d'un drapeau pris sur les Russes.

Quoique maîtresse de la barricade, la garde nationale n'en était pas moins fort exaspérée de l'absence des troupes. Elle se livrait à des feux de peloton sur les boulevards et patientait en maugréant contre la Commission exécutive. Vers deux heures seulement, le général Lamoricière arriva, suivi de quatre colonnes, et se rendant à son poste. Il amenait le 11e léger, deux bataillons de garde mobile, quelques bataillons de la 2e légion, un escadron de lanciers et une batterie d'artillerie.

Pendant ce temps, on se battait rue Sainte-Apolline, dans la Cité, aux environs de l'Hôtel de Ville et dans les alentours du Panthéon. Voici ce qui s'était passé sur la rive gauche :

M. Arago avait été éveillé le matin par des chefs de bataillon de la garde nationale, qui venaient se plaindre de l'absence de troupes et lui demander l'ordre de faire battre la générale. Le vieillard paraissait hésiter. Mais, à neuf heures, le colonel de la 11e légion, M. Edgard Quinet, vint, pour la seconde fois, demander un ordre écrit pour la générale. Il exposa les inquiétudes et les soupçons de la garde nationale. Un chef de bataillon de la 11e légion déclara que le *pays entier accusait la Commission exécutive de connivence.* M. Arago était levé alors ; le conseil tenait séance et le général Cavaignac, il faut le remarquer, entendait ces paroles.

On sait que, peu d'instants après, MM. Arago et Garnier-Pagès restaient seuls au Luxembourg, afin de protéger la rive gauche, et que leurs collègues, accompagnés du général Cavaignac, se rendaient à l'Assemblée. M. Garnier-Pagès rejoignit ses collègues.

Depuis six heures du matin, les barricades s'étaient élevées sur la place du Panthéon, dans les rues Soufflot, des Mathurins-Saint-Jacques, de la Harpe, etc. Ce réseau s'étendait jusqu'au pont Saint-Michel. Le rappel de la 12e légion n'avait amené qu'une trentaine d'hommes. Elle se méfiait de la 11e légion et appartenait d'ailleurs presque tout entière, au moins de sympathie, à l'insurrection.

Un médecin riche et populaire, dévoué depuis longtemps aux principes républicains, M. Pinel-Grandchamp, maire du douzième arrondissement, essaya de dégager les abords de la mairie en employant vis-à-vis des insurgés le langage de la conciliation. Il contribua ainsi à la prise de deux barricades sans effusion de sang. Mais M. Arago, resté seul au Luxembourg, avait disposé d'une partie des troupes groupées dans la cour et le jardin du palais. Sur un petit espace, ce membre de la Commission exécutive persistait ainsi dans le plan de la Commission. L'un des détachements, composé de soldats du 73ᵉ, de dragons et d'un bataillon de la 11ᵉ légion, commandé par M. Edgard Quinet, arriva devant une des barricades où parlementait M. Pinel-Grandchamp. Celui-ci intervint, supplia la troupe et parvint à l'éloigner. Comme la plupart des hommes populaires, le maire du douzième arrondissement se trompait sans doute sur l'influence réelle de sa popularité, mais son intention était louable.

M. Arago voyait les événements de trop haut pour se méprendre sur leur caractère. Il sentait bien que nulle intervention n'était possible à cette heure. Energique et aisément irritable, ce vieillard ceint une écharpe, se met à la tête d'une forte colonne de troupes et marche vers les barricades.

En arrivant à la rue Soufflot, la colonne est arrêtée par une montagne de pavés que dépassent des canons de fusils. Quelques chefs d'insurgés attendaient, au sommet de la barricade, l'arrivée des troupes. Une scène d'une ironie profonde eut lieu alors entre ces hommes et M. Arago. Lue dans cent ans d'ici, elle permettra de mesurer le néant de nos révolutions et le légitime mépris qui nous reste pour des agitateurs, pleins de mensonges.

Quoiqu'il crût moins que tout autre à la conciliation, et qu'il eût souvent fait appel au fusil, M. Arago, saisi d'un dernier scrupule, s'arrêta. Peut-être songeait-il que, lui aussi, avait en son temps contribué à soulever le peuple et à armer la sédition. Avant de franchir le dernier pas qui le séparait de la guerre civile, il essaya, comme tout gouvernement pris en faute, d'éluder le danger du sang versé en ajoutant aux vieilles promesses des promesses nouvelles. Il marcha seul vers la barricade, et, apostrophant les insurgés grimpés sur les pavés, il leur demanda pourquoi ils se révoltaient contre le gouvernement de la République. Étrange question! adressée à des hommes en guenilles, sans travail et sans pain. Et comme il leur reprochait de se montrer aux barricades, un vieil insurgé répliqua : « Nous en avons fait ensemble à Saint-Merry, en 1832. » Quelle leçon pour les hommes qui entendaient ce dialogue du Peuple et de l'État!

M. Arago ne jugea pas à propos de répondre à cette naïve et terrible remarque. On lui attribue l'énergique parole de Cambronne à Waterloo. Un mot, et ce fut tout; puis il parla des bienveillantes dispositions de la Chambre et du pouvoir, des mesures projetées pour procurer du travail aux ouvriers des Ateliers nationaux dans les départements. « Douze cents hommes ont été demandés à Angers, » ajouta-t-il. — « On nous aurait battus à Angers, comme à Courbevoie et à Puteaux, » répliquèrent-ils. Une voix sourde ajouta : « Vous n'avez pas le droit de parler, vous n'avez jamais eu faim. » — « Plus de promesses! dit un autre, il nous faut des actes. » — « On a fait ce qu'on a pu... » — « C'est faux! » — « On m'insulte, c'est assez! » dit M. Arago en se retirant. Comme il s'éloignait, un fusil s'abaissa et le coucha en joue. Quelqu'un détourna le canon. On entendait en même temps le roulement des tambours. Le silence se fit; une voix répéta les trois sommations. Aussitôt l'illustre vieillard marcha intrépidement à la tête de la colonne contre ces hommes qui avaient fait avec lui des barricades en 1832.

Les insurgés ne firent pas grande résistance, et M. Arago, poursuivant avec une énergie juvénile son équipée militaire, dégagea les abords du Panthéon et descendit jusqu'à la place de Cambrai. Une forte barricade en marquait l'entrée. M. Arago fit pointer les canons. La vieille et pacifique Sorbonne en trembla sur sa base. Quand les pavés furent dispersés, on fit contre les insurgés une charge à la baïonnette, comme à Mont-Saint-Jean contre les Anglais.

La même scène se répéta à la barricade de la rue des Mathurins. Il semblait qu'une sorte de frénésie poussait en avant ce vieillard vénéré. Au lieu de rester au siége du gouvernement où son devoir l'appelait, il se jetait dans la guerre civile comme eût pu le faire un garde national exaspéré par l'idée du pillage et du viol. Il était pressé de mettre quelques gouttes de sang à sa couronne de cheveux blancs. La politique broyait en un moment cette majesté de la science, prix de tant d'années de labeurs. Ceux qui, à la suite de ces fatales journées, ont vu ce grand vieillard entrer, pâle et tremblant comme un spectre, dans l'Assemblée constituante, gagner en chancelant son banc, comme si quelque poids, plus lourd que les années, eût pesé sur ses épaules ; ceux-là, dis-je, ont dû se demander quelle pensée secrète avait, en si peu de temps, foudroyé cette verte vieillesse.

Quand les ouvriers qui défendaient la barricade de la rue des Mathurins virent le moment où le canon allait faire brèche, ils gagnèrent les rues voisines. Un seul insurgé resta, monta sur la barricade, épaula son fusil et tira sur les assaillants. « Rendez-vous ! » lui criait-on. Mais lui, n'estimant pas sans doute que la vie du pauvre valût quelque chose en ces temps d'anarchie, refusa obstinément et roula, criblé de balles, en bas du tas de pavés.

Le général Damesme arriva sur ces entrefaites. La troupe put commencer sa besogne. M. Arago regagna le Luxembourg. Pendant son absence, M. Garnier-Pagès, resté seul, s'était trouvé dans une situation embarrassante. Le général Cavaignac lui ayant fait demander les deux bataillons de ligne envoyés la nuit au Luxembourg, il refusa. M. Garnier-Pagès dut en effet trouver étrange qu'on dégarnît ainsi le siége de la Commission exécutive au profit de l'Assemblée nationale, lorsque, selon le plan de concentration du général, le palais Bourbon devait se trouver entouré de forces considérables. Il fit dire au général Cavaignac que ces troupes étaient d'ailleurs en partie engagées et attaquaient les barricades du Panthéon et de la rue Saint-Jacques. L'aide de camp envoyé par le général revint une demi-heure après. M. Cavaignac ordonnait; il menaçait même le colonel d'un conseil de guerre. Il fallut plier. De son côté, M. Garnier-Pagès ordonna au général de diriger dix bataillons sur l'Hôtel de Ville, dépourvu de troupes, et d'où étaient venues de nombreuses demandes.

L'anarchie éclatait dans ces ordres échangés. Le général devenait trop ou trop peu. Rien n'indiquait, d'autre part, que son plan de concentration si énergiquement soutenu, s'opérât. Les troupes manquaient partout. Il en fut réduit, en attendant qu'elles arrivassent de la banlieue, à ordonner aux deux bataillons de la 11e légion qui gardaient le Luxembourg de se porter sur l'Assemblée. M. Garnier-Pagès s'opposa à cet ordre, et enjoignit à M. Edgard Quinet, colonel de la 11e légion, de ne pas quitter son poste.

Deux bataillons de cette légion continuèrent la lutte contre les barricades de la rue St-Jacques. De son côté, la deuxième légion ne restait pas inactive et contenait tant bien que mal l'envahissement des barricades. Sans la garde nationale, la première moitié de cette journée eût peut-être entraîné la victoire de l'insurrection, en la rendant impossible à vaincre. Le général Cavaignac ne connaissait ni Paris ni la guerre de barricades. Il jugeait cela avec la fatuité d'un officier d'Afrique. Malgré ses affirmations contraires dans la suite, il était évident qu'il ne savait pas au juste ce qu'il avait de troupes, et qu'il lui eût même été bien difficile d'aller offrir bataille à l'insurrection, même dans la plaine des Vertus.

Vers deux heures, M. Garnier-Pagès, accompagné de M. Barthélemy Saint-Hilaire, rejoignit la Commission exécutive rassemblée à la Présidence. M. Arago seul resta jusqu'à sept heures au Luxembourg.

Depuis une heure, la séance de l'Assemblée nationale était commencée. Là aussi le drame se nouait. L'intrigue, de son côté, ne restait pas inactive. Les partisans de M. Cavaignac, employant le grand mot de circonstance, répétaient de bancs en bancs que le seul moyen *d'en finir* était de renverser la Commission exécutive. Les conspirateurs commençaient à lever le masque. L'aspect de la salle était plein d'agitation. Les généraux, membres de l'Assemblée, avaient revêtu leur uniforme. L'habit militaire, dans une enceinte législative, offre une sorte de contraste violent entre la force et le droit, qui abaisse les âmes. Et quoique bien souvent le droit ait besoin de s'appuyer sur la force, leur réunion, dans un lieu uniquement consacré à la discussion, suffit pour faire douter du droit.

Après le dépôt des pétitions, le général Lebreton proposa

à l'Assemblée de choisir quelques-uns de ses membres pour se rendre au milieu des troupes, afin de leur prêter le secours de leur autorité morale. « Voilà bien du temps perdu en paroles, » articula M. Caussidière. On passa à l'ordre du jour et, peu d'instants après, le président fit connaître à l'Assemblée l'enlèvement de deux barricades, rue Planche-Mibray. Il parla des feux de pelotons exécutés sur le boulevart Bonne-Nouvelle et d'une légère escarmouche, rue de la Huchette.

Que l'Assemblée se félicitât des premiers succès de la garde nationale et de l'armée pour le rétablissement de l'ordre, rien n'était plus légitime. Mais, par une contradiction qu'explique la fureur des factions réactionnaires, elle repoussait en même temps les mesures propres à calmer le peuple. Un crédit de 6 millions était demandé par le ministre des Travaux publics pour l'exécution de travaux de chemin de fer entre Lyon et Châlons. M. Bineau donna des raisons spécieuses contre l'ouverture du crédit, et M. Duclerc proposa l'ajournement. Pendant ce temps, la fusillade retentissait dans Paris. Ne devait-elle pas faire comprendre qu'il fallait se hâter au contraire !

L'entraînement semblait général dans cette Assemblée; chacun apportait sa brindille au foyer de la guerre civile, les uns par esprit de réaction à outrance, quelques autres par trahison préméditée, le plus grand nombre par simplicité d'intelligence. Ainsi M. Flocon, jouant au ministre à cette heure fatale, vint à la tribune parler du dévouement du Gouvernement et représenter l'insurrection comme l'œuvre d'une populace soudoyée par les partis monarchiques et par l'étranger. Cette sottise, dénuée du moindre fondement, prit cours parmi les républicains modérés et acheva de les rendre furieux. Sans doute les partis monarchiques avaient contribué à l'insurrection, mais c'était en poussant aux mesures de réaction et non en soudoyant la plèbe. Cent mille hommes jetés sans ouvrage sur le pavé de Paris, telle était la cause directe. Quant à l'étranger, il avait trop fort à faire chez lui pour s'occuper des autres. Lorsqu'on remonta aux sources, on s'aperçut que les groups d'or anglais et russe venus à Paris pendant l'insurrection n'avaient qu'une destination purement commerciale (1).

Le dernier coup, celui qui déchaînait la guerre civile dans toute son horreur et rendait à jamais irréconciliables le peuple et l'Assemblée nationale, fut porté par M. de Falloux. Au moins M. de Falloux était un ennemi de la République. Son courage fut égal à son audace. Il joua sa tête comme la doit jouer, l'heure venue, le véritable politique. D'une voix calme et implacable, il vint offrir à l'Assemblée de lui donner lecture du rapport de la Commission des Ateliers nationaux. Un grand nombre de voix protestèrent. D'autres, et ce fut le plus grand nombre, paraissaient d'un avis contraire. « Lisez ! » s'écriaient les furieux. « Mais il n'y a pas opportunité, » répliqua M. Raynal. L'observation était bien parlementaire. La Chambre, que rien ne désarme, déclare, à la majorité, qu'il y a opportunité.

Alors M. de Falloux put achever son œuvre. Il donna lecture du rapport qui allait livrer au sort des armes non-seulement l'existence de cent mille malheureux, mais encore toutes les grandes questions soulevées par la Révolution. Quand les armes ont tranché le nœud d'une situation,

(1) Voir la déposition de M. Magnier, secrétaire général des Messageries nationales, *Rapport de la Commission d'enquête*, I, 317.

il en résulte un grand bien pour l'ordre public, mais c'en est fait pour longtemps des problèmes soulevés par le génie des révolutions. La force, se connaissant elle-même, opprime les moindres manifestations de l'esprit, en montrant au bout de toute discussion la solution du sang.

Le rapport lu par M. de Falloux concluait à un projet de décret contenant la dissolution, sous trois jours, des Ateliers nationaux, sauf les ateliers de femmes : trois millions de secours à domicile étaient offerts pour seule compensation à ce peuple déclassé depuis soixante ans et qui, instinctivement frappé de l'insuffisance de la liberté, réclamait une organisation.

M. de Falloux, on le sait, n'avait pas attendu cette journée pour répandre partout le bruit d'une dissolution immédiate. Mais quand, dans la soirée du 23, la détermination officielle fut connue ; lorsque, passant par-dessus les barricades, cette fatale nouvelle alla montrer au prolétariat insurgé de quelle façon les Représentants du peuple français se proposaient d'accueillir leurs plaintes, le désespoir entra dans ces cœurs ulcérés. Chacun fit en soi le serment d'une haine à mort. Dès lors on peut dire que l'écrasement de cette multitude par la force brutale, par l'injustice armée, devint une nécessité sociale. La victoire du prolétariat sans chef, sous l'empire de ces haines légitimes, trop légitimes, eût enfanté d'atroces revendications. Elle eût amené l'essai de systèmes auxquels la nation n'eût peut-être pas résisté. C'est ainsi que la force, dans les cas extrêmes, devient supérieure au droit lui-même. Parce que vivre est la loi suprême des peuples comme des individus.

Un ouvrier, M. Corbon, essaya de réclamer quelques garanties pour ces malheureux. Il rappela un projet de décret conçu en ce sens par le Comité du travail. Après lecture, les désaveux éclatèrent. Les membres de la sous-commission n'étaient pas d'accord sur les moyens. Le tout se termina insolemment par la question préalable. L'ordre du jour fut un moment interrompu. On venait d'apporter au président des bulletins du préfet de Police contenant, heure par heure, jusqu'à une heure de relevée, des nouvelles de l'insurrection. Mais, si les oreilles sont avides, les consciences sont sourdes. Le sang qui coule dans Paris n'arrête pas la fureur des factions. Un Représentant, le nommé Creton, veut que la Commission exécutive dépose dans le plus bref délai l'état détaillé des recettes et dépenses, du 24 février au 24 juin 1848. Celui-là dévorait la proie avant même qu'elle fût couchée à terre. Un autre, M. Jobez, quoique partisan, dit-il, de l'exécution des grands travaux publics par l'Etat, vient donner raison aux compagnies et s'opposer au projet de rachat des chemins de fer par l'Etat. D'où vient que cet homme parle ainsi contre sa propre doctrine? Serait-ce qu'en rachetant les chemins de fer, l'Etat se verrait en puissance de donner du travail aux cent mille ouvriers des Ateliers nationaux, et que M. Jobez ne veut pas qu'il en soit ainsi?

Cette discussion fut encore une fois interrompue par une communication du président. Quinze cents décorés de Juillet venaient se mettre à la disposition de l'Assemblée nationale. L'offre de ces invalides révolutionnaires fut accueillie avec transport. Quand M. Laurent (de l'Ardèche), succédant à M. Jobez, voulut continuer de parler chemins de fer, on ne l'écouta pas. Les imaginations couraient au fait. On quittait les bancs et la salle des séances. Le gros du troupeau errait de couloir en couloir, de porte en porte, à la salle des conférences, n'ayant qu'une pensée en tête, qu'une question aux lèvres : « Des nouvelles! » Quant aux conspirateurs, leur audace augmentant avec le trouble général, ils relançaient la Commission exécutive jusque dans le cabinet de la présidence. Il leur fallait sa démission à tout prix.

Des scènes d'un autre genre se passaient dans le sein de cette Commission. De tous les points de Paris arrivaient des demandes de troupes. La mairie de Paris renouvelait ses demandes de quart d'heure en quart d'heure. Dix bataillons, dont six de ligne et quatre de garde mobile, devaient se trouver à l'Hôtel de Ville, sous les ordres du général Bedeau. Quatre bataillons de ligne seulement arrivèrent. Deux autres, venant de Popincourt, se trouvaient en quelque sorte internés dans un tel réseau de barricades, qu'ils ne pouvaient plus se mouvoir. Il fallut que M. Edmond Adam, adjoint au maire de Paris, prît plus tard un bataillon de garde mobile pour les aller dégager. A ces demandes pressantes, la Commission exécutive n'avait rien à répondre. Ce n'était pas son plan qui s'exécutait. Le général Cavaignac gardait le silence. Aux plus insistants, on répondait que des régiments appelés de la banlieue étaient en marche. Mais il n'en vint pas ce jour-là. Quand le général sentait l'impatience le gagner, il sortait de la Présidence. Il allait sur le pérystile du palais et contemplait d'un regard inquiet la place de la Concorde. Mais la Commission exécutive ne tardait pas à le rappeler. Les sollicitations et les refus continuaient alors. Pour accorder des troupes, il eût fallu que le général en possédât.

L'inquiétude de la Chambre, affamée de nouvelles, exigeait un apaisement. Le général Cavaignac entra dans l'Assemblée nationale, suivi du flot des curieux et des conspirateurs. Il déclara que l'attitude de la garde nationale, de la garde mobile, de la garde républicaine et de l'armée était excellente. Il ajouta quelques détails déjà connus sur les barricades du boulevart Bonne-Nouvelle, de la porte Saint-Denis, etc., etc. On cria : *Vive l'armée!* M. Garnier-Pagès, qui monta ensuite à la tribune, s'écria : « Ce n'est pas tout, il faut en finir! » Le mot n'était pas neuf, mais il avait toujours du succès. « Oui! oui! — Bravo! bravo! » répliqua-t-on. « Il faut en finir avec les agitateurs! » continua M. Garnier-Pagès. De telles paroles sont toujours instructives à entendre dans la bouche de factieux parvenus. Il acheva en disant que la Commission exécutive allait défaire elle-même les barricades. M. de Lamartine parle dans le même sens. L'exaltation redouble. M. Bonjean veut mourir pour la défense de l'ordre. M. Mauguin parle de permanence comme un clubiste émérite. M. Baze veut qu'on reste impassible. M. Caussidière demande une promenade aux flambeaux avec proclamations. Cette mise en scène n'est pas du goût de la réaction, à qui elle rappelle des souvenirs de février. L'orage fond sur l'ex-préfet de Police. Le mot de factieux siffle dans les bancs de la droite. M. Duclerc, ministre des Finances, déclare que la proposition est insensée. M. Beaune soutient qu'il importe de faire cesser le *malentendu* qui existe entre l'Assemblée nationale et le peuple. Ce mot blesse l'oreille du président; le tumulte augmente et se prolonge jusqu'à la suspension de la séance, réclamée à grands cris par les amis des ténèbres.

Les événements marchent si vite en temps de guerre civile que nous avons dû laisser derrière nous beaucoup de faits importants qu'il s'agit de ramener au front du récit. Dans une telle complexité, il est bon de reconstituer l'ensemble aussi souvent que possible.

Une insurrection a toujours tort vis-à-vis du pouvoir; mais l'opinion peut, comme en 1792, en 1830 et en 1848, se tourner vers l'insurrection. Or, une insurrection qui a pour elle l'opinion triomphe presque toujours. Il s'agissait donc pour les habiles, inaptes à manier les armes, de ruiner l'insurrection dans l'opinion publique. MM. Marrast et Sénard prirent l'initiative de cette délicate besogne. On sait que le journaliste excellait dans l'art de médire. On l'a vu à l'œuvre dans l'affaire de l'enquête. Le procureur, de son côté, avait prouvé dans les affaires de Rouen ce dont il était capable en de telles occurrences.

Le maire de Paris prit les devants et adressa une circulaire aux maires des douze arrondissements et de la banlieue. Cet agréable écrivain n'eut qu'à laisser courir sa plume, il en tomba sur le papier une série de phrases précieuses, que M. Proudhon compara spirituellement à un édit de Dioclétien. Les cinquante mille ouvriers qui s'étaient levés en armes, la faim au ventre et le désespoir dans le cœur, pour protester contre une mise en grève de cent mille hommes et sommer les prometteurs de république de réaliser seulement un bout des professions de foi d'avril, — cette effrayante armée de la misère était, dis-je, désignée dans la proclamation de M. Marrast par ces mots : « *Un petit nombre de turbulents* » payés par des agents étrangers, exploitant la difficulté, préparant le pillage et la désorganisation sociale. Ce morceau littéraire rappelait à la garde nationale, qui n'avait pas besoin qu'on les lui remît en mémoire, ses *propriétés*, ses *intérêts*, son *crédit*, exposés aux calamités les plus affreuses. Il finissait en rassurant les timides par le tableau d'une garnison nombreuse et parfaitement disposée (1).

Après M. Marrast vint M. Sénard, chassant de compagnie. A son gré la garde nationale n'est pas encore assez furieuse, il faut la rendre folle. L'insurrection n'est pas assez calomniée, il faut que le futur dictateur, sous lequel veut régner le *National* et le dernier de ses mirmidons, puisse tailler à plein sabre dans la chair du prolétariat. Il faut que le sang qui coule paraisse si méprisable qu'aucune pitié n'arrête ceux qui le répandent. Dans sa proclamation enragée, l'insurrection a sans cesse changé de prétexte et de drapeau. Les formules du communisme et les excitations au pillage se sont produites sur les barricades. Dans un mouvement d'éloquence, M. Sénard s'écrie : « Ils ne demandent pas la République ! — Elle est proclamée. — Le suffrage universel ! — Il a été pleinement admis et pratiqué. — Que veulent-ils donc ? — On le sait maintenant : ils veulent l'anarchie, l'incendie, le pillage (2). » Tout ne fut pas calcul sans doute dans ces manœuvres exécrables ; l'entraînement y eut une part considérable et le naturel de chacun s'y produisit vilainement sous l'influence de la peur et de la sottise. Mais le coup n'en fut pas moins porté. Il y eut des masses de bourgeois, pleins de bon sens dans l'exercice ordinaire de leurs professions, qui crurent à ces phrases de procureur et de journaliste abusant de leur rhétorique. Des gens crurent sérieusement que la secte du pillage et l'utopie de l'incendie avaient de réels partisans ; il ne leur venait pas à l'idée que le pillage ne saurait cons-

(1) *Moniteur universel* du 24 juin 1848.
(2) *Moniteur universel* du 26 juin 1848.

tituer un moyen de l'existence et que l'incendie ne répond à aucun besoin de l'estomac.

Au bruit de la fusillade, à l'aspect d'une capitale en proie à la guerre civile, les mensonges les plus audacieux se produisent avec succès. On vit d'anciens démocrates donner tête baissée dans les proclamations de MM. Marrast et Sénard. M. Dornès dirige un détachement de gardes mobiles contre les barricades du huitième arrondissement; M. Bixio est parti à la tête de deux cents hommes pour les barricades de la rue Saint-Jacques; M. Guinard, l'ami de M. Barbès, qui toute sa vie a servi la démocratie, marche contre le peuple avec l'artillerie de la garde nationale. Le président de l'Assemblée nationale s'était indigné au mot *malentendu* prononcé par M. Baune. Qu'était donc cette lutte fratricide dans laquelle le républicain marchait contre le républicain, le démocrate contre le démocrate? Que de gloires, jusque-là pures de toute souillure, vinrent se salir dans le sang! que de démentis à toute une existence furent donnés en un jour!

Les premiers efforts de l'insurrection trouvèrent donc, dans le parti républicain même, un grand nombre d'hommes résolus à une énergique répression. Forte de cet appui moral, la garde nationale devenait d'heure en heure moins sourde au rappel. Elle s'était cru un moment trahie; mais quand peu à peu les troupes commencèrent à paraître, elle se rassura et puisa dans l'énergie de ses terreurs assez de courage pour étonner l'armée elle-même.

Pendant plus de trois heures, l'insurrection était restée maîtresse de ses quartiers et libre de s'étendre. Aussi lorsque M. Lamoricière arriva au Château-d'Eau pour y établir son quartier général, il s'aperçut avec inquiétude de la gravité de la situation. On pouvait dire de ces quartiers populeux ce qu'un colonel, M. Regnault, disait sur un autre point de Paris : « La barricade pullulait. » M. Lamoricière n'avait guère plus de quatre mille hommes divisés en quatre colonnes. Si ses soldats avaient pu reconnaître leur petit nombre en se voyant disséminés sur un si vaste espace, et serrés par de formidables barricades qui, en se rejoignant derrière eux, pouvaient leur couper la retraite, nul doute que leur moral ne s'en fût ressenti. Mais le général Lamoricière les tint constamment en mouvement. Il en résulta pour lui un second avantage : les insurgés crurent avoir affaire à des forces considérables.

M. de Lamoricière trouva aussi dans la garde nationale un appui sur lequel il ne comptait guère. Cette institution, créée au profit des classes moyennes, a si souvent jeté la force armée dans le doute sur ses devoirs, qu'elle devait être, en de telles circonstances, l'objet des plus vives perplexités chez tout officier général attaché à ses épaulettes. La lenteur du général en chef à lancer les troupes sur l'insurrection, n'était sans doute pas étrangère à cette pensée. Moins confiant peut-être dans ses généraux qu'il n'affectait de le paraître, il voulait mettre ses troupes à l'abri de toute séduction, en laissant la garde nationale s'engager de telle sorte qu'il lui fût impossible de tourner comme en février.

Le feu des passions politiques si ardemment attisé depuis plusieurs mois, l'irritation causée par la faiblesse des affaires, la terreur d'une ruine complète, et le venin des circulaires de MM. Sénard et Marrast avaient exaspéré la classe moyenne. Tandis que M. Lamoricière fait pousser des reconnaissances et prend ses dispositions pour résister à l'insurrection qui le déborde, M. Clément Thomas, qui a repris les fonctions de général de la garde nationale jusqu'à l'arrivée du général Changarnier, balaie la rue Saint-Antoine. Il est accompagné de MM. Landrin et Jules Favre. Il commande au 21e de ligne, à un escadron de dragons et à un détachement de la 1re légion. Un autre représentant, M. Dornès, conduit aux barricades de la rue Saint-Martin un détachement de gardes mobiles. Le général Rapatel enlève cinq barricades de la rue Saint-Laurent à l'aide du 5e bataillon de la garde mobile et pénètre dans le faubourg Saint-Denis. Le faubourg Poissonnière oppose au général Lafontaine une résistance énergique. Sa colonne ne se compose que de quelques compagnies du 7e léger, de détachements de gardes mobiles et de deux bataillons de la 2e légion (1).

On sait qu'à la hauteur de la rue Montholon, la chaussée du faubourg Poissonnière s'épanouit et forme une sorte d'épanchement sur la droite, qui porte le nom de Place Lafayette. Depuis plusieurs heures, la garde nationale seule avait en vain tenté d'escalader les barricades qui s'élevaient sur ce point; les insurgés qui les défendaient étaient eux-mêmes en partie des gardes nationaux commandés par leur capitaine, M. Legénissel. Quand le général Lafontaine arriva, il fut accueilli par une fusillade bien nourrie. La lutte dura encore une demi-heure; la barricade la plus formidable fut enfin enlevée à la baïonnette. Les bataillons de la 2e légion contribuèrent à ce résultat; le 3e bataillon y perdit son commandant, M. Lefèvre.

(1) *Moniteur universel*, 26 novembre 1848.

Ce n'est pas qu'une parfaite unité d'opinions régnât d'ailleurs dans la garde nationale. Au fond, ce qui se passait n'avait pas de sens politique. A part les intrigues d'en haut, cette lutte n'était pas autre chose, comme eût dit Mackintosh, que la guerre entre les riches et les pauvres. A la Chapelle-Saint-Denis, à la Villette, à Montmartre, et plus tard dans le faubourg Saint-Antoine, la garde nationale était du côté de l'insurrection. Tel était, au surplus, le trouble de ces soldats de comptoir, à qui la peur chez les uns, l'exaspération chez les autres, donnait le vertige, que deux cents d'entre eux, occupés à tirailler contre une barricade de la place des Vosges, se retournèrent contre un détachement de gardes mobiles qui venaient leur prêter main-forte, et en abattirent une vingtaine, tués ou blessés.

Sauf deux escadrons de lanciers et quelques compagnies du 11e léger, M. de Lamoricière n'avait conservé à son quartier général que de la garde nationale, sur laquelle il comptait peu, et de la garde mobile qu'il craignait à chaque instant de voir passer à l'insurrection. Le tout formait quatre bataillons, dont deux appartenaient à la 2e légion. Il ne lui restait que deux canons. Ce n'est pas avec de telles forces qu'il pouvait espérer de tenir longtemps sur un point aussi menacé. La troupe était molle. Un orage s'avançait dans le ciel, dramatisé à l'unisson des événements. Tout était menace autour de lui. En guerroyant de barricade en barricade avec ce dandysme de bravoure qui lui est familier, le général Lamoricière songeait que, à moins de secours, les faubourgs déborderaient jusqu'à l'Hôtel de Ville. Il envoya aussitôt demander du renfort au général Cavaignac.

On sait comment celui-ci recevait depuis le matin les demandes de cette nature. Mais, au milieu des sollicitations sans nombre dont il était assailli, et auxquelles il ne pouvait rien accorder faute de troupes, il distingua celle du général Lamoricière. L'importance des opérations confiées à cette faible division ne permettait pas d'hésiter. M. Cavaignac s'était trouvé jadis en délicatesse avec M. de Lamoricière. C'était encore un motif pour ne pas donner, en cas de revers, matière à des récriminations dangereuses. Il pria donc le garde national qui s'était chargé de cette importante mission, M. Dreyfuss, de repartir immédiatement pour le Château-d'Eau, et d'annoncer au général Lamoricière qu'il marchait lui-même à son secours à la tête d'une imposante colonne.

Il était alors environ trois heures. M. Cavaignac monta à cheval. MM. de Lamartine, Pierre Bonaparte, Duclerc, Jules Favre, Treveneuc, Landrin, Prudhomme, de Heeckeren, de Ludre, l'imitèrent et lui firent une sorte de cortége. Le général et les Représentants qui l'accompagnaient gagnèrent les boulevards au milieu du tonnerre, des éclairs et de la pluie. Il emmenait sept bataillons de guerre.

Ce départ fut encore un coup mortel porté à la Commission exécutive. Le général Cavaignac était parti en enjoignant de ne donner aucun ordre et en disant qu'il serait de retour au bout d'une demi-heure. Il fut absent cinq heures. Pour se justifier de cette longue et étrange absence, le général a dit depuis : « Je n'étais encore que ministre de la Guerre, j'étais bien libre d'aller me faire tuer si bon me semblait. » M. Cavaignac oubliait qu'il était aussi investi du commandement général, et qu'en s'exposant au feu, en se tenant si longtemps loin du siége du gouvernement, il risquait fort de compromettre à la fois le pouvoir et la bataille.

Quand M. Cavaignac arriva à la porte Saint-Denis, il put entendre la fusillade retentir dans le faubourg. Le général Lamoricière y était fort occupé. M. Cavaignac pensa qu'il valait mieux le dégager des barricades qui le serraient sur son flanc droit que de lui envoyer des renforts qui, utilisés immédiatement dans le faubourg Saint-Denis, n'eussent pas modifié beaucoup la position du général. Il poussa donc jusqu'au faubourg du Temple, dans lequel il s'engagea.

Le sixième arrondissement est le plus populeux et le plus belliqueux des arrondissements de Paris. La rue du Faubourg-du-Temple forme une des grandes artères de cette partie de la ville. Une multitude de petites rues s'y rattachent comme les rameaux au tronc. Elle traverse le canal Saint-Martin, au quai de Valmy, et va se nouer à cette barrière vineuse et sanguinolente qui ouvre la Courtille entre celles de la Chopinette et du Petit-Ramponneau, au pied de Belleville. Le général Cavaignac ne pouvait choisir un meilleur terrain pour apprendre la guerre des rues à Paris.

Dès qu'il eut dépassé la rue Folie-Méricourt, il lui fut impossible de pénétrer plus avant. Une barricade haute et forte lui barrait le passage. Cette barricade était assise au carrefour des rues Pierre-Levée, Bichat et Fontaine-au-Roi. Une autre s'élevait, un peu plus loin, à l'angle de l'impasse des Miracles; une autre encore près de la rue Saint-Maur; une quatrième près de la cour de Bretagne. Les insurgés qui défendaient la première barricade paraissaient nombreux et résolus. Ils attendaient, le fusil à la main, la colonne de troupes qui s'avançait vers eux. Comme on n'avait pas une entière confiance dans la garde mobile, on ne manquait pas de la lancer en avant dans toutes les occasions, afin de l'engager. Ceci explique à la fois les pertes qu'elle essuya et la fureur véritablement sauvage qu'elle manifesta pendant l'insurrection. Le général Cavaignac confia l'assaut à la 4e compagnie du 20e bataillon.

En revoyant sous l'uniforme ces petits lazzaroni des stations de fiacres, des entrées de théâtres et de toutes les places publiques de Paris, les insurgés les acclamaient dans l'espoir de les attirer à eux. Mais l'uniforme, et surtout la solde exceptionnelle dont jouissait cette troupe formée de l'écume des révolutions, l'avaient fanatisée. Ivre d'eau-de-vie et de poudre, conduite par des chefs qui songeaient à voir confirmer leurs grades dans les cadres réels de l'armée, elle devait accomplir des prodiges d'audace. Mais la moralité du soldat n'existait pas en elle; la férocité la plus déplorable devait presque partout souiller ses actes de courage.

Les sommations faites, les gardes mobiles s'élançèrent en courant. Ils serraient les murailles comme des chats. Lorsqu'ils approchèrent de la barricade, les fusils des insurgés s'abaissèrent; une détonation retentit, et la compagnie, foudroyée en même temps par les fenêtres, roula dans la poussière, laissant sur le pavé une traînée de morts et de blessés. Le général Cavaignac lança un de ses bataillons de guerre; il fut repoussé. Il en engagea un second, un troisième, un quatrième; les sept vinrent, l'un après l'autre, se briser contre ce tas de pierres défendu par quelques centaines d'hommes en blouses, plus accoutumés au maniement du marteau ou de la pioche qu'à celui du fusil. Plusieurs fois il essaya de tourner l'ennemi, mais dans les rues voisines s'élevaient aussi des barricades auxquelles il eût fallu donner l'assaut. Il ne restait plus que l'emploi du canon. Les canons sont amenés. Les boulets broient les pavés, mais n'entament pas la barricade. Exposés au feu, les malheureux soldats d'artillerie chargés de servir les pièces sont tués sur leurs affûts.

Environ quatre heures s'étaient écoulées. Ce général faible et entêté oubliait la Commission exécutive réduite à l'inaction. Il oubliait son commandement supérieur qui lui imposait de ne pas perdre un instant de vue l'ensemble des opérations. On l'eût pris pour un officier cherchant à gagner ses grosses épaulettes. Cette dictature si laborieusement amenée par la conspiration parlementaire des hommes du *National*, était à la merci d'une balle. Une telle fortune politique allait-elle, au moment du succès, se briser dans une lutte obscure? L'heure était critique. Les troupes, réduites en quelque sorte à la défensive, pouvaient faiblir. Il fallut que celui qui était venu porter secours en demandât. Le général Lamoricière lui envoya un régiment, le 29e de ligne, commandé par le colonel Dulac. La barricade fut enlevée; elle coûta une quarantaine de blessés et quelques tués. Parmi les premiers se trouvait le général Foucher. On ne comprend pas comment sept bataillons et un régiment ont pu successivement donner assaut à une barricade sans essuyer de pertes plus considérables en quatre ou cinq heures de combat.

Le général Cavaignac s'en revint à son véritable poste à la nuit tombante, vers les huit heures du soir. M. Ledru-Rollin l'accueillit avec des reproches très-vifs.

De trois à huit heures du soir, la Commission exécutive s'était trouvée dans une situation très-compromettante. M. Arago n'avait pas quitté le douzième arrondissement.

M. de Lamartine escortait le général Cavaignac. MM. Garnier-Pagès et Pagnerre, à l'instar de MM. Bixio, Recurt, Duclerc, etc., couraient les barricades, cherchant à pénétrer dans les mairies. Il ne restait à la présidence que MM. Ledru-Rollin et Marie, à qui M. Cavaignac avait, en partant, recommandé de ne donner aucun ordre. M. Barthélemi Saint-Hilaire les secondait dans cette laborieuse inaction.

Les demandes de secours continuaient de fondre sur la Commission, ainsi réduite à deux de ses membres. Tant qu'on espéra le retour immédiat du général Cavaignac, on patienta. Mais lorsque au bout d'une, de deux heures, on ne le vit pas revenir, malgré sa promesse, l'impatience perdit toute mesure. Plus la nuit se rapprochait, plus les demandes devenaient incessantes. « Nous sommes trahis ! » criait la garde nationale méfiante, l'ingrate, envers M. Ledru-Rollin. Celui-ci ne voyant pas venir les troupes promises prit sur lui, vers cinq heures du soir, d'ordonner l'envoi immédiat de troupes et de gardes nationales sur le parcours des trois lignes de chemin de fer alors existantes. Il fallait en même temps recevoir les officiers d'ordonnance qui venaient réclamer des secours; il n'en vint pas moins de trois à quatre cents. M. Marrast écrivit douze fois en cinq heures de l'Hôtel de Ville : « On nous trahit. » Le général Damesme, qui n'avait que de la garde mobile, demanda dix fois qu'on lui envoyât un seul bataillon frais de soldats de ligne pour se rendre maître du quartier Saint-Jacques. A ces pressantes sollicitations, la Commission ne pouvait que répondre : « Le général est absent ! » Les mécontents s'éloignaient pleins de soupçons en disant : « A bas la Commission exécutive ! »

M. Cavaignac resta trois quarts d'heure à la présidence et partit après avoir donné l'ordre, vainement demandé durant toute la journée, d'amener de l'artillerie de Vincennes. Deux bataillons de ligne et deux régiments de cuirassiers, sous le commandement de M. Martinprey, formèrent le convoi. Ces troupes ne devaient ni se battre, ni se laisser cerner dans les barricades. Elles ne partirent qu'à onze heures, et ne revinrent sur la place de la Concorde qu'à dix heures moins un quart, dans la matinée du lendemain. Le convoi avait dû faire de grands détours pour sortir de Paris et pour y rentrer.

Neuf heures sonnaient quand M. Cavaignac donna cet ordre si longtemps attendu. Les nouvelles n'étaient pas rassurantes. Le général Bedeau était fort serré à l'Hôtel de Ville par les barricades. On s'était battu, mais la victoire n'appartenait à personne. Les insurgés étaient embusqués dans le Panthéon d'où le général Damesme ne pouvait les déloger sans le renfort qu'il avait en vain demandé et qu'il continua de solliciter durant toute la nuit. « Si le bataillon ne m'arrive pas au moins à la pointe du jour, écrivait-il à la Commission exécutive, je ne réponds pas de tenir. » Selon le plan du général Cavaignac, le combat cessa avec le jour. De tous côtés, l'insurrection profitait de la nuit pour élever de nouvelles barricades et reprendre les positions perdues.

La séance de l'Assemblée nationale, interrompue vers neuf heures et demie, fut reprise à dix heures cinq minutes. Le général Cavaignac monta aussitôt à la tribune pour donner des nouvelles de la journée. Son allocution fut courte et médiocrement rassurante. Eloigné depuis le milieu du jour du siége central du gouvernement, il ignorait ce qui s'était passé vers l'Hôtel de Ville et le quartier latin. Il annonça à l'Assemblée qu'il allait s'en informer lui-même. On lui demanda s'il attendait des troupes : « Tout ce qui était dans la banlieue de Paris, à Versailles, à Saint-Germain, est déjà dans Paris depuis longtemps, répondit-il, c'est la première chose que j'ai faite (1). »

M. Charles Lagrange essaya ensuite de prononcer quelques paroles de fraternité ; on coupa court à cet ordre d'idées en suspendant la séance. Paris, d'ordinaire si bruyant et si éclatant de lumières, était alors plongé dans le silence et les ténèbres. Une sorte de terreur régnait dans cette Assemblée dont l'existence mise en question dépendait du sort des armes. Mais les gens d'intrigue, qui profitent de tout, tiraient parti de ces sentiments en répétant que le seul moyen de sortir d'une pareille situation était de renverser d'abord la Commission exécutive. Sans doute aucun des cinq membres de ce mélancolique directoire n'était de force à tenir tête à la coalition des ennemis de la République ; mais en voyant les chefs de l'Etat exposer leur vie aux barricades pour le compte de la réaction, quelque reste de pudeur aurait dû arrêter un instant la faction du général Cavaignac dans ses entreprises impudentes.

Quand la séance rouvrit à onze heures et demie du soir, M. Garnier-Pagès jeta un peu de glace sur la tête des conspirateurs en retraçant les efforts de la Commission exécutive et de quelques Représentants du peuple, tels que MM. Bixio, Dornès, Clément Thomas blessés aux barricades. Il parla de l'insurrection dans des termes qui ne laissaient aucun doute sur la répression immédiate. A l'en-

(1) *Moniteur universel*, 24 juin 1848, 2e supplément.

tendre, il n'y avait plus de résistance sérieuse à craindre qu'au faubourg Saint-Antoine, et tout serait fini le lendemain.

Ce discours optimiste fut agréable à des oreilles effrayées. On l'accueillit avec une vive approbation. Les conspirateurs n'y trouvaient pas leur compte. Ce retour de faveur les inquiétait. Si l'insurrection était si aisément vaincue, le besoin d'un sauveur ne se ferait pas sentir. Dès lors la tactique de la faction fut toute tracée : semer l'alarme. Cette nuit sombre et funeste, durant laquelle un grand nombre de Représentants du peuple ne quittèrent point le Palais-Bourbon, prêtait à ces noires insufflations. L'éclat sinistre des armes, la présence des soldats dormant à terre dans les salles et les corridors, et entre lesquels il fallait passer un à un, formait une mise en scène propice aux desseins des conspirateurs.

La séance fut suspendue vers minuit. Les trembleurs auraient volontiers gagné leurs lits sous les douces influences du discours de M. Garnier-Pagès ; mais telle était l'intarissable richesse de haine et de fureur qui animait ce conciliabule enfiévré, que la haine et la fureur revinrent comme un dernier hoquet à la fin d'un repas indigeste. M. Degousée monte à la tribune et vomit une dernière exécration. Il veut qu'on saisisse, qu'on arrête, qu'on emprisonne, qu'on transporte tous les journalistes qui ont osé dire que l'Assemblée nationale était un foyer de corruption. A ces mots, un conspirateur trop pressé montra le bout de l'oreille. Une voix qui n'a pas de nom au *Moniteur*, croyant, aux fureurs de M. Degousée, l'instant propice venu, laissa échapper le mot d'ordre. « L'état de siége ! » glapit cette voix inconnue. Mais le maladroit comparse avait manqué son entrée. M. Degousée se hâta de réparer cette sottise en disant : « Je ne demande pas l'état de siége (1). » Prenant un ton plus doux, il déclara qu'il se contenterait de la transportation. Si cet homme vit encore, il doit être content. L'incident n'eut pas de suites à la tribune.

Pendant ce temps, le général Cavaignac, que la Commission exécutive croyait au ministère de la Guerre, était remonté à cheval. Selon ce qu'il avait dit à la Chambre, il allait, de sa personne, savoir ce qui s'était passé au centre de Paris et dans le pays latin. Là aussi, le sang avait coulé sans profit pour la cause du prolétariat, sans gloire pour nos armes.

A l'Hôtel de Ville, comme aux boulevards, la lutte ne s'était engagée que fort tard. Le général Bedeau n'éprouvait pas moins de méfiance que le général Lamoricière. Il doutait comme lui de la garde mobile, de la garde républicaine et de la garde nationale. Il ne pouvait guère en effet supposer que les anciens Montagnards de M. Caussidière, que les gamins de Paris ramassés au pied des barricades de février, et que M. Guinard, par exemple, colonel de l'artillerie parisienne, iraient sérieusement fusiller et mitrailler le peuple ? Il faut ajouter que les généraux dont nous venons de parler avaient, en février, vu le peuple vainqueur du gouvernement de Louis-Philippe. Il est mauvais d'envoyer contre l'insurrection des officiers et des soldats qui ont assisté à son triomphe. On n'imagine pas les perplexités de l'officier supérieur placé dans de telles conditions. Quant au soldat, il perd la moitié de sa valeur

(1) *Moniteur universel*, 24 juin 1848.

dès qu'il ne croit plus à l'infaillibilité de sa baïonnette.

Par une tendance plus instinctive que raisonnée, l'insurrection se rapprochait de l'Hôtel de Ville. Maîtresse de la rue Saint-Jacques et de la Cité, elle formait, sur la rive droite de la Seine, une sorte de demi-cercle de barricades décrit par les rues Planche-Mibray, des Arcis, de la Verrerie, du Temple et Saint-Antoine. Il fallait briser ce cercle de pierres qui se rétrécissait d'heure en heure. Le général Bedeau, d'accord avec le colonel de la garde républicaine, M. de Vernon, et avec M. Guinard, colonel de l'artillerie de la garde nationale, divise ses forces en deux colonnes. L'une doit faire une trouée jusqu'au pied de Notre-Dame ; l'autre, plongeant dans le centre de la Cité par le pont Notre-Dame, doit gravir la rue Saint-Jacques jusqu'au Panthéon, où le général Damesme canonne la rue Soufflot, en attendant vainement le bataillon tant de fois demandé.

Un incident retarda l'attaque. Des insurgés venaient en parlementaires auprès du général Bedeau. Ils avaient pour chef un capitaine de la garde nationale. Ce chef parlait au nom du peuple et de la garde nationale. D'un ton impératif il sommait la troupe d'évacuer l'Hôtel de Ville et déclarait l'Assemblée nationale dissoute. Il n'y avait pas de discussion possible dans de pareils termes. D'un autre côté, les ouvriers, trompés et bernés tant de fois, ne croyaient pas, et ils avaient raison, aux promesses des proclamations où M. Marrast, maire de Paris, disait que la Constitution reconnaîtrait le droit au travail. Mais, outre que M. Marrast promettait ce qu'il ne dépendait pas de lui d'accorder, on a tant abusé des chartes et des constitutions depuis soixante ans, que le peuple n'y croit plus.

Des menaces furent échangées de part et d'autre. Les

parlementaires regagnèrent ensuite leurs barricades, et M. Bedeau se mit en devoir de les attaquer. MM. Bixio et Recurt, pleins d'ardeur, avaient pris les devants vers la rue Saint-Jacques, avec un détachement de gardes mobiles.

Tandis que M. de Vernon conduit la garde républicaine au pont Notre-Dame et s'empare de la barricade de la rue de la Cité, M. Bedeau marche au parvis Notre-Dame, établit deux batteries d'artillerie dans l'Hôtel-Dieu, sans souci des malades, et fait tirer six coups de canon. C'était un signal d'attaque. De cette position, M. Bedeau pouvait balayer les quais, le Petit-Pont et le pont Saint-Michel.

La lutte fut très-acharnée sur ces divers points. Toutes les horreurs de la guerre civile s'y manifestèrent en quelques heures. On voyait aux barricades des officiers de la 12e légion, anciens compagnons de prison de M. Guinard, essuyer le feu de ses canons. C'était une guerre sauvage et sans merci. La barricade du Petit-Pont et celle de l'entrée de la rue Saint-Jacques furent deux fois prises et reprises. Au bout d'une heure environ de tuerie, les insurgés commencèrent à plier. La garde mobile donna l'assaut comme partout. Les insurgés battirent en retraite. Un grand nombre d'entre eux se réfugièrent dans un magasin de nouveautés, à l'enseigne des *Deux Pierrots*. Ils avaient pour chef un homme d'énergie, nommé Belval, qui proposa de démolir l'escalier de la maison et de se défendre jusqu'à la mort du haut des étages supérieurs. Ses compagnons crurent à la pitié; mais il n'y avait plus de pitié dans Paris pendant ces horribles jours. On a vu des furieux se jeter sur les blessés et sur les morts, afin d'assouvir leur rage en frappant la matière inerte elle-même.

La garde mobile se rua dans la maison des *Deux Pierrots*. Ces petits hommes à épaulettes vertes ressemblaient à des fouines trempant le museau dans le sang. Ils furetaient dans tous les coins du bout de la baïonnette, frappant avec une joie sauvage aussitôt que le fer rencontrait la chair humaine. Des hurlements s'échappaient alors sous les ballots d'étoffes. La même scène se renouvela d'étage en étage. D'autres, postés dehors, tiraient sur les fuyards. Une gaieté, c'était de voir ceux qui se sauvaient par les toits, parce qu'ils déroulaient et venaient se broyer sur le pavé. Dans la rue de la Harpe, ces furieux avaient formé un simulacre de conseil de guerre. Debout sur une estrade en planches, comme sur un théâtre, ils jugeaient et tuaient. Ils jouaient à la vie humaine.

Pendant ce temps, la garde républicaine et la troupe s'efforçaient, par le plus honorable contraste, d'épargner le sang des vaincus. Mais telle était la rage de la garde nationale et de la garde mobile, que cette intervention devenait souvent dangereuse. A l'attaque du faubourg du Temple, le général de brigade Dupouey, commandant de la place de Paris, avait mis sous la protection de la troupe de ligne, casernée dans le haut de ce faubourg, un nombre considérable d'insurgés. La ligne est remplacée par la garde mobile. A son retour, le général voit les prisonniers fusillés. On les avait tués à bout portant. La cervelle formait boudin à l'occiput. Le sang montait jusqu'aux sabots des chevaux. Le général veut parler ; on le menace, et son escorte juge prudent de l'entraîner. Au Petit-Pont, le colonel de Vernon fut obligé, pour sauver un groupe de malheureux qui s'étaient réfugiés chez un marchand de vins, de leur faire un rempart de son corps (1). Mais, en dépit de ces généreux efforts, des massacres sans nombre eurent lieu dans Paris durant plusieurs jours. Et pourtant, à chaque rue, à chaque barricade, le langage tenu aux insurgés était le même : « Rendez-vous, déposez vos armes, il ne vous sera point fait de mal. »

La maison des *Deux Pierrots* fut inondée de sang comme un abattoir. Six mois après, un ouvrier occupé à faire des réparations dans la maison, où s'était répandue une odeur insupportable, voit une tache d'un aspect singulier au plafond d'une chambre ; il chercha : on trouva un cadavre tout entier. Quelque malheureux blessé était parvenu sans doute à se glisser entre le parquet et le plafond, et dans cette tombe anticipée, sa vie s'était écoulée avec son sang. Comme aux Thermopyles, un seul homme échappa et put raconter ces horreurs.

Sur ce point, la lutte s'étendit de l'Hôtel de Ville au parvis Notre-Dame, couvrit les quais, les ponts, les deux rives de la Seine dans la longueur de la Cité, envahit la Cité dans ses trois principales rues transversales, gagna les rues Saint-Jacques, de la Harpe, et la plupart des petites rues radiaires, jusqu'à la hauteur de la rue des Mathurins. La nuit vint, et l'on entendait encore le canon, coupé des tintements lugubres du tocsin que les cloches de Notre-Dame jetaient au vent. Les troupes se replièrent enfin.

Lorsque, dans cette chevauchée nocturne qu'il fit, poussé par l'inquiétude et par je ne sais quel sentiment qui l'éloignait durant presque tout le jour du siége du gouvernement, le général Cavaignac arriva à l'Hôtel de Ville, il

(1) *Histoire de la garde républicaine*, par A. Balleydier, p. 65 et suiv.

trouva le général Bedeau blessé. Il avait reçu, d'une barricade de la rue des Noyers, un coup de feu à la cuisse. Le lieutenant-colonel de Vernon était blessé au genou. Il avait fallu renoncer à pousser jusqu'au Panthéon. M. Bedeau fit son rapport. Rien de très-satisfaisant ne résultait de ces combats acharnés. L'insurrection était debout. Les barricades se relevaient dans l'ombre. Les pavés tachés de sang, écornés par les boulets, s'empilaient de nouveau. La lutte se préparait plus terrible pour le lendemain. Le général Cavaignac nomma le général Duvivier au commandement de l'Hôtel de Ville, en remplacement de M. Bedeau, et poussa jusqu'au bivouac de la Sorbonne, où le général Damesme ne lui donna pas de meilleures nouvelles et lui réclama encore une fois le bataillon de renfort qu'il avait sollicité durant toute la journée. Sauf les 10e et 23e bataillons de la garde mobile, qui ont mis à sang tout le quartier, la journée a été médiocre. Avec du renfort, le général Damesme répond de prendre le Panthéon et la rue Saint-Jacques.

En regagnant le Palais-Bourbon, M. Cavaignac put faire une triste récapitulation de la journée. Deux de ses généraux, MM. Bedeau et Foucher, étaient blessés; les Représentants du peuple Bixio, Clément Thomas, Dornès, en danger de mort. Ce dernier succomba, le 20 juillet, aux suites de sa blessure. Ce sang versé engageait irrévocablement l'Assemblée. La bataille, une sanglante bataille était certaine. Décidé à traiter Paris en ville assiégée, le général Cavaignac ne pouvait douter de la victoire. Quant à ce pouvoir suprême dont les conditions avaient été traitées la veille entre lui et les meneurs du Palais-National, comme s'il se fût agi d'un contrat de mariage, il ne pouvait plus lui échapper. La fiancée s'avançait vers le soldat avec un bouquet de fleurs sanglantes au côté.

Deux heures avaient sonné lorsqu'il rentra au palais de la Présidence. M. Ledru-Rollin était fort agité. Sur un avis officieux de l'amiral Casy, il avait donné l'ordre à Brest et à Cherbourg d'envoyer à Paris sept mille marins de la flotte. Mais tout en prenant ces mesures, il ne lui était pas possible de se dissimuler où les lenteurs de la répression conduisaient à la fois le peuple de Paris et la Commission exécutive. La première question de M. Ledru-Rollin, en se retrouvant en face du général Cavaignac, fut celle-ci : « Général, quel est le nombre et la situation des troupes? » — « Pour vous répondre, répliqua celui-ci, j'ai besoin de renseignements que doit me fournir le sous-secrétaire d'État de la guerre. » M. Charras n'était pas là.

Obsédé par ces questions sans cesse renaissantes, comme les reproches d'une conscience irritée, le général Cavaignac voulut, au bout d'une demi-heure, s'aller reposer au ministère de la Guerre. M. Ledru-Rollin lui fit observer qu'il avait été presque constamment absent du siége du gouvernement depuis la veille au milieu du jour. « Mais je ne sais rien et je ne puis rien faire en l'absence de M. Charras, » répétait le général. Alors les questions sur le nombre des troupes recommencèrent avec beaucoup de vivacité. Cette demande si légitime était sur toutes les lèvres. « Combien j'ai de troupes? s'écria-t-il avec impatience, mais, encore une fois, je vous dis que je n'en sais rien ! » Il ajouta ces mots dénués de fondement, mais qui mirent fin aux questions en donnant à rêver : « Je soupçonne fort d'être trahi au ministère de la Guerre (1). »

(1) *Procès-verbaux de la Commission d'enquête*, II, 309.

Il laissa la Commission sur cette parole, et, passant dans un cabinet, il se jeta sur un canapé et s'endormit. Malgré le silence et les ténèbres, l'insurrection ne dormait pas, elle. Dans cette courte trève d'une nuit d'été, elle compléta son œuvre et enveloppa d'un réseau de barricades, serré comme les mailles d'un filet, toute cette moitié de Paris où s'entasse le prolétariat.

CHAPITRE V.

Journée du 24 juin. — Les barricades vues à vol d'oiseau. — Chefs principaux. — Mots d'ordre. — Drapeaux et devises. — Fonte de balles. — Aspect de l'Assemblée nationale. — Réveil du général Cavaignac. — Menaces de mort contre la Commission exécutive. — Manœuvres des conspirateurs. — Nouvel assaut à la Commission exécutive. — Mot de M. Thiers. — Le cabinet du président de l'Assemblée; MM. Sénard et Cavaignac. — Les indiscrets; MM. Pagnerre et Garnier-Pagès. — Discussion des combinaisons. — M. Cavaignac et la Commission exécutive; vive discussion. — Mot malheureux du général. — Reprise de la séance permanente de l'Assemblée nationale. — On demande le comité secret. — MM. D'Aragon et Dupin s'y opposent. — M. Pascal Duprat propose la mise de Paris en état de siége et la concentration de tous les pouvoirs aux mains du général Cavaignac. — Vote par enthousiasme. — Protestation de soixante membres. — Retraite de la Commission exécutive. — Les factieux devenus gouvernement. — Dictature du général Cavaignac. — Onze journaux suspendus; *la Presse* et son rédacteur en chef. — Appel de renforts. — Proclamations. — Zèle exagéré de l'Assemblée nationale. — Les Représentants aux barricades. — Continuation de la lutte. — Faubourg Poissonnière. — Faubourg Saint-Denis; deux généraux blessés. — Faubourg du Temple; exaspération du général Lamoricière. — Bruits absurdes. — Place des Vosges; prise de la mairie du 8e arrondissement par l'insurrection; désarmement d'un bataillon du 18e léger. — Hôtel de Ville; M. Marrast prend l'alarme; le général Cavaignac envoie du renfort. — Rive gauche. — Attaque et prise du Panthéon par le général Damesme; il est blessé. — Le général Bréa le remplace. — Vive inquiétude au Palais-Bourbon. — Gouvernement provisoire des barricades. — Nuit du 24 au 25. — M. Thiers, chef des trembleurs. — Motion de transporter l'Assemblée à Versailles, à Bourges. — Colère du général Cavaignac à cette nouvelle. — Négociations secrètes. — Prévisions d'une lutte terrible pour le lendemain. — Les journaux provocateurs. —

Causes de l'implacabilité de la bataille de juin. — Proclamation aux insurgés. — Crédit de trois millions pour secours extraordinaires aux indigents. — Aveu de l'impuissance et du mauvais vouloir de l'Assemblée nationale.

Quand les premières lueurs du jour vinrent éclairer le travail nocturne de l'insurrection, ç'eût été un spectacle à nier ce que nous nommons orgueilleusement la civilisation française, un tableau d'une grandeur funeste, que Paris vu de haut et rassemblé sous le regard comme une carte en relief. Le secret de cette affreuse bataille, son dernier mot, au-dessus et au-dessous de toute politique, était là tout entier, rien que dans l'aspect superficiel de cette carte vivante que nous allons dérouler dans l'imagination du lecteur. Qu'on se figure un lac immense de monuments et de maisons, formant une ellipse irrégulière de six à sept lieues de circonférence, cerclée d'une simple muraille, mais revêtue à un quart de lieue de rayon d'une seconde armure épaisse et dentelée qu'on nomme enceinte continue; telle apparaît la ville de Paris. L'ellipse s'étend dans sa longueur de l'est à l'ouest, et offre les flancs au nord et au sud, dans la disposition harmonieuse des quatre points cardinaux; de telle sorte qu'une ligne d'intersection du nord au sud, partant de la barrière des Martyrs, tomberait à celle d'Arcueil et partagerait l'ellipsoïde en deux.

Si nous laissons subsister en esprit cette ligne profonde, nous ne tardons pas à nous convaincre qu'elle existe réellement; car, en examinant le vaste plan sur lequel nos regards s'étendent, nous nous apercevons qu'il est mi-partie d'ombre et de lumière, et que l'ombre vient mourir précisément dans la ligne d'intersection que nous avons tracée du pied de Montmartre au boulevart Saint-Jacques. Du côté de l'ombre sont les quartiers populeux, les rues noires et enchevêtrées du vieux Paris, les ruches ouvrières, les fabriques, les petites boutiques, les halles, les usines, le canal et ses tristes bords, les faubourgs plébéiens, la Cité, la Morgue, le quartier Saint-Marceau, la plupart des hôpitaux et des prisons, presque tous les antres de la misère, presque tous les repaires de la basse prostitution, du vol et du vagabondage. Du côté de la lumière sont les palais, les places magnifiques, les rues monumentales, les Tuileries et leur jardin, la place de la Concorde, les Champs-Elysées et leur splendide voie Appienne, le Champ-de-Mars, l'Ecole-Militaire, les orgueilleuses rues du faubourg Saint-Germain, les hôtels d'ambassadeurs du faubourg Saint-Honoré, les églises couvertes d'or, la Madeleine, Notre-Dame-de-Lorette, la rue de la Paix, le boulevart Italien, la Chaussée-d'Antin, et les quartiers galants en bon air, sur la hauteur, recevant le soleil en pleine poitrine : armée, noblesse, diplomatie, finance, art et loisir.

Ainsi, d'un côté, l'opulence ; de l'autre, la misère ; ici le travail des mains, là celui de l'intelligence, l'habit noir et la blouse, le vice hideux à voir et le vice charmant à contempler, en un mot Paris pauvre et Paris riche, côte à côte dans le même cercle, rivés à la même chaîne et rugissant de se voir accouplés ; voilà ce que signifient ce plan miparti, cette ligne d'intersection, et encore une fois, là est le sens ultrà-politique, le sens social de la bataille de juin 1848.

C'est aussi dans cette ligne mitoyenne que venait mourir le flot des barricades. Dans certaines rues, elles se succédaient en effet comme des vagues à l'époque des grandes marées. Le sol en était tout tuméfié. Il semblait s'être dissous dans un de ces incendies volcaniques qui mettent en fusion les rochers et les métaux. En égrénant une à une chacune de ces vagues de pavés, l'œil aurait pu en compter jusqu'à quatre cent quatorze. Les plus hautes dépassaient quelquefois le premier étage des maisons. Elles présentaient des angles et des crénelures comme des forteresses; elles étaient même pourvues de fossés en contre-bas. L'art de la guerre naissait de la guerre même. La barricade, à force d'avoir été pratiquée depuis soixante ans par le peuple de Paris, devenait une science différente du système des fortifications, mais conforme en principe aux règles générales du génie militaire. Ce spectacle plongea dans un profond étonnement les généraux habitués à regarder les combats de la rue comme des affaires de simple police. Mais ce n'était plus alors comme par le passé. Il ne s'agissait plus de quatre mille affiliés des sociétés secrètes, prenant le fusil par ordre de leurs chefs, et profitant d'une agitation morale pour renverser un gouvernement. Cinquante mille prolétaires se levaient posant, les armes à la main, la question du travail. C'était une bataille réelle qu'ils allaient livrer, et cette bataille devait coûter à l'armée plus de généraux que la plus meurtrière des batailles de l'Empire (1); elle allait coûter deux millions de cartouches et trois mille coups de canon. Le mot de *guerre des rues* passa non-seulement dans le langage de l'armée, mais encore dans le programme des études militaires.

J'ai placé à la barrière des Martyrs la perpendiculaire qui séparait, à l'aube du 24 juin, Paris insurgé du Paris légal. Quoique cette barrière fût libre, quoiqu'elle touchât

(1) *Généraux tués* : MM. François, Bourgon, Damesme, Regnault, Duvivier, Négrier, Bréa. *Généraux blessés* : MM. Bedeau, Korte, Lafontaine, Foucher, Courtigis.

aux quartiers élégants de ce qu'on nommait alors le *parti de l'ordre*, elle appartenait à l'insurrection. Une barricade, impudemment construite par le travers des rues des Martyrs et Coquenard, faisait face à l'église Notre-Dame-de-Lorette. C'était un avant-poste des barricades de la rue Rochechouart. Il est à remarquer d'ailleurs que ces rues vont se nouer à la butte Montmartre. Or Montmartre est animé de l'esprit insurrectionnel, tandis que les Batignolles, qui le coudoient, sont une petite ville bourgeoise peuplée de modestes rentiers et d'employés, n'ayant d'autre animation que ses nombreuses tables d'hôte infestées de petits banqueroutiers, de joueurs de bas étage et d'aventurières sur le retour de la vie. Ce contraste est une des singularités du microcosme parisien. A quoi Montmartre doit-il son esprit belliqueux? Il serait difficile de le dire, mais rien qu'à voir ses accidents de terrain, ses aspects étranges et délabrés, ses entrées de carrière sinistres comme une Thébaïde, ses repaires de toutes sortes où vont s'ébattre, au premier soleil, des filles vagabondes en robe de soie, en compagnie de débauchés à leur solde que le peuple a flétris du sobriquet hideux et pittoresque de *cravates jaunes;* à voir ainsi Montmartre, dis-je, avec ses moulins fantastiques, son télégraphe démantelé, ses effondrements, son badigeon et ses maçonneries impossibles, on sent qu'il y a là, sur cette butte crayeuse d'où l'œil peut embrasser d'un seul regard Paris maudit, place pour les malcontents, les rêveurs de coups de main, les déclassés de toutes sortes. Il suffit d'y frapper le sol pour faire sortir de ses entrailles une cohorte de mineurs, de plâtriers, de chaufourniers, etc.

Ainsi qu'on le verra en poursuivant, aucun ordre, aucune idée conçue d'après un plan général n'avait présidé à l'élévation des barricades. Chaque quartier s'était fortifié de son mieux d'après les dispositions des rues et la configuration du sol. Il était rare qu'un même chef réunît le commandement d'un quartier à l'autre. Le seul fait général qu'il fût possible d'observer consistait dans un rayonnement de la circonférence au centre. Ce centre, c'était l'Hôtel de Ville. Les rayons se trouvaient figurés par les longues lignes de barricades des rues Saint-Denis, Saint-Martin, des Arcis et Planche-Mibray, Saint-Avoie, du Temple et du Faubourg-du-Temple, du Pont-Louis-Philippe, Vieille-du-Temple, des Filles-du-Calvaire et de Ménilmontant, Saint-Antoine et du Faubourg-Saint-Antoine; du Pont-d'Arcole, de la place Maubert, de la Montagne-Sainte-Geneviève, Descartes et Mouffetard; de la Cité, du Petit-Pont, Saint-Jacques et du Faubourg-Saint-Jacques. De sorte que les barrières Saint-Denis, des Vertus, de la Villette, de Belleville, de Ménilmontant, des Amandiers, du Trône, d'Italie, de Croulbarbe, de la Santé, de l'Oursine et d'Arcueil se rattachaient à l'Hôtel de Ville, et permettaient aux populations belliqueuses, parsemées entre le mur de l'octroi et l'enceinte continue, d'affluer vers le centre de Paris. Mais dans cet aspect général des barricades, il ne faut pas voir l'expression d'une volonté dirigeante. L'instinct municipal qui apparaît dans toute insurrection comme un souvenir d'affranchissement, ou plutôt comme la dernière molécule politique qui survive dans l'âme du séditieux et porte le germe de la reconstitution au sein même de la révolte, l'instinct, dis-je, conduisait seul ces légions en blouse. L'instinct municipal, c'est l'instinct de la famille agrandi jusqu'à la cité.

Le premier groupe de barricades qu'on rencontrait après la barrière des Martyrs formait une sorte de quadrilatère dont les angles, marqués par de redoutables retranchements, interceptaient les barrières Rochechouart et Poissonnière, les rues du même nom à la hauteur des rues Bellefond, Briare et Montholon. La place Lafayette, cernée en outre aux rues des Petits-Hôtels, d'Hauteville et Lafayette, ressemblait à une place forte. De cette redoute élevée, pendait un cordon de barricades qui descendait dans le faubourg Poissonnière jusqu'à fleur de boulevart et complétait le système de défense de ce quartier, déjà éprouvé dans la journée du 23 par le feu de la colonne du général Lafontaine. Un clubiste de la Chapelle, moitié artiste, moitié soldat, ancien déserteur et capitaine de la garde nationale, Legenissel, commandait ce quartier. Après l'assaut des barricades de la place Lafayette, ce qui n'avait pas été tué s'était replié vers le clos Saint-Lazare. On nomme ainsi des terrains vagues compris entre le chemin de fer du Nord, la barrière Poissonnière, l'église Saint-Vincent-de-Paul et le mur de l'octroi.

Ces terrains d'un aspect désolé, entourés d'une palissade en planches et semés de grosses pierres de construction que la scie et le marteau n'avaient pas encore équarries, étaient fréquentés par les mendiants, les vagabonds, les apprentis fainéants, les écoliers buissonniers, les prostituées errantes, toute cette plèbe en guenilles qui affectionne les terrains peu visités par la police, manières de mails pour les truands. En plein milieu du clos s'élevait, digne palais de ces lieux funestes, un hôpital en construction, qui devait primitivement porter le nom du roi Louis-Philippe, et qu'on nomme aujourd'hui hôpital Lariboissière. L'insurrection en avait fait un château-fort occupé par ses tirailleurs. Derrière ce fort improvisé, le mur d'enceinte de l'octroi formait un large quart de cercle qui s'étendait jusqu'à la barrière Poissonnière. Ce mur avait été crénelé et percé de meurtrières derrière lesquelles se pressaient les mécaniciens, charpentiers, terrassiers du chemin de fer du Nord et bon nombre des habitants compris entre Montmartre et la Chapelle. Ainsi gardé, le clos Saint-Lazare devenait un point de résistance formidable. Le chef qui le commandait, Laroque, était un de ces obscurs feuillistes tels qu'en font naître les révolutions, hommes de lettres de carrefours, stylistes étranges, chez qui tout prend la forme de harangues, d'ordres du jour et de proclamations, et qu'on voit toujours prêts à changer leur plume contre une baïonnette.

Aux barrières de la Chapelle et de la Villette, le système stratégique de l'insurrection variait. Les charretiers, charbonniers et déchargeurs de ces quartiers où viennent se déverser, par les routes de Calais, de Lille et le canal de l'Ourcq, les produits de l'Artois et de la Flandre, interceptaient le haut de la rue du Faubourg-Saint-Denis. Ils avaient hardiment épaulé une barricade contre le mur de la caserne qui fait face au canal de la Villette, et barré plus bas, du même coup, le haut du faubourg Saint-Martin et du chemin de Pantin, se reliant ainsi aux barricades de la rue Lafayette. Mais ces deux faubourgs qui, en se rattachant à leurs rues-mères descendent perpendiculairement vers les quais, avaient permis à l'insurrection de pousser deux lignes profondes jusqu'au centre de Paris, aux abords même de l'Hôtel de Ville. Cette longue suite de barricades s'arrêtait, rue Saint-Denis, à la hauteur des rues de l'Aiguillerie et des Lombards. Cette dernière était barricadée elle-même à son extrémité, en face de la rue de la Verrerie. Rue Saint-Martin ou plutôt dans son prolongement, la rue Planche-Mibray, la dernière barricade s'arrêtait en face du pont Notre-Dame, à la hauteur de la rue de la Vieille-Lanterne, ruelle infâme, épouvantable, pareille à une crevasse entre des maisons hautes et noires, et au fond de laquelle bâillaient deux porches d'égouts surmontés d'un escalier qui ramène le passant dans l'air à peu près respirable, en face de la rue de la Tuerie.

Le chef de cette barricade, Voisambert, ne déparaît pas l'harmonie du quartier. Il ressemblait à ces types sordides qu'on rencontre parmi les eaux-fortes de Rembrandt. C'était un cordonnier en vieux d'une soixantaine d'années, qui avait quitté son échoppe de la rue Jean-Pain-Mollet, et levé les premiers pavés. Il portait pour toute arme un de ces énormes marteaux de forgeron qu'on nomme *frappe-devant*.

Après avoir passé les barrières de Pantin, de la Boyauderie, du Combat, une suite de barricades élevées dans la rue Grange-aux-Belles menaçait le quartier général de M. Lamoricière. Un ouvrier mécanicien, jeune homme de petite taille, aux cheveux blonds et d'une figure presque douce, était le chef de ces quartiers. Son nom a acquis une triste célébrité. Barthélemy, jeté au bagne à dix-neuf ans pour avoir tué deux sergents de ville, en 1839, dans l'affaire de M. Barbès, sortit en février, et s'est fait récemment pendre en Angleterre pour un double assassinat. On laissait ensuite derrière soi la barrière de la Chopinette, et l'on retrouvait l'insurrection en pleine Courtille. La barricade, en ces quartiers, ne s'était pas arrêtée au mur d'octroi; elle s'étageait sur les premiers gradins de la colline, dans la rue de Paris, jusqu'à la hauteur des rues Saint-Laurent et Piat. Autant Belleville est un séjour paisible dans sa partie supérieure, autant celle qui avoisine la barrière et forme le quartier de la Courtille proprement dite est infestée d'une population flottante, aux mœurs brutales et déréglées. C'est une contrée de cour des miracles et de promiscuité. De temps immémorial la Courtille est un pays de vin et de sang. Les rixes dans les petites rues voisines des cabarets y furent longtemps traditionnelles. Chaque pavé a été rougi, chacune de ces tavernes graisseuses dont les murs crèvent du trop plein de la canaille qui s'y entasse les jours d'orgie, a mêlé aux cris et aux injures l'aigre bruit de ses violons. Mais à l'heure du combat, le dernier lépreux qui prend un fusil devient un soldat. En juin 1848, la Courtille mit de l'eau dans son vin. Au lieu d'ivrognes, elle envoya aux barricades du faubourg du Temple, contre lesquelles s'étaient brisés les sept bataillons de guerre du général Cavaignac, son contingent de combattants. Dans ce faubourg affluaient en outre les ouvriers des quais de Jemmapes et de Valmy, les fondeurs des rues Folie-Méricourt, Fontaine-au-Roi, Saint-Maur, etc.

Le faubourg du Temple formait, on le sait, la tête d'une des longues colonnes de barricades qui, par les rues Sainte-Avoie, Barre-du-Bec et des Coquilles, allaient aboutir à l'Hôtel de Ville. Mais à mesure qu'on avançait vers l'est, l'insurrection ne procédait plus par lignes isolées; elle se massait, elle gagnait de rue à rue, de quartier à quartier. Les rues d'Angoulême, de Ménilmontant, du Chemin-Vert, des Amandiers, et la plupart de celles qui aboutissaient au boulevart, étaient barricadées. Le redoutable quartier Popincourt, avec ses maraîchers, ses marbriers et ses ouvriers de fabriques, depuis le canal jusqu'au sommet de la rue de la Roquette, à la barrière d'Aunay, au pied du Père-Lachaise, était debout tout entier, formant bande à part. De l'autre côté du boulevard, dans le cœur du sixième arrondissement, le plus peuplé, le plus belliqueux peut-être des arrondissements de Paris, il n'était plus possible de compter les barricades ni d'en démêler l'inextricable réseau. Elles se croisaient en tous sens par les rues Meslay, Notre-Dame-de-Nazareth, Vendôme, Boucherat, de la Corderie, Jean-Robert, des Gravilliers, de Bretagne, Pastourel, du Pont-aux-Choux, etc., etc. Cent corps d'état différents, les bronziers des Filles-du-Calvaire, les petits métiers du Temple, les tailleurs de limes de la voûte Aumaire où bruit l'émeute au moindre frémissement des passions politiques, les ciseleurs, monteurs, cambreurs, cordonniers, les chapeliers, les tourneurs, les zingueurs, potiers, serruriers, tablettiers, taillandiers, etc., etc., qui abondent dans ces quartiers voués au travail et à l'industrie, se retrouvaient pêle-mêle derrière les pavés amoncelés.

Au faubourg Saint-Antoine, où l'on comptait soixante mille indigents, quinze à dix-huit mille ébénistes et menuisiers sans ouvrage, dans ces quartiers extrêmes où vivent les légendes de la Bastille démolie par le peuple, des engagements volontaires, du 10 août, de tant de souvenirs glorieux et sanglants, dans ces rues populeuses que semble animer encore la voix du brasseur Santerre, l'insurrection fut en quelque sorte une affaire de famille à laquelle toutes les classes prirent part. On y redoute moins la présence de l'insurgé que celle du soldat. Il semble que l'ordre soit du côté de l'insurrection. C'est là surtout qu'on disait en regardant ceux qui levaient les pavés : « Laissez-les faire ; ils ne feront pas de mal ; ils n'ont pas de mauvaises intentions. » Les barricades y étaient nombreuses, puissantes par la masse et construites avec un art sans exemple. On citait parmi les chefs principaux du faubourg Saint-Antoine, Pellieu, l'ouvrier Marche, Delacollonge, rédacteur en chef de l'*Organisation du travail,* et qui avait le premier publié dans les colonnes de sa feuille une liste des particuliers les plus riches de Paris ; renseignement étrange, qui donna des sueurs froides à la finance.

Une dernière barricade fermait le faubourg ; une autre barrait la rue de la Roquette ; une troisième, d'une longueur immense, interceptait à la fois le boulevart Bourdon, l'entrée de la rue Saint-Antoine, celle des Tournelles et Jean-Beausire. Quant à la rue Saint-Antoine, on n'y comptait pas moins de soixante-huit montagnes de pavés. L'insurrection y rayonnait en outre à droite et à gauche, notamment à la place des Vosges, où commandait le mécanicien Racari. Les barricades de la rue Thorigny obéissaient à un homme de haute taille, à la figure caractérisée, ancien garde du corps, lieutenant des Ateliers nationaux, qui se faisait appeler le comte de Fouchecourt. Celles de la rue de Jouy et rues circonvoisines avaient pour chef Touchard, ex-montagnard à blouse grise et à ceinture rouge. Hibruit, chapelier, commandait les rues des Nonnains-d'Hières, Charlemagne et du Figuier, et cherchait à nouer des relations avec le faubourg Saint-Antoine au moyen d'un mot d'ordre commun. Le regard rencontrait ensuite l'Hôtel de Ville et les quais.

Les barricades de la Cité figuraient une triple croix, dont l'arbre prenant racine dans le Palais de Justice, formerait la rue Constantine, tandis que les rues de la Barillerie, de la Cité et d'Arcole en seraient les branches. Quant aux quais de Montebello, de la Tournelle, Saint-Bernard et d'Austerlitz, l'insurrection y avait élevé des barricades servies par les débardeurs, les ouvriers des ports et ceux du chemin de fer d'Orléans. Ce système de défense n'existait point sur la rive droite et prouvait une fois de plus le manque d'unité de l'insurrection.

L'aspect général des barricades de la rive gauche offrait deux lignes principales : celle des rues du Faubourg-Saint-Jacques et Saint-Jacques, et celle des rues Mouffetard, Descartes et de la Montagne-Sainte-Geneviève. Mais le développement de la résistance, circonscrit dans les petites rues du 12e arrondissement, était serré au nord et au sud par la Seine et le boulevart extérieur, à l'ouest par le Luxembourg, à l'est par la halle aux vins, le Jardin des Plantes et la Salpétrière. Sa superficie était bien peu de chose comparée à celle de la rive droite.

L'un des points où l'insurrection semblait résolue à livrer un combat acharné était ce temple, pareil à un mausolée, où la patrie reconnaissante dépose les cendres des grands hommes, ceux du moins que l'enthousiasme du moment juge tels, jusqu'à ce que les passions d'une autre époque les en arrachent. Les insurgés s'étaient retranchés dans ce monument sépulcral. N'eût-on pas dit que le génie des révolutions remontait à sa source? Car quelle révolte, depuis soixante ans, n'est l'œuvre indirecte de tous les grands hommes que nous glorifions dès le collége jusqu'à l'académie?

Rue Mouffetard, les chiffonniers, changeant leur crochet contre un fusil, se disposaient à faire de nouvelles guenilles avec les oripeaux et les décrets du jour. A la barrière d'Italie, au rond point formé par les boulevarts des Gobelins et de l'Hôpital, par les rues Mouffetard et Godefroy, s'élevaient des montagnes de pavés couronnées de drapeaux. Là se mêlaient aux chiffonniers les carriers de la banlieue et toute la population des barrières. Des visages sinistres se pressaient dans cette cohue que commandait un aventurier de bas étage, ancien soldat d'artillerie, logeur, marchand de vin, maçon, le nommé Lahr. Le maquignon Wappereau, Choppart dit le Chourineur, et un troisième personnage revêtu de la capote grise des indigents de Bicêtre, Daix, formaient un état-major patibulaire à ce général de ruisseau.

Ici s'arrête ce plan pris à vol d'oiseau et dont nous avons à dessein négligé les détails. Après le boulevart Saint-Jacques et la barrière d'Arcueil, nous franchissons la grande ligne insurrectionnelle pour retomber dans le Paris des puissants de ce monde. Or, dans le Paris légal, toute l'action se concentre à la Chambre et au Pouvoir exécutif. Nous y reviendrons tout à l'heure.

Tel était donc, aux premières lueurs de l'aube, l'aspect de Paris insurgé. Derrière ces centaines de barricades, la nuit ne s'était pas écoulée dans l'oisiveté. Tandis que les uns dormaient sur le pavé à la lueur des feux de bivouacs, d'autres formaient des patrouilles et relevaient leurs sentinelles. Le commandement se faisait militairement. Pendant le combat, dans les intervalles de silence, on entendait derrière la barricade une seule voix commander le feu. Il n'est pas de peuple au monde qui prenne plus aisément les mœurs militaires que le peuple français; or Paris est en bien et en mal la suprême expression du génie de la France.

Outre les chefs que nous avons cités et bon nombre d'autres plus obscurs, l'insurrection sentait le besoin d'un commandement supérieur. Elle invoquait les noms des hommes qui, dans les luttes de la démocratie, avaient acquis, sous le règne de Louis-Philippe, une célébrité populaire. Mais, par un des phénomènes ordinaires du changement de condition, ces chefs laissèrent passer la bataille de juin dans l'inaction et l'hésitation, eux qui, avec des poignées d'hommes, avaient plusieurs fois tenté de briser la monarchie et étaient arrivés à leur but. Au 12e arrondissement on attendait M. Barbès, qu'on disait échappé de Vincennes. Dans le sixième, le nom de M. Lagrange passait de bouche en bouche. Le huitième croyait M. Caussidière maître de l'Hôtel de Ville, et attendait son arrivée dans le faubourg Saint-Antoine avec une forte colonne insurrectionnelle et six pièces de canon.

On pouvait remarquer la même absence d'unité dans les mots d'ordre et dans les drapeaux. Dans certains quartiers, le mot de ralliement était : « *Caen et Caussidière.* » Ailleurs il offrait cette variante : « *République et Caussidière.* » Quelques-uns adoptèrent : « *Vaincre ou mourir.* » D'autres enfin : « *Courage, prudence et bonne humeur.* » Quant aux drapeaux plantés au sommet des barricades, ils étaient rouges ou tricolores; ces derniers en plus grand nombre. La plupart portaient pour inscription le numéro de telle ou telle brigade des Ateliers nationaux. On lisait sur quelques-uns ces mots qui font honneur à la moralité du peuple : « *Respect aux propriétés, mort aux voleurs!* » D'autres, comme à Lyon en 1834, avaient tracé cette terrible devise du prolétariat au dix-neuvième siècle, invocation de la liberté impuissante à la force : « *Du pain ou du plomb!* » La même pensée, moins fatalement accentuée, mais impliquant la même idée de recherche d'une garantie, reparaissait sur des bannières portant pour inscription : *Organisation du travail.* » D'autres comme celle-ci : « *Abolition de l'exploitation de l'homme par l'homme.* » exprimaient, dans le langage adopté par la démagogie, un sentiment égalitaire, hélas ! bien éloigné de nos mœurs.

Mais dans le petit nombre d'appels aux armes et de proclamations que ces infortunés parvinrent à placarder dans les quartiers insurgés, une même pensée, qui eût dû inspirer quelqu'humanité aux vainqueurs, se reproduisait. Ils prenaient les armes pour avoir du travail. Dans quelques quartiers même, ils croyaient combattre pour leurs foyers contre une soldatesque exécrée, qui, à leurs yeux, représentait la destruction, la ruine, la mort ou l'esclavage. Tous se battaient pour la République menacée par la réaction, pour la République à laquelle ils associaient l'idée de leurs vœux personnels (1). De telle sorte que, de part et d'autre, c'était au nom de la République que des Français, que des habitants d'une même ville s'égorgeaient.

Il faut le dire, la république n'était qu'un mot exprimant une forme gouvernementale. Au fond, il suffisait de jeter les yeux sur la plupart des barricades pour découvrir un sens plus cruel à cette abominable guerre. De tels fantômes en haillons apparurent, le fusil en main, au sommet de ces tas de pavés, que parmi la garde nationale, ceux qui ne partageaient pas la fureur de leurs compagnons se retiraient, ne pouvant se résigner à tirer sur des hommes réduits à une telle misère et pensant qu'il eût mieux valu leur lancer des morceaux de pain que des balles.

Lorsqu'en descendant parmi ces documents infimes et

(1) Voir aux *Pièces justificatives* no 6.

innombrables, que l'histoire contemporaine a la pénible mission de feuilleter, ne fût-ce que pour préparer les récits synthétiques des siècles futurs; lorsque, parmi ces choses basses qui en disent quelquefois plus que les grandes paroles, nous rencontrons le ménage de la barricade, la cuisine de l'insurgé faite en plein air, comme celle des bohémiens errants, quel étrange spectacle! La marmite de fer bout. La femme du combattant est là qui attise le feu. Le foyer domestique, c'est le feu du bivouac dans cette guerre à mort! Du pain, des pommes de terre, un peu de charcuterie, de l'eau ou de l'eau rougie, une pipe de tabac, voilà le festin de ces matérialistes en blouse, qui se battent pour boire, piller, voler, violer. Ils n'auraient qu'un geste à faire pour se faire livrer les trésors du quartier qu'ils occupent, mais ce geste, ils ne le feront pas. Le drapeau qui flotte sur le tas de pavés ne porte-t-il pas dans ses plis : « *Mort aux voleurs!* » Le drapeau de la barricade, le guidon du pauvre, l'oriflamme de Jacques Bonhomme, ce haillon rouge toujours vaincu, qui pend, criblé de balles, au bout d'une perche, n'a-t-il pas son honneur, lui aussi, aux yeux de la sédition, et sa gloire d'un moment au fond des noirs carrefours?

Ce qui le plus souvent bout dans la marmite de fer, ce n'est pas le repas funèbre de ce malheureux destiné au cachot, à l'hôpital, ou à la fusillade, c'est du plomb pour faire des balles. L'insurgé sans giberne, sans cartouches, fond ses balles; quelquefois il fabrique sa poudre. Aussi, les pharmaciens, aptes à ces mixtures, furent-ils presque tous mis en réquisition au sein des quartiers insurgés. Des armes! telle est la principale parole de ce peuple qui compte déjà cinquante mille combattants. Pour s'en procurer que n'imaginèrent-ils pas? Dans une fonderie voisine du canal et du faubourg du Temple, ils parvinrent à fondre un canon. Il aurait fallu voir la joie folle de cette cohue à la vue du chef-d'œuvre. Mais pour le refroidir, il fallait douze ou quinze heures. On le pendit à des cordes et on le berça dans l'air, tandis que les femmes et les enfants jetaient dessus du sable humide. Quand il s'agit de le traîner sur un grossier affût, jusqu'à la barricade, ce fut une fête impossible à décrire. Les enfants l'eussent embrassé. «Quand le peuple va entendre sa voix!» disait-on. La pauvre machine ne put servir de rien; mais quel peuple! et que ne ferait-on pas avec de tels hommes au jour de la patrie en danger?

Dans le beau Paris, dans ce quartier de palais, de temples, de jardins, de fontaines, qu'on dirait sorti avec ses magnificences de l'imagination d'un conteur arabe, tout dormait encore. Au palais de l'Assemblée nationale, les Représentants du peuple, couchés çà et là sur des fauteuils et des banquettes de la salle des conférences, fatigués de paroles, accablés, les uns par l'inquiétude, les autres par cette obsédante tension d'esprit qui est le supplice du conspirateur, essayaient de se reposer en attendant le jour; et déjà le jour venait. Mais l'aurore des mois d'été est plus diligente que l'homme. Ceux des Représentants qui vinrent chercher un peu d'air frais sur le péristyle du palais, purent voir les dragons au bivouac couchés sur la place de la Concorde. La lumière argentée du matin inondait les arbres des Champs-Elysées. Un grand silence régnait dans Paris. Les oiseaux des Tuileries chantaient. Quelques coups de fusils lointains se mêlaient à leur gazouillement et l'on voyait monter au ciel des colonnes de fumée de postes incendiés. La bataille recommençait.

A l'hôtel de la Présidence, le général Cavaignac dormait encore tout habillé sur le canapé où il s'était étendu. Dans la salle voisine, la Commission exécutive, représentée par M. Ledru-Rollin, continuait sa veille, véritable veille de déchéance. Les demandes de troupes n'avaient pas cessé malgré la nuit. A quatre heures et demie du matin, un officier d'état-major de la garde nationale força même la consigne et prétendit, d'un ton de voix plein d'emportement, parler à l'instant même au général Cavaignac. « Mais il dort, » articula M. Ledru-Rollin. « Je l'éveillerai. » Il se précipitait vers le cabinet; M. Ledru-Rollin l'arrêta. On s'efforça de calmer ce furieux, dont la voix retentissait dans l'hôtel un peu assoupi à cette heure matinale. « J'irai moi-même, » lui dit M. Ledru-Rollin. Il y alla en effet. Mais quel renfort le général pouvait-il accorder? Que pouvait-il répondre sur le nombre, la situation et l'emploi des troupes, puisque M. Charras n'était pas là et que lui, ministre de la Guerre, ne s'était pas fait donner ces renseignements par son sous-secrétaire d'État?

Il comprit que ces incertitudes ne pouvaient avoir une plus longue durée et se rendit au ministère de la Guerre. La Commission exécutive, encore une fois séparée du seul personnage qui pût exécuter quelque chose, puisqu'on lui avait cédé le commandement général de la force armée, acheva sa nuit comme elle l'avait commencée, au milieu des soupçons croissants de la garde nationale. Les plus exaltés menaçaient de mettre à mort plusieurs membres de la Commission, notamment M. Ledru-Rollin. Ces amis de l'ordre ayant pris pour lui M. de Malleville pensèrent l'assommer.

Les conspirateurs, pour qui rien n'était perdu, exploitèrent ces injustes soupçons. De bon matin, les conciliabules recommencèrent dans la salle des conférences, dans les bureaux et à l'hôtel de la Présidence où l'on avait passé la nuit. Comme toujours, on concluait au renversement de la Commission exécutive, *seul moyen d'en finir* et d'apaiser la garde nationale qui se croyait trahie. L'un de ceux qui tirèrent le mieux parti de cette situation, M. Recurt, ajouta même que la garde nationale voulait l'état de siége et la dictature de M. Cavaignac. Si l'on considère que M. Cavaignac, inconnu à Paris, ne pouvait être l'objet ni des soupçons ni de l'amour de la garde nationale, on appréciera la valeur de ces manœuvres.

A huit heures du matin, la Commission exécutive tenant conseil, les meneurs jugèrent le moment favorable pour porter un coup décisif. Ils étaient sûrs du concours de la rue de Poitiers : « Il m'intéresse ce jeune homme, » avait dit M. Thiers.

Un groupe se forma ayant à sa tête le procureur Sénard, président de l'Assemblée nationale. Ils se constituèrent en députation et vinrent livrer un nouvel assaut à la Commission exécutive qu'ils trouvèrent réunie au conseil. La faction du général Cavaignac sentait sa force. Elle essaya d'intimider la Commission en disant qu'elle venait au nom des réunions de la rue de Poitiers et du Palais-National, et représenta ces réunions comme décidées à porter le général au pouvoir. La Commission exécutive demeura inébranlable. La persuasion et l'intimidation n'ayant pas réussi, les cosnpirateurs comprirent ce qui leur restait à faire. Cette faction parlementaire s'attroupa. Il fut résolu que le coup de main sur la conscience de la Chambre serait tenté le matin même dans la séance. L'enfant perdu qui devait attacher ce dangereux grelot était trouvé. La chose avait été proposée à M. Xavier Durrieu qui eut l'esprit de refuser. Ce fut M. Pascal Duprat qui s'en chargea.

Tandis qu'on se préparait et que, pour plus de sûreté, on décidait qu'une proposition serait faite de constituer l'Assemblée en comité secret, — car on craignait que les tribunes révoltées ne manifestassent leur horreur, — M. Sénard s'était retiré dans son cabinet particulier en compagnie du général Cavaignac. Mais ce n'était pas, comme on aurait pu l'imaginer, pour conférer sur les mesures à prendre pour réprimer l'insurrection. Le libraire Pagnerre, premier comparse de la République, secrétaire perpétuel de tout gouvernement provisoire, devait nécessairement apparaître. Il entra donc et put s'apercevoir que la conversation roulait humblement sur certaines combinaisons, sur certaines conditions du futur pouvoir. Secrétaire de la Commission exécutive, le libraire Pagnerre, malgré son épaisse encolure, était un homme fin en affaires. Il sentait bien qu'avec ce militaire une bande nouvelle d'affamés de fonctions allait envahir le pays, que les ministères seraient la proie des conspirateurs, qu'il y avait là bien du monde à récompenser. Il se montra énergiquement opposé à la dissolution de la Commission exécutive. La conversation continua entre MM. Cavaignac et Sénard. Le général voulait qu'on lui laissât l'exécutif et le droit de prendre pour ministres qui bon lui semblerait. Il abandonnait le reste, avouant qu'il n'entendait rien à l'opinion publique en France et que la politique n'était pas son affaire. On retomba ensuite dans les *combinaisons*. M. Garnier-Pagès survint à temps pour que le mot lui tombât dans l'oreille. Ce mot, innocent en lui-même, signifie beaucoup en langage parlementaire. Mais le procureur Sénard se retournant subtilement vers le nouvel intru s'écria : « Quant à vous, vous êtes nécessairement de toutes les combinaisons. » M. Garnier-Pagès ne parut pas convaincu et répliqua stoïquement : « Sauvons d'abord le pays (1). » Un instant après, M. Garnier-Pagès et son compagnon Pagnerre sortirent et s'en allèrent aux mairies. Mais qu'étaient-ils venus faire dans ce cabinet particulier?

Cette scène de haute comédie ne serait pas complète dans l'esprit du lecteur et perdrait la meilleure partie de son enseignement, si l'on oubliait qu'à l'heure même le sang coulait dans la moitié de Paris. Tandis que les parties contractantes marchandaient les conditions du futur pouvoir, des malheureux s'égorgeaient sans profit pour des principes, croyant, les uns sauver la société, la famille et la propriété; les autres sauver la République, la démocratie et le travail.

On songea enfin à délibérer sur la situation. Les nouvelles étaient mauvaises. Le système du général Cavaignac avait créé les dangers prévus par la Commission exécutive. L'insurrection gagnait du terrain. Tandis que M. Sénard s'en allait présider la séance de l'Assemblée nationale, M. Cavaignac retournait vers la Commission exécutive. La discussion fut assez vive. Justement alarmée de la responsabilité que le système du général Cavaignac laissait planer sur elle, la Commission voulait qu'on livrât aux barricades un assaut général. Sauf M. Garnier-Pagès, absent ainsi que le secrétaire Pagnerre, tous les membres de la Commission, y compris leur coadjuteur, M. Barthélemy Saint-Hilaire, parlèrent en ce sens. M. Cavaignac, avec cet entêtement qui lui

(1) *Moniteur universel* du 26 novembre 1848.

est particulier, persista dans la négative. « Que les bourgeois de Paris gardent leurs boutiques, articula-t-il ; pour moi, je me tuerais si une seule de mes compagnies était désarmée (1). » On sait qu'il y eut des compagnies désarmées et qu'il ne se tua point.

Comme on insistait, comme on lui disait qu'avec un pareil système l'insurrection pourrait finir par se rendre maîtresse de Paris tout entier : « Si les insurgés sont maîtres de Paris, s'écria-t-il, je me retirerai avec mon armée dans la plaine de St-Denis ou dans la plaine des Vertus et je les attendrai pour leur livrer bataille. » — « C'est fort bien, répliqua M. Arago, mais il n'est pas probable qu'ils vous y suivent. »

Pendant ce temps, l'Assemblée nationale avait repris à huit heures un quart sa séance permanente. Le président Sénard fit connaître l'état de Paris. Sans marquer de doute sur le résultat définitif du combat, il ne dissimula point que la lutte serait terrible. Ce langage était conforme aux vues des conspirateurs. Il proposa ensuite à l'Assemblée de déclarer qu'elle adoptait, au nom de la République, les veuves et les enfants de ceux qui mourraient en combattant pour la République. Un décret, conçu en ce sens, fut immédiatement rendu par l'Assemblée. Il ne devait contribuer qu'à augmenter l'ardeur de la garde nationale en rassurant les pères de famille sur l'avenir de leurs enfants et en épaississant les ténèbres dans la conscience de ceux qui croyaient réellement se battre pour le salut de la République.

La séance fut encore une fois suspendue à neuf heures et quelques acharnés revinrent sommer la Commission exé-

(1) *Rapport de la Commission d'enquête*, I, 313.

cutive de se retirer. Le général Cavaignac se promenait à grands pas. Il paraît que les irrésolutions de ce caractère incertain se manifestaient par une grande agitation du corps. Pendant cette nuit du 23 au 24 juin, le général fut en proie aux plus vives perplexités. Sa mère parvint à les faire cesser : « Tu seras digne de Godefroy, lui dit-elle, si tu parviens à réprimer cette sédition aveugle et sacrilége. »

Il interrompit les discoureurs en s'écriant d'un air sombre : « Que faites-vous ? Vous délibérez encore. Mais sachez donc qu'il ne s'agit pas d'une émeute : c'est une révolution qui s'accomplit. Paris entier est debout ; avant deux heures les insurgés seront ici ! » Cette inquiétude si vivement, si brusquement manifestée, si contraire d'ailleurs à la sécurité première du général, pouvait être sincère, mais on ne saurait se dissimuler qu'elle donnait une puissante impulsion au renversement de la Commission exécutive.

La faction sembla prendre ces mots pour un signal. Elle se rua dans l'Assemblée, semant partout la terreur et montrant l'insurrection à la porte du palais. On rouvrit la séance sous cette impression. La première parole dite fut pour demander le comité secret. Le procureur Sénard présidait, — tout est à noter dans ce genre d'intrigues : — « Plus de cinq membres, articula-t-il, réclament le comité secret ; conformément au règlement, l'Assemblée se forme en comité secret. » Et il se dispose immédiatement à faire évacuer les tribunes où se manifeste une vive émotion. Mais l'affaire manqua. MM. d'Aragon et Dupin (de la Nièvre) firent observer que le règlement n'était pas aussi expéditif que l'imaginait M. Sénard. La volonté de cinq membres ne suffisait pas ; il fallait ensuite un vote de l'Assemblée. Le vote ne fut pas favorable aux amis des ténèbres. M. Sénard avait-il manqué simplement de mémoire? Lui seul le sait. Mais après tout ce que nous connaissons d'une si laborieuse intrigue, après la conversation que M. Sénard venait d'avoir avec le général Cavaignac sur les conditions du nouveau pouvoir, le doute est permis. En présence d'une motion destinée à faciliter l'avènement de ce nouveau pouvoir, M. Sénard ne pouvait manquer de mémoire plus à propos.

Obligée de se montrer au grand jour, la conspiration n'hésita plus. Un jeune professeur de rhétorique, prêt à brûler ses vaisseaux pour une ambassade de quinze jours, M. Pascal Duprat, tira résolûment les marrons du feu. Ce néophyte monta à la tribune et dit : « Je demande que l'Assemblée nationale rende le décret suivant : « Paris est mis en état de siége, tous les pouvoirs sont concentrés dans les mains du général Cavaignac. » M. Larabit bondit sur son banc : « Je m'oppose à l'état de siége! » s'écrie-t-il. Mais M. Antony Thouret est fort satisfait de ce coup de main, et M. Quentin Bauchart voudrait, pour être plus sûr de son fait, qu'un article du décret contînt ces mots : « La Commission exécutive cesse à l'instant ses fonctions. » Il y a des gens capables de condamner les morts à avoir la tête tranchée. M. Trévepeuc assure que l'état de siége comblera de satisfaction la garde nationale. M. Langlois ajoute que « l'état de siége est le vœu de la population tout entière. » — « Votez le plus tôt possible, ajoute M. Bastide; dans une heure peut-être l'Hôtel de Ville sera pris. » M. Nachet proteste à son tour et adjure M. Odilon Barrot de ne pas déserter la cause qu'il soutenait autrefois. M. Larabit veut reprendre la parole. La faction, qui se sent maîtresse du terrain, s'ameute autour de la tribune et aboie : « A l'ordre!

la clôture! » MM. Lagrange et Buvignier se joignent à la protestation, et M. Germain-Sarrut s'écrie d'un ton ému et solennel : « Nous, les victimes de l'état de siége en 1832, nous protestons de toute l'énergie de notre conscience contre l'état de siége de 1848! »

Mais l'heure est venue ; l'entraînement est irrésistible. L'Assemblée vote par assis et levé, sans constatation de noms des votants. Soixante membres seulement, parmi lesquels on remarquait MM. Lamennais, Félix Pyat, Considérant, Babaud-Laribière, Chauffour, Walferdin, Renouvier, etc., etc., votèrent contre un décret qui livrait la France et la vie de chaque citoyen à un soldat inconnu du pays et ignorant le pays. Ils inscrivirent leurs noms au bas d'une déclaration qui, pour éviter toute apparence séditieuse, ne devait pas être livrée à la publicité. Elle fut imprimée pourtant dans les journaux du lendemain. Dix-huit signataires de cette pièce publièrent une énergique protestation contre ces indiscrétions anonymes.

M. Odilon Barrot fut du nombre de ceux qui votèrent contre l'état de siége. A ce sujet, il donna, dans une parole imprudente, la mesure de son caractère. « Donnez-nous la chose et non le mot, » disait-il à un membre de l'Assemblée. « Nous voulons la monarchie entourée d'institutions républicaines, » avait-il dit en 1830. Les révolutions se succédaient, mais M. Barrot restait le même.

A la reprise de la séance, à dix heures et demie, la Commission exécutive envoya sa démission, ainsi conçue : « La Commission du Pouvoir exécutif aurait manqué à la fois à son devoir et à son honneur en se retirant devant une sédition et devant un péril public. Elle se retire seulement devant un vote de l'Assemblée. En lui remettant les pouvoirs dont vous l'avez investie, elle rentre dans les rangs de l'Assemblée nationale pour se dévouer avec vous au danger commun et au salut de la République. » Elle mourut comme elle était née, dans le sein du désordre, de l'anarchie et des discordes civiles. Elle mourut surtout par impuissance et par manque de foi. Ainsi se justifie à chaque pas l'esprit qui guide l'historien à travers ce récit. Les faits expliquent la sévérité de ses jugements. « L'histoire hait les dupes, a dit récemment un penseur aimé de la démocratie ; elle les met presque au rang des coupables, et ce n'est qu'une demi-injustice. Etre abusé, c'est presque toujours le signe d'une situation fausse. Un degré de plus d'intégrité de votre part, et vous n'eussiez pas été trompé(1). »

Le meurtre était consommé. On allait bientôt partager, pour la troisième fois depuis février, l'éternelle proie nationale. Les factieux de la veille devenaient gouvernement, et ceux qui la veille étaient gouvernement allaient bientôt devenir factieux. Mais il fallait avant tout se débarrasser de l'ennemi. Avant de jeter à chacun son lambeau, le maître tourna pour tout de bon enfin ses regards vers l'insurrection.

Elevé au pouvoir dictatorial, le général Cavaignac sort enfin de son mutisme et de son apathie. Il donne à l'état de siége une extension singulière. Les lois sont en réalité suspendues. Paris n'est plus qu'un champ de bataille où la force seule et sans frein va décider du sort de la France. Il n'y a plus de garantie individuelle. Les neutres mêmes sont à la merci du parti victorieux.

Pour entrer jusqu'aux genoux dans le sang, pour bom-

(1) *Marnix de Sainte-Aldegonde*, par M. Edgar Quinet.

barder Paris comme une ville assiégée et en faire à l'aise une boucherie humaine, le dictateur avait besoin de silence. Onze journaux furent suspendus dans les vingt-quatre heures. Il est juste de dire que ces mesures extrêmes étaient devenues indispensables. Une fatalité en entraîne une autre. Il était nécessaire, pour sauver la société française, que la force triomphât du droit. Et pour que cette force triomphât, tous les moyens étaient bons. Mais la responsabilité n'en incombe que plus lourdement à M. Cavaignac et à ses complices. Car cette double nécessité de la force superposée au droit, de l'emploi des moyens extrêmes pour faire triompher la force, n'était née que des manœuvres de la conspiration et du plan de bataille du général Cavaignac, plan conforme à ses ambitions.

Parmi les onze journaux suspendus, quelques-uns méritaient bien ce traitement. Le plus dangereux de tous, la *Presse*, n'avait cessé, depuis le commencement de la République, de jeter le trouble dans le pays. Il semblait que son rédacteur en chef, M. de Girardin, oublié dans ce vaste partage de hautes fonctions, isolé dans son journal, parce qu'il n'inspirait pas plus de confiance aux divers partis qu'au pouvoir, mêlât une acrimonie personnelle à ses récriminations. Pareil à Figaro, toujours dans l'intrigue et jamais aux affaires, ce journaliste avait poussé l'audace jusqu'à l'impudence. La dictature ne l'arrêta pas. La *Presse* du 25 juin équivalait à un appel aux armes. L'impunité l'avait persuadé qu'il inspirait la terreur. Un militaire le fit prendre et mettre au secret. On l'enferma dans la geôle qui avait servi à M. de Beauvallon. Elle était prédestinée aux duellistes. Les journaux firent plus tard gros bruit de cette aventure, mais il faut avouer que M. de Girardin s'en tira à bon marché, et qu'on fusilla, dans ces jours néfastes, bien des malheureux qui avaient moins que lui poussé à la guerre civile. Pouvait-il s'excuser comme eux? Il ne manquait ni de travail ni de pain. C'est depuis son incarcération de onze jours que M. de Girardin devint un si fougueux partisan de la liberté illimitée et de l'abolition des prisons.

En même temps qu'il muselait la presse pour que le massacre se fît sans bruit, le général Cavaignac appelait l'armée des Alpes et les troupes disponibles des deuxième et troisième divisions et de la subdivision du département de la Seine-Inférieure. Les gardes nationales de province étaient conviées à une sorte de rescousse générale. Cette politique détestable ranimait les vieilles rancunes départementales contre Paris. La puissante centralisation française recevait un premier coup dans cette levée de boucliers contre la capitale. La jalousie mesquine s'armait comme pour une vengeance. Ces bataillons grotesques, jusqu'alors vierges de combat, accouraient avec l'espoir de tremper leurs baïonnettes dans le sang des Parisiens. « Ils venaient, disaient-ils, dans un délire d'orgueil, mettre Paris à la raison. »

Comme tous les pouvoirs, la dictature débuta par des proclamations. Nous connaissons celle de M. Sénard aux gardes nationaux. Tandis qu'il poussait dans ce misérable placard l'exaspération de ces boutiquiers à son comble, il en adressait un second aux ouvriers. « On vous trompe! on vous égare! » s'écriait-il. Il essayait de les persuader du bon vouloir de l'Assemblée nationale, comme si cette Assemblée, deux jours auparavant, n'avait pas, sur les conclusions de M. de Falloux, repoussé tous les projets de travaux et les demandes de crédit du ministre Trélat. De son côté, le dictateur, reprenant le même thème, disait aux gardes nationaux : « Votre sang n'aura pas été versé en vain ! » Il parlait ensuite d'ordre, de liberté, vieux langage bien mal approprié aux circonstances; il ajoutait même, oubliant la monstruosité de sa propre élévation, qu'il voulait un gouvernement assez fort pour « refouler toutes les ambitions personnelles. » Aux soldats, il parlait du salut de la patrie et leur rappelait en même temps que les lois de l'honneur, dont il ne devrait jamais être question dans les guerres civiles, sont inséparables de celles de l'humanité. On verra comment le dictateur sut les faire respecter. Enfin il s'adressait aussi aux insurgés : « Citoyens, leur disait-il, vous croyez vous battre dans l'intérêt des ouvriers, c'est contre eux que vous combattez, c'est sur eux seuls que retombera tant de sang versé. Si une pareille lutte pouvait se prolonger, il faudrait désespérer de l'avenir de la République, dont vous voulez tous assurer le triomphe irrévocable. Au nom de la patrie ensanglantée, au nom de la République que vous allez perdre, au nom du travail que vous demandez et qu'on ne vous a jamais refusé, trompez les espérances de nos ennemis communs, mettez bas vos armes fratricides, et comptez que le gouvernement, s'il n'ignore pas que dans vos rangs il y a des instigateurs criminels, sait aussi qu'il s'y trouve des frères qui ne sont qu'égarés et qu'il rappelle dans les bras de la patrie (1). »

Le résultat de cette littérature bien connue fut de faire croire aux gardes nationaux qu'ils se battaient pour la liberté en même temps que pour leurs boutiques, aux soldats qu'ils allaient au champ d'honneur, aux ouvriers que

(1) Voir, pour ces diverses proclamations, le *Moniteur universel* du 26 juin 1848.

le dictateur ou, comme ils le nommaient dans leur rude langage, le *boucher* Cavaignac, continuait, le sabre en main, l'atroce mystification de M. de Falloux. Leur dire qu'on ne leur avait jamais refusé de travail après ce qui s'était fait à l'Assemblée nationale et lorsqu'ils étaient cinquante mille hommes en armes demandant *du travail ou du plomb*, c'était abuser de l'hyperbole.

Dans l'enthousiasme qui suit toujours une transformation du pouvoir, l'Assemblée nationale avait manifesté l'intention d'aller aux barricades. La faction parvenue exaltait ce zèle exagéré. Il s'agissait de se répandre dans Paris et d'aller lire aux troupes et à la garde nationale le décret qui substituait la dictature du général Cavaignac à la Commission exécutive et mettait la ville en état de siége. Les uns voulaient que l'on tirât au sort soixante membres ; d'autres déclaraient l'Assemblée une et indivisible. M. Antony Thouret prétendait qu'en ne désignant personne tout le monde irait. Il fut enfin décidé que chaque bureau désignerait quatre de ses membres pour cette expédition. En sa qualité de plus jeune membre de l'Assemblée, M. Fresneau demanda que ce choix portât sur de jeunes hommes. Mais M. Marie (des Côtes-du-Nord) revendiqua pour les plus vieux l'honneur de mourir pour la patrie. Le général Cavaignac mit fin à ces dialogues de comparses en indiquant aux Représentants disposés à aller montrer leur écharpe aux barricades trois points de ralliement : le Château-d'Eau, quartier général de M. de Lamoricière ; l'Hôtel de Ville, quartier général de M. Duvivier, et la Sorbonne, quartier général de M. Damesme. Leur présence et surtout la nouvelle de l'état de siége et d'une dictature militaire releva le moral de la troupe.

Sous cette impression la bataille continua. On semblait de part et d'autre ne pas douter de la victoire. Le canon tonna dans Paris comme dans une ville bombardée. Des luttes acharnées se livraient aux faubourgs Poissonnière, Saint-Denis, Saint-Martin et du Temple, à la place des Vosges, à l'Hôtel de Ville, dans la Cité, à la Sorbonne et au Panthéon. Au faubourg Poissonnière, la deuxième légion s'épuisa en vain, de deux à six heures, contre une barricade formidable située à la hauteur de la caserne de la Nouvelle-France. Là comme partout les insurgés s'étaient emparés de l'angle des maisons, au coin des rues, et dirigeaient, du haut des fenêtres, un feu meurtrier. Ce système très-simple a dû contribuer à accréditer cette fable que, depuis longtemps, les maisons favorablement situées avaient été louées par l'insurrection. On envoya à la deuxième légion deux cents gardes républicains. Le général Lebreton vint lui-même et jugea de nouveaux renforts nécessaires. Enfin les Représentants Treveneuc et Perrée arrivèrent avec six cents gardes nationaux et furent bientôt suivis de la garde nationale de Rouen. On enleva la barricade et l'on prit la place Lafayette, déjà prise la veille. Les insurgés se replièrent, comme la veille, dans le clos Saint-Lazare et dans l'hôpital en construction. Il fallut se contenter ce jour-là de ce mince avantage.

Au faubourg Saint-Denis, l'insurrection maintint presque toutes ses positions. Le général Korte chargé de l'attaque manquait d'hommes. On ne lui avait donné qu'un détachement du 7e léger et quelques compagnies des 7e et 9e bataillons de la garde mobile. Il eut en outre, pour auxiliaire, la garde nationale de Pontoise. Mais le canon resta impuissant, l'assaut échoua, le général Korte fut blessé au bras et le général Bourgon, qui venait à son aide, reçut une balle dans la cuisse.

Au quartier général de la division Lamoricière, la troupe est triste et la garde nationale peu résolue. Là aussi, rue du Temple et rue du Faubourg-du-Temple, il faut reprendre ce qu'on a pris la veille. Telle est la conséquence fatale de la stratégie de M. Cavaignac dans la journée qui précéda son élévation à la dictature. Et partout, à l'Hôtel de Ville, à la Cité, au faubourg Saint-Jacques, le même fait va se reproduire. Le général de Lamoricière, assez exalté d'ordinaire, était exaspéré. Il se croyait trahi, parce que, sur l'ordre de MM. Sénard et Cavaignac (1), la paie des Ateliers nationaux s'était effectuée jusque derrière des barricades, par le moyen des brigadiers. On avait craint que le désespoir et l'extrême misère n'allassent grossir les rangs de l'insurrection. Telle fut l'origine de ces bruits absurdes qui représentèrent les insurgés comme des factieux stipendiés par les prétendants et par les puissances étrangères. M. de Lamoricière voulait qu'on fusillât deux brigadiers porteurs d'une somme de quatre-vingts francs. Il eût aussi désiré fusiller M. Lalanne, directeur des Ateliers nationaux, et il fit arrêter M. Watrin, l'un des commandants de la 6e légion, coupable d'avoir, par méprise, fait éteindre l'incendie d'une maison bombardée. Il trouvait mauvais que la garde nationale ne soutînt pas le feu comme des troupes exercées et obligées d'ailleurs d'obéir. Sa fureur était telle qu'il oublia toute mesure dans ses expressions. Les ordres qu'il donnait se ressentaient de l'état violent de son esprit. On eut recours aux

(1) *Rapport de la Commission d'enquête*, I, 357. II, 305.

moyens extrêmes. « J'avais le souvenir de la guerre de Saragosse, analogue sous plus d'un rapport à celle-ci, dit le colonel Allard, et il me semblait qu'on devait passer par le rez-de-chaussée des maisons en faisant une brèche dans les refonds et cloisons pour atteindre les barricades. » En effet, ainsi qu'à Saragosse, les maisons furent trouées, sapées, comme s'il se fût agi de faire de Paris un monceau de ruines. Le général Lamoricière obtint enfin quelques avantages du côté de l'entrepôt de la douane, mais le faubourg du Temple résista.

A la place des Vosges, l'insurrection s'est emparée de la mairie du 8e arrondissement. Son drapeau flotte sur la maison. Un de ses chefs, Lacollonge, y est installé en qualité de maire. Trois cent cinquante soldats du 18e léger ont été désarmés. Quinze mille cartouches et quinze mille sabres restent au pouvoir des insurgés dont une partie se dirige vers l'Hôtel de Ville.

La division du général Duvivier, qui a remplacé M. Bedeau à l'Hôtel de Ville, était forte de treize bataillons et de huit pièces de canon. Non-seulement l'insurrection avait repris ses positions dans les rues Planche-Mibray, des Arcis, de la Verrerie et Saint-Antoine, mais elle avait encore gagné du terrain par les petites rues environnantes. L'Hôtel de Ville étouffait dans cette étreinte. Il était aisé de prévoir qu'à moins d'une résistance vigoureuse, ce point si important serait en grand danger d'être enlevé. Deux pièces de canon braquées place du Châtelet durent être ramenées près du palais. Par la rue de la Tixeranderie, l'insurrection pouvait tirer sur l'Hôtel de Ville. M. Marrast prit l'alarme. Il voyait le général Duvivier s'épuiser en inutiles efforts. La garde nationale perdait contenance. Sur les réclamations du maire de Paris, M. Cavaignac envoya le colonel Charras avec un bataillon de garde nationale et deux pièces de canon. A la nuit tombante, la force armée avait réussi à dégager un peu les abords de la place de Grève. Le cercle de feu qui environnait l'Hôtel de Ville fut repoussé jusqu'à la hauteur de l'église Saint-Gervais.

Le général Damesme opérait en même temps sur la rive gauche. Ses forces se composaient de la 11e légion, de 800 hommes de ligne, de 500 gardes mobiles et de détachements de la garde républicaine. Il commença la lutte à dix heures du matin en descendant la rue Saint-Jacques, afin de reprendre les barricades déjà prises la veille. Des détachements de garde mobile, de la garde républicaine et du 18e de ligne attaquèrent les barricades de la place Maubert et s'en emparèrent au prix de beaucoup de sang versé. Arrivé à la rue de la Parcheminerie, M. Damesme rebroussa chemin et résolut de s'emparer du Panthéon, où un nombre considérable d'ouvriers formaient un des quartiers généraux de l'insurrection. La place du Panthéon n'est en quelque sorte qu'une large échancrure aux abords du monument. Aux angles formés par cet élargissement se trouvent, d'un côté, l'école de droit, de l'autre, une mairie alors en construction. Les insurgés, maîtres de ces deux points dont les fenêtres dominaient la place et les rues voisines, embusqués sous la coupole, sur le parvis et derrière la colonnade du monument, environnés d'énormes barricades, dont la plus grande barrait la place même à l'entrée de la rue Soufflot, étaient dans une excellente position. La garde mobile, qui voulut leur donner l'assaut, déploya un courage inutile et perdit beaucoup d'hommes.

Tandis que la colonne du général Damesme combat au Panthéon, deux bataillons du 14e et du 24e léger, dirigés par le lieutenant-colonel Thomas, dégagent les rues voisines. Un détachement de ligne pénètre dans la rue Saint-Etienne, découvre une porte de derrière de l'école de droit et déloge les insurgés de cette position.

Dès lors le combat changea de face. Les soldats postés aux fenêtres de l'école de droit pouvaient répondre au feu des insurgés. Le général Damesme faisait en même temps mettre ses canons en batterie au milieu de la rue Soufflot. Pendant plusieurs heures le canon gronda. Les boulets mutilèrent le chef-d'œuvre de David (d'Angers). Un Malherbe de pierre eut le bras broyé. Bientôt les boulets frappèrent la porte du monument qui résonna depuis les caveaux jusqu'au dôme et sembla tressaillir. La porte brisée résista quelque temps encore et tomba. Alors les boulets ne trouvant pas d'obstacle plongèrent jusqu'au fond du monument et renversèrent de son piédestal une statue colossale qui frappa le sol avec un bruit funeste. Quelque temps après, le Panthéon était pris et le carnage des prisonniers et des fuyards commençait là comme presque partout, sous les yeux des femmes et des mères vainement suppliantes. Ce qui put échapper par les jardins du collége Henri IV gagna les barricades des rues de Fourcy, Contrescarpe, de la Vieille-Estrapade et des Fossés-Saint-Jacques. La fusillade et le canon retentirent encore dans ce malheureux quartier durant de longues heures. A la fin du combat, le général Damesme fut frappé d'une balle dans la cuisse. M. Valette, Représentant du peuple, le fit conduire et l'escorta jusqu'au Val-de-Grâce où le chirurgien Baudens, voyant la gravité de la blessure, dut recourir à l'amputation. Le général Bréa succéda au général Damesme dans son commandement.

A entendre les rapports des Représentants qui, durant toute la journée du 24, vinrent raconter à la tribune de l'Assemblée nationale leurs excursions dans les divers quartiers de Paris, l'insurrection était partout refoulée, battue et sur le point d'être dispersée. Mais il s'en fallait bien que ce langage conventionnel, accommodé aux usages parlementaires, c'est-à-dire destiné à déguiser au pays le véritable état des choses, eût rien de commun avec la réalité. L'inquiétude était grande au contraire au Palais-Bourbon. Les gens bien renseignés n'ignoraient pas que la troupe n'avait remporté aucun avantage décisif. Non-seulement l'insurrection restait debout, mais elle semblait prendre un corps. Elle lançait des proclamations et appelait toute la population aux armes. Le drapeau rouge se généralisait. Une liste de Gouvernement provisoire, où les noms de MM. Barbès, Blanqui, Cabet, Raspail, Louis Blanc, Louis Bonaparte, Proudhon, Pierre Leroux, Caussidière et Albert figuraient comme une expression confuse des aspirations du peuple, circulait de barricade en barricade. Le mot *République démocratique et sociale* passait de bouche en bouche. L'insurrection prenait donc à la fois une figure et un sens politique.

En voyant venir la nuit, les Représentants du peuple, qui erraient comme des ombres inquiètes dans la salle des conférences, ou qui obstruaient les antichambres du dictateur, sentirent augmenter leurs craintes. Car la nuit, pour l'insurrection, c'était l'heure du ravitaillement et du travail. Pendant la nuit du samedi au dimanche, il y eut un véritable *tolle* général dans toute cette moitié de la ville où bivouaquait le prolétariat parisien. Les sentinelles troublées répétaient plus souvent qu'à l'ordinaire leur cri : « Prenez garde à vous ! » Agitées d'une méfiance indicible, tout leur devenait suspect. Tout l'était en effet. Des ruses de sauvages furent employées pour faire parvenir des munitions de guerre aux insurgés. On mit des cartouches dans du pain, dans des ustensiles de ménage, jusque dans des cercueils, jusque dans le matelas des blessés qu'on portait à l'hôpital. Les femmes furent les agents les plus actifs de ces transports et des messages secrets qu'une partie du Paris des quartiers élégants, dévouée à l'insurrection et ne pouvant arriver jusqu'à elle, échangeait avec les insurgés. En même temps le travail des barricades, la fonte des balles et la fabrication de la poudre se faisaient avec une fiévreuse rapidité. Tout devenait arme entre les mains de ces malheureux dénués de ce qui fait la force des armées. L'enquête, les conseils de guerre, les rapports des chirurgiens ont fourni à ce sujet les révélations les plus étranges. Non-seulement tout métal aisément fusible était aussitôt converti en balles, non-seulement on employa le plomb des gouttières et des comptoirs, les brocs d'étain, etc., non-seulement des bouts de cylindre servirent de tromblons et de fusils de siége, mais quand les balles manquaient on prenait tout ce qui tombait sous la main, des morceaux de fer ou de cuivre, des clous, des tringles, et jusqu'à des caractères d'imprimerie, des aiguilles et des caillous.

Informés de la situation réelle, les politiques sérieux, les gens rompus aux mensonges du régime parlementaire et qui ne se paient pas de phrases de tribune, commencèrent à réfléchir. Les hommes les plus compromis de la réaction tremblèrent les premiers. Leur confiance dans le dictateur s'ébranla en voyant le soir les résultats de la journée. M. Thiers, dont le tempérament est très-mobile et qui, après s'être sauvé jusqu'au fond du bois de Boulogne, le 24 février, avait fait le 9 juin une entrée triomphale à l'Assemblée constituante, M. Thiers, à la fois très-poltron et très-audacieux, selon l'heure et la circonstance, se trouva dans un mauvais jour. Il est vrai qu'en présence d'une éventualité où tout devenait possible, où peut-être il faudrait rendre des comptes, M. Thiers dut sentir son passif un peu lourd. Bon pour l'attaque, cet homme d'État manque de solidité dans la retraite. Il exposera sa vie s'il croit la force de son côté; sinon, la peur le prend. A cette heure critique, M. Thiers se trouva donc naturellement le chef des trembleurs. La réunion de la rue de Poitiers s'étant assemblée dans la salle de l'ancienne Chambre, l'historien de l'Empire fit une critique amère du plan de bataille du général Cavaignac. Selon lui, le triomphe de l'insurrection n'était pas douteux. Il le prouva par de savantes explications, et conclut à ce que l'Assemblée nationale se retirât en province. On choisit d'abord la ville de Versailles. Mais Versailles était bien près de Paris. Bourges ne parut pas trop éloigné aux yeux de cette réunion d'alarmistes. M. Thiers alla donc porter cet avis à M. Sénard qui le transmit au général Cavaignac. Le dictateur, qui avait parlé de livrer bataille à l'insurrection dans la plaine des Vertus, trouvait mauvais que la Chambre eût la pensée de délibérer à Bourges. Le fait est que, sentant bien son inconsistance, le général Cavaignac, inconnu de Paris et de la France, comprit qu'isolé de l'Assemblée nationale, toute force morale se retirerait de lui. La monstruosité de son élévation eût alors frappé tous les yeux. Sa colère contre l'auteur de ces manœuvres fut grande. M. Thiers, voyant qu'il n'y avait rien à attendre de la bonne volonté du général, manifesta hautement l'intention de porter sa motion à la tribune. Informé de cette intention, M. Cavaignac ne put, dit-on, se contenir : « Le départ de l'Assemblée perdrait tout, s'écria-t-il; si M. Thiers continue à tenir de pareils propos, je le fais fusiller! »

A ces mêmes heures, le général Cavaignac entretenait, avec des hommes sérieusement dévoués au parti républicain, de secrètes communications. Ces hommes communiquaient eux-mêmes avec l'insurrection, à laquelle l'un d'eux avait pris part dans la première journée. Ils envoyaient au général des projets de décrets dont l'adoption eût rallié les républicains avancés. Mais la suite prouva que ces négociations ne devaient pas avoir de résultat.

Par ces moyens et par les rapports de police, le général Cavaignac connut aisément l'esprit des barricades, et il lui fut facile de prévoir que la lutte du lendemain serait terrible. Des hommes qui voyaient juste, qui savaient ce qui se passait et prévoyaient ce qui aurait lieu si la victoire restait à la force armée, excitaient les insurgés à se défendre jusqu'à la mort. De leur côté, les gardes nationaux et le parti réactionnaire n'avaient guère à redouter de moindres excès de la part de l'insurrection si elle triomphait; car une loi fatale préside à ces débauches de sang et entraîne une série de représailles qui ne s'arrête qu'à l'épuisement des peuples ou par le secours d'une diversion profonde et imprévue. D'heure en heure, la bataille prenait donc un caractère plus implacable. Mais pour rendre à chacun ce qui lui appartient, il est juste d'ajouter que les grands coupables n'étaient ni dans les rangs de l'insurrection, ni parmi les gardes mobiles et les gardes nationaux furieux qui assouvissaient leur rage sur les prisonniers confiés à leur garde. Cette horrible boucherie de juin, qui épouvante l'historien lui-même et lui ferait croire que c'est du sang et non de l'encre qui coule de sa plume, cette sauvage tuerie eut ses diplomates.

Il y avait alors à Paris, parmi la nuée de feuilles qui empoisonnait diversement l'esprit public, trois ou quatre journaux voués à un rôle exécrable et qui ont contribué singulièrement à l'abaissement de la presse périodique en France. Ces journaux, à la tête desquels on est obligé de placer le *Constitutionnel*, avaient pris à tâche, au milieu du conflit des partis, de remuer dans le cœur humain ce qu'il y a de plus mauvaises passions : la peur, la haine, l'esprit de vengeance, l'esprit du sang lui-même qui rabaisse l'homme au niveau de la bête féroce. Il ne craignait pas d'imprimer — et depuis, l'aveu de ce mensonge est sorti des lèvres de ses narrateurs — des récits qui, en d'autres temps, eussent fait sourire de pitié, mais qui, à ces heures de vertige, ressemblaient aux cris des belluaires excitant la rage des animaux du cirque. De sorte que ces malheureux, à qui l'Assemblée nationale refusait, sous l'inspiration de M. de Falloux, les travaux demandés par le ministre Trélat, devaient être à la fois affamés, fusillés et calomniés. Le *Moniteur* lui-même sembla se rendre complice de ces infamies, en ne leur donnant un pâle démenti que le 29 juin, alors que le sentiment public, vivement impressionné, lui eût fait une nécessité de rompre son coupable silence. Les journaux instigateurs imaginaient des férocités orientales qu'ils attribuaient à l'insurrection. On avait vu, disaient-ils, sur certaines barricades, une rangée de têtes coupées, comme autrefois au-dessus de la porte de Bagdad, au temps du calife Haraoun-Alraschild. Des cantinières dévouées à l'insurrection vendaient aux gardes mobiles de l'eau-de-vie empoisonnée ; les insurgés mâchaient leurs balles et les trempaient dans du poison ; ils s'emparaient des petites filles dans les pensionnats et les alignaient sur les barricades, afin que les gardes nationaux, leurs pères, n'osassent point tirer. A l'instar des empereurs romains, ils se faisaient des flambeaux vivants avec des gardes mobiles enduits de résine. Ils fabriquaient des lampions avec des crânes de soldats. Leurs femmes plaçaient entre deux planches les gardes mobiles blessés et prisonniers, et s'amusaient à les scier. Or, comme toute écriture se réalise plus ou moins, il n'est pas étonnant qu'une partie de ce programme ait été réalisée par ceux-là même qui s'en croyaient les victimes. Les gardes nationaux et les gardes mobiles qui se bornèrent à fusiller de tels prisonniers durent se croire très-modérés. D'autres crurent pouvoir user pleinement de représailles. C'est ainsi qu'à l'impasse Ménilmontant, devant la maison portant le numéro 16, des gardes nationaux ayant fusillé un prisonnier confié à leur garde, l'étendirent ensuite sur de la paille et le grillèrent comme un porc (1). Dans la rue des Noyers, des gardes mobiles pendirent un prisonnier par le pied à un réverbère et le tirèrent à la cible. D'autres, — les yeux de celui qui écrit ces lignes ont vu, hélas ! ce spectacle fait pour dégoûter de l'espèce humaine, — d'autres passaient une corde au cou de leur victime, et, marchant à grands pas, l'entraînaient comme un bœuf qu'on mène à l'abattoir. Mais l'instant n'est pas venu de pénétrer

(1) *Conseil de guerre.* Audience du 8 janvier 1849, affaire Lainé et Barthélemy.

dans ce septième cercle de l'enfer de juin. Il nous suffit à cette heure d'expliquer les causes qui donnèrent à cette bataille un caractère d'implacabilité inouie en ce siècle; et, pour que la haine ne se mêle point à l'horreur, de faire remonter la responsabilité du crime à sa source.

Ceux-là qui venaient dire aux insurgés : « Défendez-vous, vous serez massacrés, » étaient moins d'infâmes excitateurs que de clairvoyants conseillers, calculant la portée des articles du *Constitutionnel* et des reptiles subalternes bavant en chœur sur la proie. Informé de ces avis, le général Cavaignac sentit toute leur gravité. Il ne crut pas devoir les laisser sans réponse. Soit ruse de guerre, soit qu'il ne crût pas de bonne foi que la garde nationale et la garde mobile pussent oublier les lois de la guerre et les devoirs de l'humanité, il fit répandre, dans la matinée du 25, la proclamation suivante : « Ouvriers, et vous tous qui tenez les armes levées contre la patrie et contre la République, une dernière fois, au nom de tout ce qu'il y a de respectable, de saint, de sacré pour les hommes, déposez vos armes ! L'Assemblée nationale, la nation tout entière vous le demandent. On vous dit que de cruelles vengeances vous attendent ! Ce sont vos ennemis, les nôtres qui parlent ainsi ! On vous dit que vous serez sacrifiés de sang-froid ! *Venez à nous, venez comme des frères repentants et soumis à la loi, et les bras de la République sont tout prêts à vous recevoir* (1). »

Pour sanctionner en quelque sorte la parole du général Cavaignac, l'Assemblée nationale, dès l'ouverture de la séance du 25, vota un crédit de trois millions pour secours

(1) *Moniteur universel*, 26 juin 1848.

extraordinaires aux indigents. L'intention de l'Assemblée, en votant cette mesure d'humanité, était bonne sans doute, mais elle ne comprit pas ce qu'il y avait d'ironique dans un pareil décret. Répondre par la charité à des hommes qui rêvaient un droit, offrir une aumône à ce prolétariat qui demandait du travail, trois millions de secours au lieu de deux cent millions de travaux, un morceau de pain octroyé à ces ouvriers à qui l'on avait fait croire que la République leur donnerait une large part dans la répartition de la richesse sociale; ce n'était évidemment ni de la bonne foi, ni de l'intelligence. L'Assemblée nationale confessait naïvement son impuissance à résoudre le problème et sa mauvaise volonté à s'y essayer. Et c'est malheureusement à force de mensonges, d'ignorance et de mauvais vouloir, que le canon devient nécessairement l'oracle tonnant, seul maître des destinées et dompteur de problèmes, dans les situations complexes où s'agite, depuis plus de soixante années, la société française.

CHAPITRE VI.

Journée du 25. — Épisode de la barrière de Fontainebleau. — Avant-propos. —Mort du général Bréa.— Prise de la barricade ; représailles. — Rive droite ; prise du clos Saint-Lazare. — Marche des généraux Lamoricière et Duvivier vers la Bastille. — Mort du général Regnault. — Nomination du général Perrot. — Mort du général Duvivier. — M. Baraguay-d'Hilliers refuse le commandement ; il est donné au général Négrier. — Arrivée de la colonne sur la place de la Bastille. — Mort du général Négrier et du Représentant du peuple Charbonnel. — M. Proudhon. — Intervention de l'archevêque de Paris, M. Affre. — Sa mort. — Démarche de MM. Galy-Cazalat, Larabit et Druet-Desvaux. — Proposition de capitulation. — Renvoi au général Cavaignac. — Adresse des insurgés au président de l'Assemblée nationale. — Dispositions conciliatrices de M. Sénard. — Inflexibilité du parti militaire. — Refus inexorable du général Cavaignac. — Résistance désespérée des insurgés. — Journée du 26. — Attaque du faubourg du Temple. — Barricade de la rue d'Angoulême. — Suprême effort de l'insurrection. — Retour des délégués du faubourg Saint- Antoine. — Le nom du dictateur maudit. — Reddition au faubourg Saint-Antoine. — « Tout est fini ! » — Le général Cavaignac parle de déposer ses pouvoirs. — Proclamation ; les vainqueurs, les vaincus et les victimes. — Retour des vainqueurs. — Reconnaissance scandaleuse. — Atrocités. — Morts, blessés et prisonniers. — Catastrophe de la place du Carrousel ; sa cause. — Vingt-cinq mille arrestations. — Permanence des commissions militaires. — Règne de la terreur. — Dénonciations. — Illuminations forcées. — Signaux imaginaires. — Les Catacombes. — Promenades des grandes dames à travers les décombres. — Ce que l'on doit au général Cavaignac. — L'ombre de Godefroy.

Le 25, les hostilités recommencèrent le matin sur la plupart des points à la fois. C'était le dimanche, le jour de la

Fête-Dieu. Cette solennité religieuse, dans laquelle se mêlent les pompes de l'Eglise et celles du printemps, contrastait étrangement avec les sentiments de la population. Le troisième jour de la lutte recommençait aussi ardent que le premier et sans qu'un indice permît d'en espérer la fin. Il semblait qu'on eût pris la funeste accoutumance d'une telle façon de vivre. Les journées paraissaient d'une longueur démesurée, de sorte que la durée entière de la bataille créait déjà un vaste passé. L'esprit français se façonne aux situations les plus excessives. Paris s'aménageait en quelque sorte pour la guerre civile.

Aux splendeurs d'un beau soleil de juin, le canon recommença donc à tonner au nord, au sud et à l'est de la ville. L'ordre de l'attaque avait été expédié de l'hôtel de la Présidence à neuf heures du matin. Il arriva vers dix heures au quartier général de la rive gauche, place du Panthéon. Les opérations, sur ce point de Paris, avaient été poussées fort avant. Elles touchaient à leur fin. Tout contribue donc à en faire un épisode isolé. Un épouvantable drame, dont le récit est inséparable de l'exposé même des opérations, achève de lui donner ce caractère spécial. Pour en bien saisir l'aspect réel, il importe de faire une juste part à l'observation suivante.

Après la prise du Panthéon et l'enlèvement des barricades des rues de la Vieille-Estrapade, de Fourcy, des Fossés-Saint-Jacques, etc., la garde mobile avait fait de nombreux prisonniers. Elle en avait fusillé une partie sur la place du Panthéon, d'autres sur les places de l'Estrapade et Saint-Michel, et dans le quartier Mouffetard. Excitée par trois jours de combats, par la vue du sang et par l'usage du tabac et de l'eau-de-vie à laquelle elle mêlait de la poudre, la garde mobile avait perdu tout sentiment d'humanité. Or, chaque fois qu'elle fusillait des prisonniers, comme la plupart de ces malheureux combattaient dans leurs quartiers, on voyait tout à coup sortir des maisons des femmes échevelées qui venaient se jeter en pleurant aux genoux des vainqueurs. Il se passait alors des scènes déchirantes et terribles. Les gardes nationaux, malgré leur fureur, cédaient quelquefois à ces supplications; mais les gamins-soldats de la garde mobile étaient impitoyables. En certains endroits, notamment à la place Maubert, l'intervention des femmes engendra le dernier degré du crime auquel peut donner lieu la guerre civile : l'orgie dans le sang. Quelques-unes de ces malheureuses furent abusées de fausses promesses, d'autres violées. Tel était du moins le bruit public dans ces quartiers.

Peu à peu ces veuves, ces mères, ces sœurs désespérées avaient formé une bande. A mesure que la troupe avançait, à mesure que de nouvelles fusillades avaient lieu, cette bande augmentait. Ces malheureuses femmes rôdaient autour de la colonne du général Bréa, comme une troupe de louves altérées de sang. Tantôt elles précédaient la troupe, semant l'alarme aux barricades; tantôt elles se tenaient sur ses flancs et sur ses derrières, épiant ses mouvements avec un mélange de terreur et de haine et aussi quelque vague espoir d'assister à une vengeance imprévue.

Ce détail était nécessaire pour aller au-devant des mensonges imaginés par les folliculaires intéressés alors à travestir les faits en n'indiquant aucune des sources qui pouvaient en atténuer l'horreur ou en expliquer la cause. Mais pour nous, qui cherchons la lumière, il importe de ne rien négliger.

On sait que le général Bréa avait succédé au général Damesme dans l'après-midi du 24. Il établit son bivouac sur la place du Panthéon et le lendemain matin, au reçu des ordres du général Cavaignac, il résolut de compléter les opérations de son prédécesseur en étouffant complétement l'insurrection sur la rive gauche. Elle avait été presqu'entièrement rejetée hors des murs de l'octroi. Il prit la détermination de l'atteindre jusque dans ce dernier asile.

Le général Bréa n'était pas un homme politique. Il ne savait pas ce que c'est qu'un peuple insurgé. Les mœurs des divers quartiers de Paris lui étaient inconnues. En marchant vers la barrière de Fontainebleau, il ne s'était pas demandé quel pouvait être l'esprit d'une populace agglomérée dans l'exutoire de la rue Mouffetard, dans des lieux arrosés par l'infecte petite rivière de Bièvre, voisins de Bicêtre et de la Salpêtrière, — la décrépitude, la maladie, la folie, — et offrant au premier plan, à l'extrémité du boulevart de l'Hôpital, un rouge abattoir, comme un symbole de violence planant sur toutes ces misères.

Il y a des lieux où naissent spontanément, sous l'empire des conditions géologiques et atmosphériques, des champignons vénéneux ; par analogie, il existe dans les grandes capitales des points où, sous l'empire de certaines conditions topographiques, architecturales et professionnelles, on peut être certain de rencontrer le crime, vivant dans son atmosphère, comme un poisson vit dans l'eau. Or le général Bréa ne savait pas qu'il suffit, derrière une barricade, de trois ou quatre brigands pour éveiller les mauvais instincts et entraîner la masse au crime.

Brave, aventureux, naïf comme le sont souvent les vieux militaires, le général Bréa croyait d'ailleurs que les trois millions votés comme secours aux indigents par la Chambre, allaient apaiser le peuple et qu'il suffirait d'annoncer cette bonne nouvelle aux insurgés pour leur faire déposer les armes. L'espoir d'en finir par des moyens pacifiques animait son cœur bienveillant. Il se leva d'humeur joyeuse. C'était le jour de sa fête. Il lui eût été doux de la célébrer par la complète pacification de la rive gauche, sans effusion de sang.

Il commandait à 2,000 hommes composés de génie, de ligne et de garde mobile. Il avait en outre deux pièces de canon. Le Représentant du peuple de Ludre, qui, avec ses collègues MM. Froussard et Vaulabelle, avait été chargé la veille d'administrer la mairie du douzième arrondissement en remplacement de M. Pinel-Grand-Champ, accompagnait la colonne. C'était une garantie morale en même temps qu'une sorte d'invitation à la concorde.

Il marcha d'abord vers la barrière Saint-Jacques, où tant de fois s'est dressée la sinistre guillotine. Le boulevart extérieur n'était pas sérieusement barricadé. Quelques arbres jonchaient transversalement la chaussée. Sauf l'air de tristesse et de désordre que ces cadavres d'arbres centenaires donnaient au boulevart, rien n'offrait de résistance sérieuse. Aux barrières d'Arcueil, de la Santé, de l'Ourcine et de Croulbarbe, le général rencontra des bandes de prolétaires et leur parla des trois millions de secours. Ses harangues obtinrent le succès qu'il en attendait. Il ne se doutait pas que ce chemin qui s'ouvrait si facile devant lui était le chemin de la mort.

A la barrière de Fontainebleau, où aboutissent les boulevarts de l'Hôpital et des Gobelins, les rues Mouffetard et Godefroy, la scène change. Le rond-point est pour ainsi dire transformé en citadelle par quatre puissantes barricades qui se dressent à l'extrémité des deux rues et des deux boulevarts. La barrière est interceptée par une montagne de pierres de taille et de pavés couronnée d'une profusion de drapeaux qui annoncent une certaine arrogance de la part des insurgés. Un seul passage, juste assez large pour un homme, a été ménagé selon l'usage. Le général s'arrêta et fit mettre ses canons en batterie. Laissant ensuite sa colonne, il pénétra dans le rond-point, suivi de M. de Ludre, du major Desmarets, du commandant de la douzième légion Gobert, du capitaine Mangin, et du lieutenant de la garde nationale Saingeaux.

Nos lecteurs en savent déjà assez sur la guerre des barricades pour se rendre compte de ce sinistre tableau. Au-dessus de ces monceaux de pavés, on n'apercevait pas un visage humain. Il se faisait un silence plus terrible que le bruit du canon lui-même. De temps en temps, une tête dépassait un peu le sommet de la barricade de la grille, et deux yeux étincelants jetaient un rapide regard au-delà du rond-point sur la troupe. La tête disparaissait ensuite, et l'on pouvait presque douter qu'il y eût quelqu'un derrière cette montagne de pavés.

Le général Bréa n'éprouve ni crainte ni méfiance. Il s'avance seul vers la grille. Il interpelle dans le vide et dans le silence. Ses paroles respirent la bienveillance, l'esprit de paix et de concorde. Quelques têtes d'insurgés paraissent au-dessus de la barricade ; d'autres plus hardis se dressent à mi-corps. Ils écoutent le général qui leur annonce le décret par lequel l'Assemblée nationale accorde trois millions de secours aux indigents. Un murmure d'assentiment s'élève. « Venez parmi nous, dit un insurgé, il vous sera facile de vous accorder avec nos chefs. » Le général accepte.

Il se disposait à franchir la barrière lorsque le commandant de la douzième légion, M. Gobert, le pria d'attendre qu'il eût au moins jeté un coup d'œil sur les gens qui gardaient la barricade. Il franchit la barrière et disparut. Lorsqu'il revint peu d'instants après, sa physionomie n'annonçait rien de bon. « Il y a là de mauvaises figures, dit-il; aller au milieu de ces hommes serait de la dernière témérité. » Le général secoua la tête. Il ne croyait pas au danger. Quelques insurgés s'étaient avancés jusqu'au bord de la barrière et lui disaient : « Venez, général, n'ayez pas peur. » Ils lui prirent même la main pour le faire passer. Le général se retourna vers son escorte et invita le Représentant du peuple de Ludre à le suivre. Celui-ci refusa net en protestant contre une telle imprudence. — « C'est un piége ! s'écria le colonel Thomas, il y a de la folie à s'y précipiter ! »

Le général allait franchir la barrière. MM. Desmarets, Gobert, Mangin et Saingeaux qui formaient groupe dans le rond-point, ne purent le voir partir sans émotion. « Comment ! s'écria M. Desmarets, laisserons-nous le général aller seul ? C'est impossible ! » — « C'est jouer sa vie, répliqua M. Gobert, mais nous devons le suivre. » Il s'élance sur les traces du général, accompagné de M. Saingeaux. Un tambour ivre qui avait suivi le général passa aussi, et la grille se referma vivement une première fois. Elle se rouvrit ensuite et donna passage au capitaine Mangin et au major Desmarets, qui passa le dernier. « Fermez la grille ! » dit une voix. La grille se referma.

La grande foule s'était dispersée. Il ne restait derrière les barricades que les combattants. Les uns harassés de fatigue après trois jours de lutte et d'émotion dormaient sur le pavé; d'autres se distribuaient du pain et de la charcuterie. Le poste de l'octroi était envahi. A peine la grille fut-elle fermée que le général et ses compagnons se virent entourés. Les dormeurs se levaient agilement; ceux qui étaient occupés par la distribution des vivres oubliaient leur ration. On avait forcé le tambour de battre la générale. De toutes parts des insurgés sortaient, armés de fusils, des maisons voisines.

L'infortuné général et ses compagnons eurent à peine fait quelques pas dans la direction de l'octroi qu'ils se virent perdus. Un cri s'était élevé : « Nous les tenons ! Ils sont prisonniers ! fusillons-les ! » Les uns criaient : « A mort ! » d'autres répliquaient : « Non ! pas de sang ! pas de sang ! » C'était une scène hideuse à voir. La joie de cette plèbe des barrières, maîtresse de la personne d'un général, trahissant le droit du parlementaire, eût fait penser à ces hordes sauvages pour qui tout moyen de combattre est bon.

Il est juste de noter en passant que deux parlementaires du faubourg Saint-Antoine avaient été assassinés par la garde mobile. Mais le crime de ceux-ci ne détruit pas le crime de ceux-là. Nous sommes ainsi faits, d'ailleurs, que l'infortune des grands nous touche plus que celle des petits. La mort d'un prince émeut plus que celle d'un maçon. Et pourtant le maçon, qui laisse une veuve entourée de cinq enfants, offre le spectacle d'une infortune bien plus réelle que celui d'une veuve opulente à qui s'ouvrent les consolations de toute sorte.

L'exaltation croissait à chaque instant. Autour de cette cohue armée, des femmes — les mères, les filles, les femmes, les sœurs des prisonniers fusillés au Panthéon, et presqu'à toutes les rues de ces quartiers ensanglantés, — commençaient à paraître comme des oiseaux de proie qu'attire la rouge vapeur des champs de bataille. Elles flairaient le meurtre, prêtes à l'exciter au besoin. Quelques hommes, à figure basse et terrible, déchaînaient les mauvaises passions de cette masse ignorante.

Les uns s'étaient emparés du général Bréa : « C'est Cavaignac, s'écriaient-ils, c'est le bourreau Cavaignac ! » Ils savaient quelle puissance d'exécration ce nom éveillait dans le cœur des pauvres et ils se servaient de cet odieux moyen. Mais des voix honnêtes s'élevèrent : « Ce n'est pas Cavaignac, c'est un vieux brave. » Ce mot rendit un peu de courage aux gens de cœur. « Il faut les mener chez M. Dardelin, » articula-t-on. M. Dardelin était le maire de la commune. Ceux qui cherchaient à sauver ces infortunés les enveloppèrent alors et les conduisirent à la maison du maire. M. Desmarets se trouva seul séparé de ses compagnons.

Quand les parlementaires eurent franchi la fatale grille, ceux qui n'avaient pu mettre la main sur le général se firent une proie du major. « Tu es de la mobile, s'était écrié l'un des plus violents, Gautheron, en le mesurant du regard, à mort ! tu es un traître ! » — « A mort ! » répéta-t-on. Le major affirma vainement qu'il n'appartenait pas à la mobile. On lui arracha ses épaulettes, son hausse-col, son shacko. Il ne lui resta bientôt plus un lambeau de sa tunique et son sabre. Gautheron levait quelquefois un pavé au-dessus de sa tête. Un faux pas l'eût perdu. Les loups n'attaquent volontiers que l'ennemi par terre. « Conduisons-le chez Pelnoel, » dirent quelques voix. Au même moment quelqu'un se pencha à l'oreille du major et lui dit : « Je ferai mon possible pour vous sauver. » Cet ami inconnu se nommait Dumon. Il s'empara du bras droit du major et ne le quitta plus. Une autre personne lui prit le bras gauche. C'était un ancien dragon, Girard, qui, lui aussi, eût voulu sauver le malheureux officier. Chemin faisant, s'ils n'empêchèrent pas les outrages de pleuvoir sur le major, ils empêchèrent du moins qu'il ne fût mis en pièces. On entra chez Felnoel. M. Desmarets était couvert de sueur; on lui fit boire un verre d'eau sucrée. La pensée de sa femme et de ses enfants lui vint à l'esprit. Il versa quelques larmes. Autour de lui retentissaient des cris furieux : « A mort! il faut le fusiller! » A sa droite se tenait un petit vieillard à pommettes roses, qui répétait de temps en temps d'une voix chevrottante : « Tu mourras, brigand! » En même temps, il indiquait d'un doigt crochu une ruelle infâme propice à la consommation du crime. M. Dumon espéra que le major serait plus en sûreté dans le grand poste de garde nationale. Des hommes à tête de hyène, Naudin, Nuens, étaient venus à la fenêtre pousser le cri de mort. Il n'y avait pas de temps à perdre. « Cet homme est mon prisonnier, dit-il, conduisons-le au grand poste. » Avant de franchir le seuil de ce lieu funeste, le major reçut un coup de crosse de fusil dans les reins; mais M. Dumon amortit le coup, comme il avait détourné le pavé. Celui qui venait ainsi frapper en traître un ennemi désarmé était l'un des chefs de la bande, le nommé Larh, homme sans foi politique, âme ténébreuse, intrigant de carrefour. Quelques femmes pitoyables du voisinage disaient : « C'est un père de famille, ne le tuez pas. » Un coup de crosse de fusil résonna sur la table et la voix vibrante de Nuens répéta : « A mort! » Mais au même instant, l'attention de la foule fut détournée par un spectacle nouveau. On amenait au grand poste les autres victimes. Voici ce qui était arrivé au général Bréa ainsi qu'à ses compagnons.

Les prisonniers, en entrant dans la maison du maire, se sentirent poussés vers une petite porte et entraînés au fond d'un jardin. D'autres contenaient la foule à la porte de la rue. Les honnêtes gens qui entreprenaient de sauver la vie des parlementaires avaient imaginé ce moyen; ils espéraient que ces infortunés pourraient prendre la fuite en escaladant le mur du jardin. C'est ce que fit immédiatement le lieutenant Singeaux, en s'aidant des branches d'un espalier. Mais à peine eut-il pris sa course vers la barrière de Croulebarbe, pour aller appeler le secours de la colonne, que les insurgés se ruèrent dans le jardin. On suppliait M. Gobert de fuir. Il ne voulut pas se séparer du général, à qui l'on se disposait à passer une blouse. Ces soins donnèrent le temps aux furieux d'envelopper leur victime. Le général et M. Gobert sont entraînés. Ils retrouvent dans la cour le capitaine Mangin. On les pousse. Les cris de mort redoublent. Un incident retarda la catastrophe: M. Gobert, voyant dans la cour une porte près du puits, y fit passer le général et l'aide de camp et parvint, non sans lutte, à y passer lui-même.

On les suivit et, pour que toute tentative d'évasion ne pût se renouveler, les insurgés conduisirent leurs prisonniers au second étage. Là, les tortures morales recommencèrent. Ils furent désarmés. L'insurgé Bussière montra les épées au peuple par une fenêtre de la rue. « Ce sont des armes de carlistes, » cria-t-on.—« Non, dit Bussière, il n'y a pas de fleurs de lys. » Il les rendit aux officiers. Debout près d'une table, le général était à chaque instant couché en joue; l'aide de camp Mangin le couvrait de son corps. Le maire Dardelin voulut parler en faveur des prisonniers. On le menaça de lui faire aussi *son affaire*. Dans l'espoir d'apaiser la foule, des gens de bien engagèrent le général à écrire quelque chose. On lui présenta une grande feuille de papier sur laquelle il écrivit : « Nous soussignés, général Bréa, de Ludre, déclarons être venus aux barrières pour annoncer au bon peuple de Paris et de la banlieue que l'Assemblée nationale a décrété qu'elle accordait trois millions en faveur de la classe nécessiteuse et qu'elle a crié : « Vive la République démocratique et sociale ! » Le général et son aide de camp signèrent. Mais la fureur de la foule sembla augmenter encore. « Nous avons été assez volés, disaient-ils, nous ne voulons plus l'être ! » — « Le renvoi des troupes ! » hurlait la multitude. Sur le conseil de ceux qui l'entouraient, le général ajouta : « Je n'ai trouvé à la barrière de Fontainebleau que de braves gens, républicains et démocrates socialistes. » Mais la demande du renvoi des troupes continuant plus impérieusement, l'infortuné général dut se résigner à écrire d'une main tremblante ces derniers mots : « J'ordonne à la troupe de se *retir* (*sic*), qu'elle retourne par la même route. » Un misérable s'empara de ce papier, et s'élançant vers la fenêtre où la foule vociférait : « A mort, Cavaignac ! » le traître s'écria : « C'est de l'allemand, je ne puis vous le lire ; mais, soyez tranquilles, tout sera bientôt fini ! »

Cependant des hommes de bonne intention, Dardelin, Bussière, allèrent porter au Représentant de Ludre les paroles et la situation de l'infortuné général. Le colonel Thomas envoya prendre les ordres du général Cavaignac, qui ne pouvant évidemment pas céder le terrain à l'insurrection, accorda aux insurgés un quart d'heure pour rendre leurs barricades.

Il eût mieux valu qu'il commandât immédiatement l'attaque; car, pendant ce quart d'heure, le général Bréa, le commandant Gobert et le capitaine Mangin, depuis longtemps extraits de la maison du maire et conduits au grand poste, où était déjà le major Desmarets, virent toute espérance s'évanouir. Avant d'entrer au poste une voix avait dit à M. Gobert : « N'entrez pas, vous serez fusillé. »

Une grande foule s'était ameutée autour du poste et criait qu'il fallait fusiller les officiers. Les principaux acteurs de ce lugubre drame se rapprochaient de leurs victimes. Là figuraient le pompier Lahr, Daix, le mendiant de Bicêtre, Choppart, Wappereaux, Nourry, Nuens, Lebelleguy, etc. Quelques gens dévoués formaient un dernier rempart au général et à ses compagnons. Il y avait là Girard, Leroy, M. Dumon, Viele et d'autres. Ils essayèrent de percer le mur d'un cachot où l'on avait enfermé un petit garde mobile accusé d'avoir tué son père pour cinq francs. Un maçon se mit à l'œuvre, les autres le cachaient. Mais un enfant de quatre ans vit tout et s'écria dans son impitoyable innocence : « Oh ! ils veulent les faire sauver ! » Épouvantés, les libérateurs prirent la fuite.

Dès ce moment, la situation du général Bréa et de son escorte prit un caractère si funeste que la plume n'a pas d'expressions pour le rendre. Il ne vit autour de lui que d'abjects et terribles visages. A ses côtés, se tenait Daix, le mendiant. « Où sont donc mes bons amis de tout à l'heure ? » murmura-t-il. Assis près de la table, il laissa tomber sa tête dans ses mains en disant : « Fusillé le jour de ma fête ! » — « C'est le jour de ma fête aussi, » articula le commandant Gobert. — « Qu'on nous fusille de suite ! » s'écriait l'aide de camp Mangin. Quoiqu'on tînt fermée la fenêtre du poste, d'autres mains la rouvraient à chaque instant. Des pierres lancées du dehors volaient dans les carreaux, accompagnées de cris de mort. Le général Bréa se présenta à la fenêtre et s'écria d'une voix forte : « Je suis un vieux soldat, je n'ai pas peur de la mort ! » Cette parole fit un moment honte à la multitude qui recula en grommelant. Il alla s'asseoir ensuite près de la table du poste et retomba dans un profond abattement. « J'ai soif, » dit-il. Vièle lui offrit à boire, il le repoussa en répondant qu'il voulait boire dans un bidon. Un tout jeune homme, presque un enfant, se sentit ému de cette grande infortune. « Donnez-moi quelque chose de vous, général, lui dit-il à l'oreille, j'irai le montrer aux troupes. » Le général lui donna sa dernière épaulette; mais il n'espérait plus. Un misérable, porteur d'une énorme barbe, s'approcha de lui, le saisit au collet et le secoua. M. Gobert lui fit lâcher prise. Pendant ce temps le major Desmarets, dans l'espoir de trouver parmi cette foule quelque sympathie, dit en entendant parler allemand : « Il doit y avoir ici des gens de Strasbourg. » L'un d'eux répondit qu'il était de la Lorraine. «Ma femme est née bien près de votre pays, » dit le major.

Un mouvement singulier se faisait en ce moment dans le grand poste. On se parlait à l'oreille. Quelqu'un prononça le mot de l'Assemblée nationale : « Il faut en finir. » La foule des gens armés diminuait à vue d'œil; bientôt les quatre prisonniers se trouvèrent seuls. Le major Desmarets s'approcha de la fenêtre. Une voix du dehors lui dit rapidement : « Citoyen, prends garde à la fenêtre ! » Le major monta sur le lit de camp et se rangea à gauche, protégé par un volet. Au même instant, des femmes, semblables à des furies, des femmes aux cheveux en désordre, aux traits convulsés par l'esprit de la vengeance et de la terreur, accoururent en criant : « Voilà la mobile ! » Une voix s'éleva et dit : « Préparez vos armes, feu ! » sept ou huit coups de fusil éclatèrent ; le général Bréa tomba. Le capitaine Mangin poussa un cri aigu. Sa tête roula sur la table. Il se leva, prit son front dans ses deux mains et tomba frappé d'un nouveau coup. M. Gobert s'était glissé sous le lit de camp. Le major resta immobile. Tout à coup, la porte du poste s'ouvrit; un démon, en veste grise, entra l'œil égaré, criant : « Ne tirez pas ! » Il frappa de la crosse de son fusil le visage des deux cadavres et sortit. C'était Daix, le pauvre de Bicêtre.

Dumon et Vièle entrèrent ensuite et jetèrent une blouse au major Desmarets qu'ils entraînèrent à travers la foule, et à qui ils ôtèrent en courant son col et tout ce qui pouvait le faire reconnaître.

Les assassins s'étaient rués dans le poste. L'un d'eux donna encore un coup de baïonnette au cadavre du général ; un autre, le prenant pour Cavaignac, cherchait sous ses vêtements cette merveilleuse cotte de maille dont l'imagination du peuple affuble les rois et les grands. Le pillage vint ensuite. L'un prit l'épée du général, l'autre celle du capitaine. Ils s'attaquèrent en même temps aux aiguillettes, aux galons, à tout ce qui brille sur l'uniforme. M. Gobert assistait à cette scène. Quelqu'un s'étant approché du lit de camp sous lequel il se tenait caché dit : « Il y a quelqu'un là-dessous, il faut le fusiller. » Heureusement l'attention de cette infâme cohue fut excitée par d'autres objets. Le commandant s'entendit appeler par la fenêtre, et, quoiqu'il crût son tour venu, les tortures qu'il éprouvait en face de ces cadavres et dans une aussi épouvantable anxiété le décidèrent à sortir ; un brave ouvrier, Antoine Guimbal, le travestit et le sauva.

Le poste demeura désert, et, peu d'instants après, le curé de la commune vint s'agenouiller auprès des deux cadavres et réciter les prières des morts.

Dans le même moment, le feu des troupes s'ouvrait à la barrière de Fontainebleau. La barricade fut prise. On fit des prisonniers et on en fusilla neuf qui s'étaient réfugiés chez un marchand de vin. Le marchand de vin fut haché à coups de sabre pour avoir donné asile à ces fuyards.

Le meurtre du général Bréa, assassiné par une poignée de brigands, les uns presque idiots, les autres repris de justice, fit une profonde sensation dans Paris. Les journaux calomniateurs s'emparèrent de ce crime individuel afin d'en charger le parti démocratique-socialiste qui commençait à se former. Ils trouvaient dans ce fait la justification de leurs mensonges. Les deux acteurs principaux de cet horrible drame, Lahr et Daix, sont un spécimen suffisant du reste. Le premier était un intrigant de la classe ouvrière qui s'affiliait dans les camps les plus opposés, et faisait à la fois partie des réunions du Luxembourg et de celles des bonapartistes. Quant à Daix, le pauvre de Bicêtre, l'instruction qui suivit cette affaire le représente comme un être excentrique sujet à des accès d'aliénation mentale. Maintenant que le sang versé est retourné à la poussière et ne crie plus vengeance, qui donc oserait infliger à un parti la flétrissure de la solidarité dans le crime en attribuant à de tels hommes une pensée politique ?

Sur la rive droite, la division du général Lamoricière remporta des avantages considérables dans cette journée. Le clos Saint-Lazare fut pris dans la matinée. On entendit, vers les onze heures, une effroyable détonation qui dura plusieurs minutes, formée d'une fusillade étourdissante et d'une canonnade qui eût fait croire à la destruction de tout un quartier. Benjamin Laroque, qui commandait à l'insurrection sur ces hauteurs si vivement disputées, tint quelque temps encore avec une soixantaine d'hommes. Bientôt il ne lui en resta plus que dix-sept, et ce nombre diminuait d'instant en instant. Une vive douleur s'empara de cet homme intrépide; il tira de sa poche une tabatière d'argent, la remit à un insurgé qui se trouvait auprès de lui et s'éloigna. « Où vas-tu? » lui demanda l'insurgé. — « Me faire tuer, » répondit Laroque. Des gardes nationaux le tuèrent en effet. A quelques pas du clos, il reçut une balle dans la poitrine et une autre dans la tête. Il ne fut pas le seul qui chercha ainsi une mort volontaire. Le désespoir de ces hommes était immense.

La journée finie, le général Lamoricière était maître des hauts quartiers jusqu'au faubourg du Temple exclusivement. Barthélemy vint en parlementaire de la part des ouvriers demander une capitulation qui fut refusée. Le général s'empara aussi des boulevards, poussant vers la Bastille, où il devait rencontrer le général Duvivier. Celui-ci partit de l'Hôtel de Ville à l'heure de l'attaque générale; il forma ses troupes en deux colonnes: l'une devait arriver à la place de la Bastille en dégageant la rue Saint-Antoine et les quartiers adjacents; l'autre, suivant les quais, devait arriver au même point par le boulevard Bourdon. Il se réserva cette dernière et confia l'autre au colonel Regnault. La colonne de cet officier dégagea rapidement les alentours de l'Hôtel de Ville, et poussa une pointe brillante jusqu'à la place des Vosges et à la mairie du huitième arrondissement qu'elle dégagea. M. Marrast, qui suivait la colonne, frappé de la bravoure de ce vieux militaire, obtint pour lui, pendant le combat même, le grade de général; mais il fut tué un quart d'heure après avoir reçu sa nomination, à l'attaque d'une barricade près de l'église Saint-Paul. Le commandement de la colonne passa aussitôt aux mains du général Perrot, qui continua la marche vers la Bastille.

La colonne du général Duvivier essuya une perte non moins grave dans la personne du général lui-même, qui fut grièvement blessé au pied. M. Baraguay-d'Hilliers, à qui le général Cavaignac offrit le commandement de cette colonne, refusa. Ce fut le général Négrier, désigné par M. Charras, qui partit avec un renfort de dragons, de troupes de ligne et de garde nationale. Ses opérations furent heureuses; il dégagea les quais et les ponts jusqu'au pont d'Austerlitz, ainsi que les rues situées entre la rue Saint-Antoine et la Seine. A la tête du bassin du canal Saint-Martin, la colonne se divisa en deux; une partie prit à gauche par le boulevard Bourdon en longeant le grenier d'abondance. M. Edmond Adam l'accompagnait, à l'instar de M. Marrast qui avait suivi la colonne du faubourg Saint-Antoine. Le parti municipal payait de sa personne.

Le général Négrier prit la rue Contrescarpe. Lorsqu'il arriva à la place de la Bastille, le général Bertrand, qui devait diriger les opérations contre le faubourg Saint-Antoine, et le général Perrot étaient présents. Il faisait un grand soleil. La haute barricade du faubourg, surmontée de ses drapeaux et au sommet de laquelle se détachait tristement dans le ciel la roue d'un tombereau, échangeait une vive fusillade avec des soldats embusqués les uns dans un chantier, les autres dans les premières maisons de la rue Saint-Antoine. Des pièces de canons dirigées contre la barricade ne parviennent pas à ouvrir la brèche. De la rue Contrescarpe, le général Négrier ne pouvait agir. Il s'élance vers cette grande place vide zébrée par une grêle de balles. Sa colonne épouvantée s'arrête; une poignée d'hommes le suit; mais avant d'arriver au milieu de la place une balle l'atteint mortellement. MM. Trélat et Charbonnel marchent après lui; ce dernier est tué par la même décharge, le reste dispersé. M. Proudhon, qui était là, aida à rapporter le corps du général, et ce même homme que l'on a représenté comme admirant froidement la sublime horreur de la canonnade, pleurait en accomplissant ce triste devoir.

Peu d'instants après, une scène d'un caractère d'un autre âge, et qui semble empruntée aux premiers temps chrétiens, vint suspendre cette lutte acharnée. On vit arriver par le boulevart Bourdon un prélat revêtu du camail violet. Il s'avançait, le crucifix à la main, suivi de deux autres prêtres, d'un valet et de quelques gardes nationaux. C'était l'archevêque de Paris, M. Affre; accompagné de ses deux grands vicaires, MM. Jacquemet et Ravinet, et suivi de son domestique, Cellier.

Ce qu'il y avait de plus surprenant et de plus digne d'admiration dans la périlleuse démarche de l'archevêque, c'est que, outre la timidité naturelle à une profession si éloignée de celle des armes, M. Affre n'avait pas reçu en naissant ce courage physique dont la nature gratifie un grand nombre d'hommes, et quelquefois des nations entières. Il eut à surmonter dans cette circonstance les répugnances de la chair. L'insurrection et tout ce déploiement d'armes, ce bruit du canon, ces massacres, l'avaient fort consterné. Mais l'horreur du sang versé est telle chez certaines âmes élevées, délicates et douces, qu'elle y enfante quelquefois des conceptions héroïques, avec le courage de les accomplir.

Quand cette idée eut germé dans la tête de M. Affre, il la mûrit une nuit entière, s'exaltant dans la prière et dans cette extase religieuse qui détache de l'amour de vivre. Ses grands vicaires voulurent en vain le détourner de sa résolution. Il se rendit auprès du général Cavaignac et s'efforça d'en obtenir quelques concessions, afin d'arriver aux barricades au moins avec quelques bonnes paroles. Le dictateur s'en tint aux termes de sa proclamation du matin, dans laquelle il promettait le pardon aux insurgés qui se rendraient. Il chercha en même temps à persuader au prêtre de n'aller point dans cette bagarre. Celui-ci n'écouta rien, rentra déjeûner et partit. La surprise des soldats et du peuple fut grande de rencontrer ainsi le prélat par les rues, arrêtant les civières, absolvant les blessés, et allant toujours en avant vers ce faubourg Saint-Antoine, à l'entrée duquel le canon faisait un épouvantable vacarme. Pour traverser cette grande place vide où sifflaient les balles et les boulets, il fallait d'abord que le feu cessât. Il s'adressa au général Bertrand. Celui-ci ne pouvait refuser ce que le général Cavaignac avait accordé, mais il engagea l'archevêque à laisser là une aussi dangereuse entreprise. « Ils reconnaîtront bien ma soutane violette et la croix que je porte sur la poitrine, » répliqua l'archevêque. On fit suspendre le feu. Le prélat ne voulut pas être suivi. Quelques assistants lui désobéirent. Un ouvrier, garde national, M. Aubert, marchait en avant, tenant, en signe de paix, un grand rameau cueilli à un arbre du boulevart.

Le feu de la barricade s'était apaisé. Les ouvriers, du

haut des fenêtres et des tas de pavés, regardaient ce spectacle avec curiosité. L'archevêque était, en approchant du faubourg, entouré de soldats et d'insurgés. Sa présence inspirait l'envie de fraterniser. Malheureusement, à peine avait-il pénétré dans le faubourg par une maison à double porte, qu'un roulement de tambour fit croire aux insurgés qu'on les trahissait. « Aux barricades! aux armes! » s'écrièrent-ils. Le feu recommença aussitôt avec fureur. L'archevêque n'avait plus à côté de lui que son domestique Cellier et l'ouvrier Aubert. Il s'agitait, cherchant à se faire entendre et faisant signe de ne pas tirer. Dans le même moment, une balle l'atteignit aux reins. « Mon ami, dit-il à Aubert, je suis frappé! » Il tomba aussitôt. Cette vue causa une vive douleur aux ouvriers; ils s'élancèrent vers le prélat, le relevèrent, en jurant qu'aucun d'eux n'était capable d'avoir tiré sur lui, que c'était des gardes mobiles. Ils lui firent vivement un brancard avec des fusils croisés et un matelas, et le portèrent, à travers les balles, rue Sainte-Marguerite, chez le curé de Saint-Antoine. Cellier, qui aidait à porter la civière, reçut une balle chemin faisant. Quoique sa blessure ne fût pas grave, il fallut aussi l'emporter. Il était nuit, et le feu roulait sans interruption.

Les deux grands vicaires, restés en arrière, échappèrent au danger. L'un, M. Ravinet, erra toute la nuit et ne rentra qu'au matin. L'autre, M. Jacquemet, tombé au pied de la colonne, vit un moment les balles se croiser au-dessus de sa tête. Il prit ensuite sa course et traversa la place sans être touché ailleurs qu'au chapeau. Il se rendit la nuit chez le curé de Saint-Antoine; l'archevêque l'avait envoyé chercher. Il trouva le prélat prêt à recevoir le viatique et assez calme pour prononcer de pieuses exhortations. « Epargne ton peuple, Seigneur, » s'écriait-il. Son médecin, Cayol, arriva enfin sur les quatre heures du matin. Il vit bien, du premier coup d'œil, qu'il n'y avait rien à faire. La balle, en se logeant vers les reins, avait atteint la colonne vertébrale et la moëlle épinière. Voyant, à l'air des visages, qu'il ne fallait rien espérer de bon, le prélat dit au grand vicaire : « Il est de votre devoir d'ami de me dire si ma blessure est grave. » — « Elle est fort grave, Monseigneur, répondit-il; mais nous espérons encore, et nous prions. » — « Il est probable que j'en mourrai, n'est-ce pas? » — « A moins d'un secours de Dieu, il est probable que vous mourrez, Monseigneur. » En entendant un tel arrêt, ce grand soldat de l'Eglise catholique tourna les yeux vers le ciel et dit : « Mon Dieu, je vous offre ma vie! » On le transporta, à travers un grand concours de peuple à l'Archevêché, le lundi, à une heure de relevée, après la prise du faubourg Saint-Antoine. Il rendit l'âme le lendemain mardi, à quatre heures et demie, en demandant à Dieu que son sang fût le dernier versé.

Ce déplorable événement eut encore pour résultat d'exciter à la haine des vaincus. Quoique tout porte à croire que la balle venait des assaillants, les calomniateurs ne laissèrent pas échapper une si belle occasion d'accuser le prolétariat. Le prélat tournait le dos à la Bastille; il est probable qu'une balle venant des insurgés l'eût frappé à la poitrine. Si c'est un crime, celui qui l'a commis est peut-être mort avec son secret; si c'est le hasard, que dire? Dans l'un et l'autre cas, les partis n'ont rien à y voir.

Trois Représentants du peuple, MM. Galy-Cazalat, Larabit et Druet-Desvaux profitèrent du moment de trêve qui eut lieu à l'arrivée de l'archevêque pour pénétrer dans le faubourg Saint-Antoine. Le premier, à la tête d'une trentaine de volontaires, avait parcouru les barricades de quelques rues du sixième arrondissement, voisines du boulevart. Il avait perdu et utilisé la plus grande partie de son monde en chemin. En entrant au faubourg Saint-Antoine, il ne lui restait que deux de ses compagnons. MM. Larabit et Druet-Desvaux étaient également venus dans un sentiment de conciliation. M. Galy-Cazalat avait à peine lu aux insurgés le dernier décret de l'Assemblée nationale, qu'un cri s'éleva : « Trahison ! » L'archevêque venait d'être frappé. Des coups de fusil partaient derrière lui. On poussa le Représentant dans une maison où étaient déjà ses deux collègues, Larabit et Druet-Desvaux. Ces deux derniers furent de nouveau séparés de lui. On criait : « A mort ! » mais en même temps on leur disait à l'oreille : « Nous voulons vous sauver. » Ils furent entraînés dans une maison de la rue de Charenton, chez un horloger; M. Galy-Cazalat y fut amené plus tard. La nuit était venue depuis longtemps. Les trois Représentants du peuple s'efforçaient de faire comprendre aux insurgés les dangers d'une plus longue résistance. Une foule considérable s'était attroupée devant la maison. On somma, sous peine de mort, les prisonniers de signer la déclaration suivante, que l'on voulait porter à l'Assemblée nationale :

« 1° L'Assemblée nationale doit être dissoute.

» 2° L'armée sera éloignée à 40 lieues de Paris.

» 3° Tous les prisonniers de Vincennes seront rendus à la liberté.

» 4° Le peuple fera lui-même sa Constitution (1). »

(1) Voir au *Rapport de la Commission d'enquête*, II, 248, le rapport de M. Galy-Cazalat.

M. Larabit refusa le premier et d'une façon formelle ; ses collègues l'imitèrent. Cette capitulation n'en fût pas moins présentée par des parlementaires au général Perrot, vers la fin de la nuit. On l'avait modifiée en y ajoutant le rapport du décret de dissolution des Ateliers nationaux et l'obligation imposée à l'Assemblée nationale de décréter le droit au travail. Les délégués du peuple ajoutèrent qu'ils ne se considéraient pas comme insurgés ; qu'ils se battaient pour leurs principes comme leurs adversaires pour les leurs ; ils voulaient, en capitulant à ces conditions, garder leurs armes et rester libres. « Sans notre consentement, disaient-ils, vous n'entrerez pas dans le faubourg Saint-Antoine. » C'était en effet une des croyances populaires de ces quartiers que le faubourg Saint-Antoine, inviolé et inviolable, ne pouvait jamais être pris par la force armée.

M. Recurt, qui avait si longtemps exercé la profession de médecin dans l'arrondissement; M. Marrast, qui, à part ses défauts politiques, était un homme de mœurs humaines et douces, essayèrent, non de soutenir cette impossible capitulation, mais d'amener le général Perrot à une transaction qui donnât quelque garantie aux vaincus. L'amnistie fut mise en avant. M. Edmond Adam n'osa pas s'engager ainsi et déclara qu'il fallait s'en référer au général Cavaignac. Le général Perrot se trouvant ainsi tiré d'embarras, il ne fut plus question de capituler. Ce marchandage de vies humaines se passa dès lors sur une autre scène et fut transporté à l'hôtel de la Présidence, où le parti de la clémence et celui de l'implacabilité allaient se rencontrer.

La capitulation proposée rue de Charenton à la signature des trois Représentants du peuple ayant été repoussée par eux, une rumeur s'éleva dans l'attroupement formé devant la boutique de l'horloger. Mais il y avait parmi ces hommes des citoyens qui ne se faisaient point illusion sur l'avenir et qui cherchaient tous les moyens possibles d'arriver à un accommodement. Une adresse au président de l'Assemblée nationale, évidemment rédigée dans cette pensée, fut soumise à l'assentiment des Représentants du peuple. Ils ne virent aucun inconvénient à la signer, car elle ne contenait que ces mots : « Citoyen président, nous ne désirons pas l'effusion du sang de nos frères ; nous avons toujours combattu pour la République démocratique. Si nous adhérons à ne pas poursuivre les progrès de la sanglante révolution qui s'opère, nous voulons aussi conserver nos titres et nos droits de citoyens français (1). » Les Représentants ajoutèrent même à leur signature quelques mots bien sentis sur la justice d'une pareille requête. On décida ensuite que le Représentant du peuple Larabit, accompagné de quatre délégués, se rendrait auprès du président Sénard et du général Cavaignac, tandis que ses collègues Galy-Cazalat et Druet-Desvaux resteraient en otages. Avant le départ, il fut convenu entre les insurgés et leurs délégués qu'on ne recommencerait le feu des barricades qu'en cas d'attaque jusqu'au retour de la délégation. Elle arriva à l'hôtel de la Présidence à une heure du matin.

M. Sénard fut flatté de voir que le faubourg Saint-Antoine invoquait son intercession. Il but à la République avec les délégués. Ces braves gens ayant déclaré qu'ils n'entendaient rien au socialisme, il y avait moyen de s'entendre. M. Sénard fut d'avis d'accorder quartier au faubourg, à la condition qu'on reporterait les armes aux mairies et que les me-

(1) *Moniteur universel* du 27 juin 1848.

neurs seraient ultérieurement arrêtés ; mais le parti militaire ne voulait pas qu'on lui ravît sa proie au moment du triomphe. Le général Lamoricière n'avait pas cessé d'être en fureur depuis le commencement de l'affaire. Il s'était répandu en paroles grasses chaque fois qu'on lui avait parlé de concessions. Beaucoup moins emporté, le général Perrot, sûr nonobstant de la prise du faubourg, eût renoncé avec peine à un succès militaire. Le seul général Duvivier disait, de son lit de mort : « qu'il fallait faire quelque chose pour ces pauvres ouvriers. »

Le délégué qui avait pris la parole, M. Raymond des Mesnars, s'exprimait avec une parfaite convenance ; mais le général Cavaignac, concentré dans cette pose raide que M. de Lamartine prit pour une attitude d'homme d'Etat, écoutait en maître inexorable. Il arriva d'autres députations, elles n'obtinrent aucune réponse favorable. Le général Cavaignac ne parlait qu'en maître et d'un ton sévère. Il les congédia vers cinq heures du matin. Depuis plus d'une heure le feu avait recommencé dans le faubourg du Temple.

Malgré les avantages décisifs remportés par la force armée dans la journée du 25, l'insurrection résistait encore. Les ouvriers presque vaincus se battaient avec une énergie désespérée. Ils amenaient leurs femmes et leurs enfants aux barricades. « Puisque nous ne pouvons plus les nourrir, articulaient-ils, il vaut mieux qu'ils meurent avec nous. » On vit des femmes se jeter au devant des baïonnettes en s'écriant : « Puisque vous avez tué nos maris et nos frères, tuez-nous aussi ! » Il semblait que les plus grandes horreurs de cette bataille eussent été réservées pour la fin.

Quoiqu'on se fût battu le dimanche 25 jusque dans la nuit, la lutte recommença le lendemain aux premières lueurs du jour. L'aube pointait à peine quand sonna la diane au quartier général de M. Lamoricière. Le général parcourut les rangs et invita les gardes nationaux qui ne se sentaient pas d'humeur à marcher aux barricades à se retirer. Quelques-uns ne se le firent point répéter; d'autres restèrent, résolus, mais sombres.

Une colonne d'attaque, composée d'un demi-bataillon de ligne, de la 8e compagnie et d'une partie de la 6e compagnie du 4e bataillon de la 1re légion, entra dans le faubourg du Temple. Une autre colonne opérait parallèlement par les rues d'Angoulême et des Trois-Bornes. La ligne marchait en tête, puis la 6e compagnie et la 8e. Jusqu'au canal point d'obstacles. De l'autre côté du pont, un officier supérieur du génie, qui dirigeait l'attaque, attendait près d'un obusier. Il bombarda un moment le faubourg morne et silencieux. La colonne se porta ensuite en avant. Le faubourg s'ouvrait absolument désert et mal dégagé encore des ombres de la nuit. Une barricade, muette comme la tombe, coupait la rue; au pied de la barricade gisait un cheval mort. Les grenadiers de la ligne marchaient en tête de la colonne. Le reste s'était confondu avec la garde nationale sans distinction de grades. La garde nationale seule, et surtout la 1re légion, offrait d'ailleurs l'exemple le plus complet de cette bizarre égalité devant les balles. Ainsi, dans la 8e compagnie, on distinguait, parmi les simples grenadiers, le général Lauriston, un ancien capitaine de garde municipale, M. Gossart; M. Arthur de Lauriston était sous-lieutenant, et M. d'Avril, fils du pacificateur de la Vendée, capitaine-commandant. A côté d'eux, marchaient des gardes nationaux trop pauvres pour payer leur uniforme, et aux casquettes desquels M. d'Avril avait eu la précaution de faire attacher des morceaux de papier portant le numéro de la compagnie, afin qu'on ne les prît pas pour des insurgés.

La colonne marchait serrée contre les murailles de droite, silencieuse, ne tirant pas. Des hommes tombaient de temps en temps, frappés sans qu'on sût d'où venait le coup. On arriva au point où la rue Saint-Maur coupe à angle droit le faubourg du Temple. Quatre barricades fermaient ce carrefour. Le feu avait cessé en face, mais il était fort nourri aux deux bouts de la rue Saint-Maur. Une trentaine de grenadiers de la ligne continuèrent leur marche et escaladèrent les deux barricades du faubourg entre les deux feux de celles de la rue Saint-Maur. Quelques hommes tombèrent, notamment deux de leurs officiers. L'un d'eux, couché en travers de la barricade, était un objet d'effroi. Une balle lui avait percé le front et le sang y bouillonnait sans s'échapper. On lui répandit un peu de paille sur le visage. L'officier du génie, qui commandait l'obusier, avait conduit les grenadiers jusqu'à la barrière. Il revint et dit : « Allons, la garde nationale, suivez ! » M. d'Avril et sa compagnie franchirent les deux barricades. La troupe avait pris position aux fenêtres et répondit au feu des deux côtés de la rue Saint-Maur. Le reste de la colonne continua sa course. Quelques fuyards furent tués ; d'autres, faits prisonniers, allaient être fusillés. Les femmes sortirent des maisons. Il y eut des scènes déchirantes. M. d'Avril parvint à sauver ces malheureux. La petite colonne de la rue d'Angoulême, où se trouvait le reste de la 6e compagnie, commandée par M. Granger, essuya aussi quelque perte. Ce fut le dernier effort de l'insurrection dans ces redoutables quartiers. A dix heures tout était fini.

Ce fut aussi l'heure à laquelle succomba le faubourg Saint-Antoine.

Le Représentant du peuple Larabit et les quatre délégués du faubourg Saint-Antoine revinrent assez tard à la place de la Bastille. Le général Perrot s'attendait à un refus du général Cavaignac. Dix heures n'étaient pas encore sonnées. Les soldats attendaient impatiemment le moment d'en finir, mais le général Perrot accorda aux insurgés jusqu'à dix heures dix minutes. Les délégués mirent ce temps à profit pour aller, du haut des barricades, annoncer au peuple le refus du dictateur. Le nom de Cavaignac fut maudit. Un seul mot sortit des profondeurs du faubourg : « Bourreau! » et chacun reprit ses armes.

La troupe, pendant ce temps, se préparait à l'assaut: « A qui à marcher ? » avait-on dit à deux compagnies de gardes mobiles. « A nous! A nous! » répondait-on de part et d'autre. Peu s'en fallut que ces sauvages enfants de la plèbe parisienne ne tirassent les uns sur les autres. Une compagnie fut désignée et, après avoir reçu ses instructions, elle partit en courant et sans tirer. Au premier coup de feu des insurgés, les gardes mobiles se couchèrent à terre, essuyèrent la décharge, se relevèrent et escaladèrent la barricade, tirant du haut des pavés sur les insurgés en fuite. La lutte ne fut pas longue, mais elle fut effroyable. Toutes les forces réunies autour de la place de la Bastille s'engouffrèrent dans le faubourg au bruit d'une artillerie formidable, franchirent soixante et quelques barricades et arrivèrent à la barrière du Trône où déjà les insurgés, cernés par les généraux Lebreton et Lamoricière, avaient, sur les instances de MM. Druet-Desvaux et Galy-Cazalat, déposé les armes. Quelques-uns tinrent jusqu'au soir à la barrière des Amandiers où les poursuivit le général Courtigis, qui fut blessé à cette affaire. Le reste gagna la plaine, se dispersa, cherchant à échapper aux vainqueurs.

A une heure et demie, le président de l'Assemblée nationale monta à la tribune en s'écriant : « Tout est fini ! »

Cinq minutes après, M. Corbon, vice-président de l'Assemblée, donna lecture d'une lettre du général Cavaignac annonçant que la révolte était détruite, et que bientôt il remettrait ses pouvoirs à l'Assemblée. Une proclamation dans le même sens fut affichée sur les murs de Paris. On y remarquait cette phrase dont l'histoire prend acte pour la rapprocher des faits : « Dans Paris, je vois des vainqueurs, des vaincus; que mon nom reste maudit si je consentais à y voir des victimes (1). »

Les vainqueurs revinrent du faubourg Saint-Antoine au milieu du jour, en plein soleil. La garde mobile marchait en tête, sans ordre, ivre, débraillée, portant des drapeaux où la police avait inscrit des infamies, et traînant le fusil sur le pavé. Ils traversèrent les boulevarts, plus semblables à une bande de partisans qu'à une troupe quelconque. La bourgeoisie leur fit fête. Au boulevart Italien, les gens de bourse arrêtaient ces petits soldats par le bras et les forçaient à boire à leur table. Ces choses se passaient au café de Paris, à Tortoni, sur toute la ligne des boulevarts élégants. Il est bon de s'en souvenir pour le jour prochain où tonnera sur ce même boulevart le canon vengeur. Les bourgeoises se firent les cantinières des gardes mobiles. Les vaudevillistes les mirent en chansons. Les filles de théâtre voulurent coucher avec eux comme s'ils eussent été

(1) *Moniteur universel* du 27 juin 1848.

des grands seigneurs cosaques. Mais tout est ironie d'un bout à l'autre dans ces annales, et l'on verra bientôt ce que dura la reconnaissance de la classe moyenne.

L'insurrection de juin étonna l'Europe. Elle fit, dit-on, trembler l'empereur Nicolas. La résistance du peuple et la violence avec laquelle la ville insurgée fut réduite changèrent l'opinion qu'on avait de la France. Les vainqueurs furent sans pitié (1). On fusilla 39 prisonniers rue de Vaugirard ; 9 au pont d'Austerlitz, 26 près du pont ; 40 à la caserne de Reuilly ; 35 rue Vieille-du-Temple ; 100 à la prison Saint-Lazare ; 10 à la barrière Fontainebleau. Sans préciser davantage les chiffres on fusilla, sur une multitude de points de Paris, à la place Lafayette, à la caserne Poissonnière, au Luxembourg (la première nuit), au Panthéon, place de l'Estrapade, place Saint-Michel, à la mairie du neuvième arrondissement, au pont Louis-Philippe, au pont d'Arcole, à l'Hôtel de Ville, au coin de la rue des Mathurins-Saint-Jacques, à la caserne du Foin, au coin des rues Ménilmontant et Saint-Louis, faubourg du Temple, aux carrières Montmartre, au père Lachaise (où, dans la rage de tuer, on voulut aussi tuer un fossoyeur), avenue de Reuilly, aux glacis de Vincennes, près du passage Ronce, aux buttes Piat, à Belleville, à Romainville, etc. Dans la banlieue, la garde mobile se donna le plaisir d'une chasse à l'homme dans les champs. Elle noya quarante ouvriers au pont d'Arcole. La Seine charria des cadavres comme à la Saint-Barthélemy ; des bateaux chargés de morts descendirent le cours du fleuve et allèrent porter loin de Paris ces dépouilles

(1) Voir, pour ces détails, *le Prologue d'une révolution*, par M. Louis Ménard, *le Représentant du Peuple* du 19 août 1848, les dépositions devant la Commission d'enquête et les conseils de guerre.

accusatrices que ne pouvaient plus contenir les cimetières. La garde nationale, lorsqu'elle ne prenait point de part à ces exécutions, excitait souvent la garde mobile à les commettre. Les plus féroces, au dire des acteurs même du drame, furent ceux des gardes nationaux qui ne s'étaient point battus, et c'était le grand nombre; les autres, au contraire, protégeaient souvent leurs prisonniers. Rien ne peindra la rage de la classe moyenne. Un petit vieillard, portant un parapluie sous le bras, suivait de loin une compagnie de gardes nationaux combattants. Chaque fois que le vieillard passait à côté d'un mort ou d'un blessé, il fondait dessus à coups de parapluies. Un garde national, irrité de l'atroce manége de ce misérable, lui déchargea son fusil dans les reins. Les meurtres sans motifs furent nombreux. La garde mobile fusilla un garçon de café rue Culture-Sainte-Catherine, un garde national (parce qu'il rentrait chez lui), un portier rue Cloche-Perche, un autre portier faubourg du Temple (parce qu'il était « assez vieux pour faire un mort. ») A l'Hôtel de Ville, M. Marrast avait cru nécessaire de faire une proclamation pour modérer le zèle de la milice bourgeoise. Les caveaux du palais regorgeaient de prisonniers plongés à trente-deux marches sous terre, dans l'eau jusqu'aux genoux et affamés. En les amenant on les poussait dans cet abîme de ténèbres et d'horreur, de sorte qu'ils roulaient en bas de l'escalier plutôt qu'ils n'en descendaient. Quelques-uns se noyèrent. Des gardes mobiles se divertissaient en outre à tirer par les soupiraux, de sorte que le sang se mêlait à l'eau, et l'odeur des cadavres aux miasmes du cloaque. Quand le gouffre débordait, on retirait des groupes de prisonniers qu'on menait à coups de crosses de fusil jusqu'à une manière de tribunal que n'eût point désavoué Maillard. D'après les indications données par le procureur général Corne, il suffisait d'un peu de noir dans les ongles pour mériter la mort (1). Il paraît qu'on pendit chemin faisant aux barreaux des fenêtres quelques-uns de ces prisonniers en les conduisant vers les juges. Les septembriseurs du général Cavaignac avaient leur mot convenu pour le massacre : « *Donnez-leur de l'air,* » disait-on de ceux qu'on voulait tuer. On les poussait dehors, et ils étaient aussitôt fusillés. La salle Saint-Jean et la cour se remplirent de monticules de cadavres. En présence de ces atrocités, M. Marrast n'osait faire évacuer les caveaux, dans la crainte que les prisonniers ne fussent tous égorgés en chemin. Quand la garde nationale rencontrait un convoi de prisonniers, elle criait à la mobile : « Fusillez-moi ça ! » — « Ouvriers, déposez les armes, avait dit le général Cavaignac dans sa proclamation, les bras de la République sont prêts à vous recevoir (2). »

On jeta les morts par tombereaux dans les cimetières, les recouvrant à peine de terre et piquant à leur tête une baguette avec un lambeau de vêtement pour servir à les reconnaître (3). Des femmes, des mères, des filles erraient sur ces fosses communes qui infectaient l'air. On jeta des cadavres dans la Seine ; on en charroya jusqu'à Clamart. Les chiffres officiels portèrent à 3,035 (4) le nombre des tués et des blessés parmi les insurgés ; les évaluations les plus impartiales le font monter à douze mille. La presse anglaise prétendit que le nombre total des victimes de part

(1) Voir aux *Pièces justificatives*, n° 7.

(2) *Moniteur universel* du 26 juin 1848.

(3) Voir le *Droit* du 10 août 1848.

(4) Déposition de M. Trouvé-Chauvel devant la Commission d'enquête, le 7 juillet 1848.

et d'autre ne fut pas moindre de cinquante mille! Cette évaluation est évidemment exagérée. Quant aux prisonniers leur chiffre alla chaque jour croissant. On les entassa par milliers sous les fortifications, dans les casmates. Le caveau qui mène des Tuileries à la place de la Concorde fut encombré de malheureux affamés et privés d'air. L'un d'eux, ayant mis la tête à un soupirail, demanda du pain. « En voilà ! » répondit un garde national en lui déchargeant son fusil dans la tête. L'infection était telle que l'on dut nommer une commission dans la crainte qu'une épidémie ne se déclarât dans ces cachots. Le président de la commission, M. de Cormenin, s'arrêta aux premières marches et recula devant une tâche au-dessus de ses forces. Les excréments et les cadavres putréfiés exhalaient une odeur asphyxiante. Malgré tant de victimes, les limiers de la police venaient réclamer leur proie jusque dans les hôpitaux. Les chirurgiens et les médecins refusèrent énergiquement, à l'éternel honneur de leur corporation, de livrer ces malheureux. Ce n'était pas un petit péril que de défendre les vaincus. M. Flottard, pour avoir voulu sauver des prisonniers de la fusillade, exposa sa vie. Quelques personnes périrent même victimes de leur générosité. Un ami, rencontrant son ami prisonnier et lui serrant la main, fut emmené avec le convoi. Tout sentiment humain semblait avoir abandonné le parti victorieux. « Il y a un Dieu qui vous demandera compte de tant de sang ! » s'écriait aux Représentants, à l'issue d'une des dernières séances de juin, un vieillard déjà incliné vers la tombe, le grand Lamennais.

Les massacres continuèrent après la bataille. Le lendemain, dans la nuit du 27, un incident menaça de soulever le voile de ces exécutions. Des gardes nationaux, parmi lesquels se trouvaient une compagnie du Nord et une du Loiret, traversaient la place du Carrousel conduisant un convoi de quatre cents prisonniers extraits du souterrain des Tuileries. En arrivant au milieu de l'immense et sombre place du Carrousel, près d'une maison isolée qu'on nommait l'hôtel de Nantes, le bruit d'une fusillade effraya les prisonniers ; ils se crurent perdus, se jetèrent à plat ventre et saisirent les gardes nationaux aux jambes afin de les faire tomber. Les gardes nationaux s'imaginèrent que les insurgés voulaient tenter une évasion. Ils tirèrent quelques coups de fusil dans les ténèbres. Les postes des Tuileries, se croyant attaqués, ripostèrent ; en un moment, les balles se croisèrent de quatorze points différents vers ce centre commun. Quelques prisonniers parvinrent à s'échapper, et il resta de cette funeste méprise une centaine de blessés qu'on transporta aux Tuileries, et une voiture de morts qu'on dirigea vers le cimetière.

Un fait reste à éclaircir. D'où venait cette fusillade qui avait retenti au milieu de la nuit et causé cette panique ? Elle avait éclaté dans un des angles du Carrousel même. On sait qu'à cette époque un pâté de maisons, troué d'une rue nommée rue du Doyenné, existait entre la chaussée du centre et la galerie du bord de l'eau. Là se balançait la lanterne rouge d'un commissaire de police; plus loin, se trouvait un terrain entouré de planches et compris entre la rue du Doyenné, la grande galerie du Louvre et l'entrée du Musée. C'était l'ancien manége des pages. Dans ce lieu sinistre et écarté, un groupe de prisonniers venait d'être fusillé. Le directeur des musées, M. Jeanron, qui habitait alors le Louvre, fut éveillé, dans son premier sommeil, par cette fusillade qui avait éclaté sous ses fenêtres. Des choses étranges se passaient. Des coups de crosses de fusil retentissaient aux portes sonores des galeries, le Carrousel était en feu. Quand le tapage fut un peu calmé, M. Jeanron descendit demi vêtu et aperçut, dans le manége des pages, une grande quantité de cadavres d'ouvriers qu'on venait de fusiller. Il en compta quatre-vingt-trois.

En même temps que fonctionnaient les conseils de guerre en permanence, les arrestations continuaient. On n'arrêtait guère moins de six à sept cents personnes par jour. Le nombre total des arrestations s'éleva à vingt-cinq mille. Il est vrai qu'il y eut presque immédiatement un grand nombre de mises en liberté; mais le chiffre officiel n'en fut pas moins 14,000 (1)! La terreur régna dans les classes pauvres, ou pour mieux dire, dans toute la moitié Est de Paris. Les gardes nationaux couraient les rues, fouillant du regard tous ceux qu'ils rencontraient, espérant reconnaître un adversaire politique. Les inimitiés personnelles profitaient de ce désordre. Les dénonciations dépassaient de beaucoup celles du 15 mai. Les chefs de la police n'avaient jamais vu, ni ouï parler de pareilles choses. Quelques-uns trouvèrent même que cela dépassait les bornes de la police véritable et se dégoûtèrent du métier. Le conseil des ministres crut devoir régulariser le mode des arrestations qui, *exécutées par tous indistinctement*, pouvaient inquiéter la population (2). Le soir, à neuf heures, la garde nationale, la garde mobile et l'armée s'emparaient des rues, et il ne faisait pas bon de sortir. On for-

(1) Voir le *Rapport de la Commission d'enquête*, I, 234.
(2) Voir le *Rapport de la Commission d'enquête*, II, 314.

çait par crainte les citoyens d'illuminer leurs fenêtres. Cet éclat d'une fête au sein de la solitude, dans un silence troublé seulement par le cri des sentinelles, était fantastique et sinistre. Le trouble ne régnait pas seulement au cœur des vaincus, les vainqueurs sentaient si bien qu'ils avaient trop plongé dans le sang, qu'au moindre sujet la crainte les prenait. Ils considéraient les insurgés comme plus exaspérés que vaincus (1). Ils voyaient partout des signaux imaginaires. Ils fouillaient les Catacombes où, disaient-ils, les insurgés s'étaient cachés. Hélas! qui donc se serait relevé parmi ces ruines? Le lendemain on se rassurait. Les grandes dames montaient en carrosse, et allaient chercher des émotions dans cette moitié de Paris dont le canon avait fait comme un immense et funeste décor de ville bombardée, avec ses maisons croûlantes, étoilées de balles, fumantes d'incendie, dentelées, saccagées. Parmi ces décombres se montraient çà et là des femmes hâves, des enfants effrayés.

En élevant sa pensée au-dessus de la pitié qu'inspirent tant de malheureuses victimes, tant de familles livrées au désespoir, on est surtout frappé du coup que l'abominable tactique du général Cavaignac porta à la politique française. Cet officier d'Afrique, qui voulut se procurer la gloire de vaincre une insurrection au lieu de l'étouffer à sa naissance comme le voulait la Commission exécutive, et qui agit dans Paris comme il eût fait aux montagnes de la Kabylie, ce militaire au front cerclé, symbole du peu de grandeur de sa pensée, cet homme hésitant, sans hauteur de vues, sans notions des affaires publiques, et masquant sa

(1) *Rapport de la Commission d'enquête*, II, 312.

nullité dans la raideur du maintien et l'accentuation du langage, ce héros de six mois, en tolérant les fusillades, en ordonnant la transportation en masse, en soumettant des milliers de citoyens à ces juridictions militaires présidées par des officiers affamés d'avancement, cet homme, dis-je, fit autant de mal, plus de mal peut-être, que s'il eût redressé le honteux échafaud. Il plongea les mœurs de la politique française dans un abaissement dont elles ne se sont pas relevées, dont elles ne se relèveront peut-être jamais. Il a rendu les conditions du pouvoir à peu près intolérables ; il a détruit toute aménité, tout sentiment de pardon, et déifié la force. L'échafaud est borné dans ses moyens, les têtes n'y tombent qu'une à une, et l'horreur qui monte vers le ciel avec la vapeur du sang met des bornes à son action ; mais la fusillade et la transportation moissonnent en masse : les hommes tombent comme l'épi sous la faulx. Et tel est l'esprit de représailles que ces exécutions, pareilles par le nombre à des calamités publiques, allument dans les cœurs, que le pouvoir n'est ensuite possible qu'à ce prix de vaincre d'abord. La haine se mêle aux cendres du foyer, couvant nuit et jour, d'année en année, comme les charbons qu'on garde. Avant que le ressort de cette politique à outrance, tendu par un soldat de fortune que le hasard jeta dans les affaires publiques, puisse se desserrer, il faudra que le dernier né de nos générations maudites soit redevenu poussière.

Voilà ce que la France doit au dictateur de juin.

Les os de Godefroy Cavaïgnac ont dû secouer le marbre de leur tombe, pendant ces quatre jours où, sur Paris, gronda l'orage de la fusillade et du canon; et quand, la tempête finie, on vit élever au ministère MM. Dufaure et Vivien, ancien ministre de l'ex-roi, compagnons de la rue de Poitiers. L'ombre inconsolable de ce grand patriote dut s'apercevoir que son frère n'avait même pas de convictions politiques. Le mort était trahi dans sa survivance, dans son nom, dans son dernier espoir.

CHAPITRE VII.

Le général Cavaignac remet ses pouvoirs. — Il est nommé président du conseil, chargé du pouvoir exécutif. — Nouveau ministère. — La part du lion et celle des conspirateurs. — Mécontentement des royalistes. — M. Carnot est sacrifié. — Influence de M. Thiers. — Cérémonie funèbre du 6 juillet. — Terreur sans objet des vainqueurs. — Le prix de la guerre civile. — Mesures contre-révolutionnaires. — Désarmement des légions. — Rétablissement du cautionnement des journaux. — Emprunt de cent cinquante millions. — Augmentation du traitement des ministres. — Courte halte de la réaction. — Progrès de l'idée d'association. — Décret en faveur des associations ouvrières. — Associations artistiques : le baron Taylor. — Mauvaise direction du mouvement des associations. — Le socialisme et le parti de l'ordre. — M. Proudhon : Le terme! voici le terme! — Suspension du journal *le Représentant du Peuple.* — Proposition de M. Proudhon au comité des finances; projet de liquidation de la vieille société. — Séance du 31 juillet. — Fureurs des modérés. — M. Greppo et l'ordre du jour motivé. — Petits traités de l'Académie des sciences morales et politiques. — Division de la nation en deux vastes camps. — Marche foudroyante du socialisme. — La Montagne abdique. — Précipitation et violence des mesures réactionnaires. — Commission d'enquête. — Décret de transportation ; vain appel à la conscience de l'Assemblée ; discours de M. Caussidière. — Rapport de la Commission d'enquête : MM. Ledru-Rollin, Louis Blanc et Caussidière. — Pourquoi M. Ledru-Rollin est épargné. — Séance du 25 août : demande d'arrestation et de mise en accusation de MM. Louis Blanc et Caussidière. — Paroles cruelles du général Cavaignac. — Autorisation des poursuites. — Fuite des deux accusés. — Réapparition de Louis-Napoléon Bonaparte. — Sa lettre au général Piat. — Elections de septembre ; leur signification. — Entrée de Louis-Napoléon à l'Assemblée nationale ; déclaration qu'il lit à la tribune. — Sage réserve dont il s'entoure. — Sots commentaires; fausse tactique des partis.

Un groupe de Représentants du peuple appartenant à l'opinion républicaine, voyant, dans la puissance dont était armé le général Cavaignac, un moyen de fonder sur de solides bases la République en France, voulut lui persuader de garder la dictature. Dans leur pensée, il en eût fait usage non pour accabler les vaincus, mais pour arrêter le débordement des réactions monarchiques. Le juste milieu républicain eût ainsi trouvé son assiette. Quoique une telle perspective n'offrît rien de concluant, elle était de nature à séduire les esprits modérés pour qui la forme gouvernementale est déjà beaucoup. Elle pouvait ralentir et régulariser le mouvement révolutionnaire. Elle ne détruisait pas l'espérance dans les âmes et n'éteignait pas la foi, dont l'étincelle dernière pouvait se rallumer au sein de tant de ruines. Une liste circula secrètement et se couvrit d'une cinquantaine de noms; mais ce projet n'eut pas de suite. Le général Cavaignac n'avait ni les convictions, ni la capacité politique, ni le caractère qu'il eût fallu pour jouer un tel rôle. Il se contenta du pouvoir, et certain de le conserver sous une autre forme, il prit le chemin banal, qu'indiquait la plus vulgaire habileté, pour arriver à ce but. Son empressement à déposer la dictature fut une flatterie à l'Assemblée nationale. Il prononça le mot de *pouvoir dictatorial* avec une sorte de pudeur bien agréable aux oreilles d'un pouvoir parlementaire, et il résigna la souveraineté de l'air d'un homme qui n'a jamais eu l'outrecuidance d'y croire.

La griffe du soldat avide d'autorité reparaissait pourtant dans cette courte et modeste harangue. Il se hâtait de constater l'indépendance qui existait entre ces deux faits : la dictature et l'état de siége ; et tout en proclamant la nécessité d'anéantir le premier, il insistait pour le maintien du second. Il fallait que les esprits fussent bien prévenus pour ne pas voir que dans la pensée d'un général sûr du pouvoir exécutif, le maintien de l'état de siége équivalait à la dictature. L'indépendance des deux faits était toute factice.

L'Assemblée nationale, aveuglée par ses passions, n'ayant rien à redouter, d'ailleurs, d'un homme dont la probité venait de se manifester à l'instant même, remplie de reconnaissance pour son sauveur, trouvant l'état de siége rassurant, le maintint, et déclara que le général Cavaignac avait bien mérité de la patrie. La déclaration fut formulée en un décret. Une proclamation de l'Assemblée au peuple français annonça la victoire remportée sur l'anarchie. Cette pièce, toute pleine de mensonge et de passion,est un monument des erreurs du temps (1). Les anciens ministres, qui avaient consenti à continuer leurs fonctions pendant la lutte, suivirent la Commission exécutive dans sa retraite. M. Martin (de Strasbourg) monta ensuite à la tribune et déposa une proposition ainsi conçue : « L'Assemblée nationale confie le Pouvoir exécutif au général Cavaignac, qui prendra le titre de président du conseil et nommera les ministres (2). » C'était une véritable présidence de la République à laquelle l'état de siége permettait même les excès de pouvoir de la dictature.

La part du lion étant faite, restait celle des conspirateurs. Le général Cavaignac la leur distribua libéralement. Sauf quelques concessions à la politique pure, les portefeuilles

(1) Voir aux *Pièces justificatives*, n° 8.
(2) *Moniteur universel* du 29 juin 1848.

et les hautes fonctions furent le partage de tous les hommes qui avaient fermenté au dedans et au dehors la conspiration dirigée contre la Commission exécutive et poussé à la dictature. M. Sénard eut le portefeuille de l'Intérieur; M. Bastide, celui des Affaires étrangères. Les fureurs homériques de M. Lamoricière lui valurent le ministère de la Guerre. On plaça aux finances un homme qui déjà y avait échoué, M. Goudchaux. M. Carnot reprit l'Instruction publique. Les autres nominations se répartirent ainsi : Justice, M. Bethmont; Marine, amiral Leblanc; Travaux publics, M. Recurt; Agriculture et Commerce, M. Tourret. Le libraire Hetzel remplaça le libraire Pagnerre au secrétariat général du Pouvoir exécutif. Le zélé Ducoux, qui avait, un des premiers, éventé la conspiration et navigué dans le courant, reçut la préfecture de police. L'enfant perdu qui, dans la journée du 24, avait provoqué l'explosion de la machine infernale dirigée contre la Commission exécutive, M. Pascal Duprat, obtint une mission en Autriche (1). Je ne poursuivrai pas cette nomenclature déjà trop longue.

La rue de Poitiers, on a pu le remarquer, n'avait pas sa part dans cette chasse-partie, à laquelle elle avait contribué de son puissant appoint. Le butin des fonctions échut presque entièrement aux républicains de la nuance du *National*. Le mécontentement des partis monarchiques éclata presque aussitôt. La réunion de la rue de Poitiers avait pris la précaution impertinente d'envoyer au modeste dictateur une députation pour l'assurer qu'elle le laissait entièrement libre dans le choix de ses ministres. Et lui, peu rompu aux fictions parlementaires, avait pris la chose au

(1) *Moniteur universel* du 12 septembre 1848.

pied de la lettre, lorsqu'il eût, au contraire, fallu l'interpréter dans le sens opposé. On ne tarda pas à lui faire sentir la lisière. M. Carnot ayant eu, dans la séance du 5 juillet, l'audace de demander à l'Assemblée un crédit de 995,000 francs pour venir en aide aux instituteurs primaires, dont les importantes et honorables fonctions sont si mal rétribuées, les impatients de la rue de Poitiers profitèrent de l'occasion pour lui reprocher les petits livres et les catéchismes républicains du commencement de la République. M. Bonjean abusa de ce thème facile. Le crédit fut diminué des neuf dixièmes. M. Carnot tomba, mais il tomba convenablement, en défendant ses principes et avec la dignité d'un homme prêt à leur sacrifier ses fonctions de ministre. Un historien distingué, M. de Vaulabelle, que la rue de Poitiers voulut bien tolérer, remplaça M. Carnot (1). Le canon ne peut rien en pareille matière, et M. Cavaignac put voir qu'on lui renverserait ses ministres quand on le voudrait.

Un homme d'État plein de malices, la mandragore des assemblées parlementaires, petit démon au masque capricieux et comique, fauteur de troubles et d'intrigues, M. Thiers, était l'âme de la réunion de la rue de Poitiers. Il tempéra l'ardeur des gens trop pressés. On sait qu'en parlant de M. Cavaignac il avait trouvé *ce jeune homme* INTÉRESSANT. Il continua cette même tactique, la tactique du chat qui joue avec la souris. Car M. Thiers visait présentement à la présidence de la République et attendait son heure. Il n'entendit pas que l'on mît obstacle à l'élection de M. Marie à la présidence vacante de l'Assemblée natio-

(1) Voir le *Moniteur universel* du 6 juillet 1848.

nale, M. Marie était un des principaux instigateurs de la bataille de juin. Il ne fallait pas, en lui ôtant sa récompense, donner trop tôt l'éveil à ces républicains modérés, et leur montrer qu'ils n'étaient dans les mains complaisantes des partis dynastiques que de vils instruments qu'on allait bientôt jeter au rebut et confondre avec leurs victimes dans une même proscription.

Ces jours de terreur, pendant lesquels le parti victorieux s'emparait des fonctions publiques d'un bout à l'autre de la France, furent marqués par une cérémonie funèbre. C'était un hommage rendu par les vainqueurs à la mémoire de ceux de leur parti qui avaient succombé. Les monuments publics, la colonne de Juillet, l'arc de triomphe de la porte Saint-Martin, celui de la porte Saint-Denis, la Madeleine, le Palais-Bourbon furent tendus d'étoffes noires. Dès le matin, tout Paris se leva : les quartiers riches, dans l'attitude de la douleur et du regret ; les quartiers pauvres avec une mine farouche. Le vent gonflait à peine les plis mornes du *labarum* qui pendait aux épaules des édifices, vêtus de noir comme des prêtres. Le soleil dormait dans ces lourdes étoffes. Le ciel bleu, la verdure des Champs-Elysées, les toits et les vitres inondés de lumière contrastaient avec ce lugubre appareil. A dix heures, un Représentant du peuple, évêque, M. Fayet, suivi d'une foule d'officiants, monta les degrés d'un autel élevé sur la place de la Concorde ; l'Assemblée nationale, les corps constitués, les académies, l'armée et la garde nationale contemplaient debout cette scène lugubre. Le Représentant du peuple, évêque, officia durant une heure et demie sous un ciel de feu. Des femmes, portant une pétition en faveur de l'amnistie, voulurent percer les rangs des soldats.

On les repoussa. L'esprit charitable de la religion était bien loin de l'âme des vainqueurs. Le cénotaphe grec, entouré de candélabres à flammes bleues, se mit ensuite en marche, traîné par seize chevaux; il se dirigea vers la Madeleine où avaient été déposés quelques-uns des corps des gardes nationaux morts en combattant. Le peuple ne parut pas à ces funérailles, insultantes pour sa défaite; il attendit dans ses quartiers de l'Est. Mais, contrairement à toutes les prévisions, le cortége ne dépassa pas la Madeleine. On craignait une manifestation du faubourg Saint-Antoine. D'autres affirmaient qu'une machine infernale braquée à l'une des fenêtres du premier étage, au boulevart du Temple, devait éclater au passage du général Cavaignac.

On voit par là combien les vainqueurs étaient mal assurés dans leur triomphe. Cette terreur sans objet fut un des phénomènes psycologiques les plus curieux à observer dans cette étrange période de notre histoire. La peur sans cause avait gagné les départements. Sauf les Ateliers nationaux de Marseille qui s'insurgèrent, sauf les protestants et les catholiques de Nîmes qui, sans couleur politique, profitèrent de la circonstance pour renouer de vieilles querelles, il n'y eut pas de mouvements. Les partis attentifs aux événements ne montrèrent aucune intention d'agir. Les bonapartistes seuls s'émurent un peu, notamment dans les Ardennes; encore faut-il se défier des rapports des préfets enclins au zèle et à l'importance. Mais la peur des insurgés fut très-générale. Dans certaines contrées, notamment dans la Marne et la Haute-Marne, elle dégénéra en panique. Trois ou quatre contrebandiers, que des gardes nationaux prirent pour une colonne d'insurgés, mirent en émoi la ville d'Epernay. Le préfet, partageant les terreurs de ses administrés, partit à la tête d'une force armée considérable. Il se passa alors, en France, quelque chose d'analogue à la peur des brigands en 1789. Les hommes qu'on désignait sous le nom de républicains *rouges* ou de démocrates-socialistes, et que l'épaisse ignorance des fonctionnaires et des magistrats confondit bientôt sous le nom exécré de communistes, devinrent l'objet de persécutions de toute nature.

Tandis que s'amassaient ainsi tant de ferments de discorde pour l'avenir, les conseils de guerre fonctionnaient avec si peu de respect pour les formes les plus élémentaires de la justice, que plusieurs malheureux furent transportés *par erreur* (1). Il leur fallut quatre ou cinq mois de réclamations pour obtenir qu'on annulât ces monstrueux jugements. Les plus grossières délations étaient accueillies par ces conseils, où l'identité des accusés ne fut même pas constatée. C'est ainsi que le général Cavaignac tenait les promesses de ses proclamations. Instrument servile des haines de la classe moyenne à laquelle il devait le pouvoir, rien ne lui répugna pour cimenter cette alliance. Le roi Louis-Philippe avait avili la croix de la Légion d'honneur en la prostituant au corps électoral ; le général Cavaignac descendit plus bas encore, il fit de ce signe d'honneur le prix de la guerre civile, le prix du sang versé entre concitoyens. Des colonels de la garde nationale protestèrent en vain, il fallut obéir.

Dès que le général Cavaignac eut obtenu, selon ses expressions, *l'état de siége longuement prolongé*, il entreprit, de concert avec la majorité de l'Assemblée nationale, une série de mesures contre-révolutionnaires. On ferma les

(1) Voir aux *Pièces justificatives*, n° 9.

clubs dits dangereux; il eût été plus loyal de les fermer tous. Un club, à moins qu'il ne soit acquis au pouvoir, comme le fut celui des Jacobins, sous la première république, est toujours dangereux. Chez un peuple aussi peu apte au régime parlementaire, le club, qui en est l'excès, constitue la permanence de l'émeute. Trois légions de la garde nationale, les huitième, neuvième et douzième, furent licenciées et désarmées; le désarmement s'étendit fractionnellement à toutes les légions.

Sur la demande du chef du Pouvoir exécutif, à qui la presse départementale, non soumise à l'état de siége, faisait peur, l'Assemblée songea à licencier le journalisme et à désarmer la pensée. Comme il s'agissait d'aller vite en besogne, on ne se donna pas le temps de préparer un projet de loi. La loi de 1830 fut extraite de la poussière des morts et remise en vigueur. M. Babaud-Laribière interpella le président du conseil et lui demanda par quel secret il trouvait moyen de vivifier une loi radicalement abrogée en 1835. Le général Cavaignac répliqua que la loi de 1835 ayant été abrogée elle-même par la révolution, les lois antérieures se trouvaient virtuellement en vigueur (1). A ce compte, la mort guérit de la mort, et le fils mourant ranime les cendres de son père. Il était difficile de pousser plus loin la mauvaise foi; mais la majorité était résolue à la réaction à outrance. Il fallait que la presse, comme le reste, rentrât dans le sillon du règne précédent. Cette loi de 1830 soumettait les entrepreneurs de journaux à un cautionnement de 24,000 fr. « La presse du pauvre est morte, » imprima *le Représentant du Peuple*. Lamennais fit

(1) *Moniteur universel* du 8 juillet 1848.

border de noir le dernier numéro du *Peuple constituant.* En se retirant de la lutte, le grand athlète articula cette parole amère : « Silence au pauvre ! » La réalité est qu'il n'y a jamais eu de presse du pauvre, et que le pauvre a toujours été réduit au silence par le double fait de sa pauvreté et de son ignorance. Il n'y aurait de liberté de presse qu'à la condition de fournir à chaque citoyen la capacité et le capital nécessaires pour émettre sa pensée. En présence de cette impossibilité, il ne reste qu'un système connexe au principe du suffrage universel : c'est la suppression de tous les journaux, à l'exception du *Moniteur.* Mais on ne gouverne pas avec des vérités absolues, on ne gouverne qu'avec des à peu près.

La condition du cautionnement fit disparaître un grand nombre de feuilles écrites en un langage ignoble et propre à corrompre le peuple ; mais elle supprima malheureusement des organes éclairés de l'opinion publique. Nous citerons dans le nombre *le Peuple constituant, le Spectateur républicain*, etc.

Le rapport du décret sur la limitation des heures de travail suivit de près le rétablissement du cautionnement des journaux. Le travail législatif consiste souvent, comme la tapisserie de Pénélope, à défaire un jour ce qui a été fait la veille. La proposition de M. Wolowski fut néanmoins ajournée ; le ministre Tourret reculait devant les observations des chambres de commerce. Un emprunt de 150 millions, seul moyen d'éviter la faillite immédiate, disait l'ex-ministre des Finances Duclerc, couronna ces mesures; et comme il était opportun de faire des économies, on releva le traitement des ministres à 48,000 fr. Le Gouvernement provisoire avait pensé que 36,000 fr. devaient suffire à l'existence de ces fonctionnaires. Il est assez peu important en soi qu'un ministre touche de larges émoluments, pourvu qu'il fasse les affaires du pays. Nous relevons ce détail pour marquer les tendances de la majorité de l'Assemblée à détruire tout ce qu'avait fait le Gouvernement provisoire, même de plus innocent.

Il y avait des jours où cependant l'Assemblée, effrayée de la rapidité de la pente sur laquelle elle se sentait glisser, s'arrêtait. La contre-révolution faisait halte. Ce fut dans les courtes interruptions de cette ronde infernale que furent prises plusieurs mesures moins hostiles à l'idée républicaine, notamment la loi provisoire municipale et départementale, inspirée de la loi organique de 1791 ; l'aide accordé, sur la demande du ministre des Finances, aux entrepreneurs de bâtiments, le rachat du chemin de fer de Lyon, etc.

Dans une de ces journées de répit que l'esprit de vengeance laissait à la République, le 4 juillet, M. Corbon présenta, au nom du comité des travailleurs, un projet de décret tendant à ouvrir au ministre du Commerce trois millions de crédit pour encourager les associations ouvrières (1). C'était une bien petite somme pour un si grand objet. Cela prouve une fois de plus que la révolution de février 1848 ne fut ni servie, ni comprise par cette Assemblée nationale dont on attendait tout, et qui ne mit au jour qu'une constitution difforme, née non viable. De toutes les idées qui ont agité ce siècle, tourmenté à la fois d'un excessif besoin de bien-être et d'indépendance, l'association est la plus solide, la plus éclatante, et celle qui a

(1) Voir le *Moniteur universel* du 5 juillet 1848.

le plus aisément passé dans la pratique de nos mœurs économiques. Mais autant il est facile de former des associations de capitaux en vue de telle ou telle exploitation, d'établir une mutualité contre les risques de telle ou telle nature, autant il est difficile de former l'association du travail, parce que le travail emporte l'homme, qu'il est proportionnel aux forces, à la volonté; que chacun en fait une estime arbitraire ; qu'avec l'homme naissent la compétition, l'envie, la méfiance; que la hiérarchie est bien ardue à créer entre égaux, et que sans hiérarchie dans les fonctions il n'y a pas de travail commun possible. Pour arriver au triomphe de l'association dans laquelle résident la plupart des principes sociaux émis sous diverses formes par les sectes du socialisme, ce n'eût donc pas été trop du concours dévoué de l'État, de la sympathie éclairée de la Chambre, de la bienveillance des hautes classes, et de la sagesse, de la constance, de la ferme volonté du peuple. Or, ni l'État, ni la Chambre, ni les hautes classes, ni le peuple n'apportèrent à la solution du problème, qui contenait la révolution tout entière, une seule des conditions requises. Dans les plaintes qu'on a tant de fois fait retentir depuis, il y a donc une vaste part d'injustice. Personne ne fut à la hauteur de sa tâche; et s'il faut qu'un ami du peuple lui dise ici la vérité, le prolétariat fut le plus coupable, en cela qu'il était le plus intéressé. Il ne sut que demander et maudire, oubliant qu'il pouvait faire. Il importe de le constater, c'est un des malheurs de notre pauvre France qu'elle a des conceptions au-dessus de ses mœurs.

Pendant les premiers mois qui suivirent la Révolution de février, le peuple attendit l'initiative de l'Etat. On lui avait tant affirmé que l'Etat devait tout et pouvait tout, qu'il n'en douta pas un instant. On lui avait promis l'organisation du travail, il comptait sur l'exécution de cette promesse. Le réveil des songes fut terrible. Juin s'accomplit. Le peuple fut persuadé de la malveillance du pouvoir, mais il tira du moins ce profit de ses désillusions qu'il ne compta plus sur l'Etat. Moins ignorant, moins affolé par les gens à systèmes, il eût compris qu'il y avait de la part du pouvoir moins de mauvaise volonté que d'impuissance. Quelle démence d'aller demander à une chambre, à une assemblée délibérante, la solution de tels problèmes ! La constitution des Etats occidentaux en Europe n'est pas douée d'assez d'expansion pour imprimer une direction nouvelle aux relations du travail et du capital. Le peuple ici vit de soi et tire de sa propre substance les phénomènes qu'il accomplit sur son propre organisme. Il a voulu être à lui-même son effet et sa cause. Et pour rendre incessamment hommage à la sainte bonne foi, disons que ces peuples indociles, qui, sans cesse, accusent et implorent l'Etat, ne savent ce qu'ils disent, ni ce qu'ils veulent ; car, si l'Etat pouvait et daignait étendre la main, vous les verriez reculer avec horreur, comme si l'antique démon de la tyrannie les avait touchés de sa griffe. C'est ainsi que les infortunés, soumis à l'implacable loi humaine, luttant vainement contre les conditions de notre imparfaite nature, d'autant moins grands, moins forts qu'ils sont moins résignés et que leur âme s'est élancée plus fortement vers les régions de l'orgueil et de la convoitise, c'est ainsi, dis-je, que les peuples souffrent aujourd'hui dans leur liberté, comme ils ont jadis souffert dans leur esclavage.

En dehors de l'intervention directe de l'État, il s'était formé à Paris un certain nombre d'associations d'ouvriers que le Gouvernement provisoire gratifia de quelques commandes, et ce fut tout. Après juin, quand on eut compris que l'État n'organiserait rien et lutterait énergiquement contre le caractère social de la révolution, le mouvement des associations prit de l'importance. L'activité intellectuelle du prolétariat, absorbée par les prédications du Luxembourg et par les déclamations des clubs, se tourna vers l'idée d'association. Les gens à système et de tous systèmes, y compris M. Louis Blanc, secondèrent de bonne foi, les uns par conviction, les autres faute de mieux, cette révolution industrielle par l'initiative populaire. J'ai signalé plus haut quelques-unes des nombreuses difficultés pratiques de l'association ouvrière; il est juste d'en faire ressortir les mérites. L'association, sans changer violemment les relations du travail et du capital, arrivait à un résultat analogue à celui de l'organisation du travail par l'État. Elle ne brisait pas les lois de la libre concurrence. La société économique, dans les temps modernes, étant un problème de circulation, toute réforme qui veut s'impatroniser par voie coercitive n'a pas chance de succès. L'association par l'initiative individuelle entrait donc dans le courant économique, sans violenter ses évolutions, sans rompre ses harmonies. Elle tendait pourtant à détruire le prolétariat en élevant le salarié à la condition d'associé, à reduire le nombre des intermédiaires, à affecter la plus grosse part du bénéfice au travail et non au capital et à la fonction distributive, c'est-à-dire au prêteur et au marchand; à déplacer les richesses, en accomplissant dans l'industrie un morcellement analogue à celui qui s'est produit dans la propriété foncière par la vente des biens nationaux, dans l'ordre politique par le renversement des classes et la libre accession de tous aux emplois publics. Elle engendrait librement, par le seul fait de son développement, une sorte d'organisation industrielle qui venait remplacer les jurandes, les maîtrises et autres institutions surannées dont la société moderne s'est débarrassée. Elle créait l'ordre industriel nouveau, si bien que, en dehors de l'association, il n'eût bientôt plus resté que le vagabondage.

Ce fut une vogue, une furie. L'association pullula dans Paris ; elle parut devoir envahir la France et devenir brusquement la molécule économique d'une société nouvelle. Avant juin 1848 on ne comptait qu'un très-petit nombre d'associations. L'année suivante, ce nombre atteignit le chiffre de 175. Il s'en forma de quatre-vingt-deux professions différentes (1). L'idée d'association tourmenta tous les esprits et, remontant des couches inférieures de la population vers les supérieures, elle pénétra jusque dans la portion la plus indisciplinée des classes lettrées. Les gens de lettres, les auteurs dramatiques, étaient déjà constitués en sociétés; on vit les musiciens, les artistes peintres et sculpteurs, les comédiens, les inventeurs, s'associer. Le baron Taylor s'était fait l'oganisateur de ces classes poétiques. Il fonda quatre ou cinq sociétés qui ont subsisté, qui florissent, et qui auront un rôle dans l'avenir.

Une méthode mixte, dans laquelle l'Etat, en avançant un capital d'encouragement, eût imposé une sorte de cahier des charges ou plutôt quelques règlements d'intérêt général, obligé au choix d'un administrateur capable, exigé de bonnes tenues de livres et exercé sa surveillance, de même qu'il surveille l'administration d'un chemin de fer,

(1) Voir aux *Pièces justificatives*, n. 10, la liste des associations ouvrières.

eût peut-être remédié à l'impuissance du peuple. Car il ne faut pas oublier que, dans l'état d'ignorance des associés, un grand nombre des choses auxquelles pourvoient d'elles-mêmes les compagnies composées de capitalistes éclairés, devaient rester en souffrance. L'état de minorité du prolétariat obligeait le pouvoir à une grande paternité. Mais l'Assemblée nationale, qui accordait trois millions aux importunités du Comité des travailleurs, n'entendait par là que masquer ses véritables sentiments sous une insignifiante concession. En réalité, l'Assemblée nationale était hostile au principe même de la révolution, et n'aspirait qu'à ramener la France dans le lit fangeux et paisible que lui avait creusé le roi Louis-Philippe.

De sorte que le prolétariat, livré à ses propres inspirations, à ses uniques forces, gâta une chose excellente dont il eût peut-être tiré son triomphe. On n'associa guère que la misère à la pauvreté, l'ignorance à l'incapacité, l'insubordination à l'envie, la fainéantise à la paresse, et quelquefois tous ces vices ensemble. Pour tout ce qui était de « beuverie et de mangeaille, » le débordement fut sans pareil. Les associations de marchands de vins et de cuisiniers se multiplièrent comme les sauterelles d'Egypte. Toutes les barrières furent infestées de ces sales cuisines, où le pauvre peuple, rançonné, mal servi, allait s'empoisonner, se berner lui-même, et s'étourdir patriotiquement de vociférations chantées.

Le mouvement des associations était un des mille signes qui présageaient l'apparition d'un parti nouveau. Il se passa quelque chose d'analogue par les tendances, en Allemagne, à la fin des luttes de la Réforme, dans la guerre des paysans. La défaite de juin n'arrêtait pas le cours des idées révolutionnaires. Or, toutes les idées nouvelles, toutes les aspirations de la démocratie au XIXe siècle, se résumaient dans une dénomination vague, comme celle de *philosophie* au XVIIIe. Le *socialisme*, avec sa terminaison pédantesque, le socialisme, auquel le peuple ne comprit rien, fit fortune dans les masses. Ces cuistreries de bas-empire tournèrent la tête d'une nation amoureuse de tragédie. Ce mot, inaperçu sous le règne de Louis-Philippe, vainement tourné et retourné dans les colonnes du *Populaire* ou de *la Démocratie Pacifique*, prit tout à coup une sonorité singulière. La révolution de février, à force de chercher son caractère, s'était aperçue qu'à moins de se traîner à la remorque et de rendre incurablement sceptique un peuple très-disposé à cette manière d'être, elle devait assigner un but positif à la révolution. On lui trouva le caractère particulièrement *social*. La distinction fut admise. Le mot *économique* eût été plus exact, mais aussi mauvais et moins pompeux. Le socialisme sortit donc à la fois des utopies du dernier règne et des nuées de professions de foi dans lesquelles chaque candidat, voulant persuader aux électeurs que, cette fois, il ne s'agissait pas d'une révolution de mots et d'écritures, mais d'une révolution de fait dont le peuple devait se ressentir ailleurs que dans le Code, dans le vivre, dans le couvert et dans l'éducation, insista sur le caractère *social*. Nous fûmes tous en peu de temps démocrates-socialistes.

Le socialisme devint une sorte de pavillon commun sous lequel s'abritèrent toutes les sectes, toutes les doctrines, toutes les utopies que la misère aux abois et les fumées de l'idéal engendrent dans le cerveau des pauvres et des rêveurs. La tour de Babel et la confusion des langues furent réalisées dans la démocratie. Cette conversion se fit avec une bonne foi parfaite. Mais le regard juste et net du politique ne pouvait se tromper sur le formidable résultat d'une tactique aussi naïve et en apparence aussi absurde. On a fait une révolution en Hongrie avec une question littéraire; une révolution à Venise avec une question de chemins de fer; que ne pouvait-on pas faire avec un mot immense et creux comme la caverne bleue qui, sous le nom de ciel, enveloppe ce globe. Prise d'une furie pédantesque, d'une monomanie prédicante, la France allait se couvrir d'apôtres enflammés, de toute classe, de toute mine, et de tout patois. Les Euménides révolutionnaires exhaleraient en termes étranges, incompris, incompréhensibles, des passions contagieuses. Les flammes du Saint-Esprit révolutionnaire, s'allumant sur les têtes des clubistes, leur donnaient le don du pathos. On allait commencer contre le pouvoir une guerre de phrases, un bombardement de feuilles et de brochures, puis on verrait un jour une armée entière se lever d'un bout de la France à l'autre, l'armée des pauvres, escortée des fous et des pervers, conduite par les ambitieux et les martyrs de bonne foi; on verrait, dis-je, se lever comme un seul homme cette armée, les grands mots aux dents et la faim au ventre, et il serait trop tard. Tel était l'avenir réservé à la France, sans que ceux-là même qui poussaient la fortune du pays à ces épouvantables péripéties, s'en doutassent le moins du monde; car chacun, parmi les honnêtes utopistes et les sectaires plus honnêtes encore, avait foi dans la réussite de son petit système.

Si l'on daigne un instant remarquer ce qui se passait dans le camp opposé, on reconnaîtra que la démocratie ne faisait qu'imiter la tactique de ses adversaires. Les ennemis de la révolution s'étaient indistinctement groupés sous le nom générique de *parti de l'ordre*. Par un sentiment de fusion analogue, toutes les fractions de la démocratie allaient se masser sous le nom de *socialisme*.

Le socialisme n'avait pas de dictateur ni de pape. Chacun y adorait ses dieux préférés et suivait la loi du docteur de son choix. Parmi ces apôtres de la société nouvelle, il y en eut un qui absorba presque entièrement l'attention des classes riches, dont il devint la terreur. Je veux parler de M. Proudhon. On en a dit quelques mots au tome II de ces annales. Raconter sa vie, ce serait, selon sa propre expression, écrire « l'histoire d'un penseur entraîné malgré lui dans le somnambulisme de sa nation (1). » Ses moindres articles étaient lus avec une dévorante avidité. A la Chambre, il se taisait, regardant tout derrière ses lunettes ironiques. Homme d'un génie bien supérieur à la plupart des écrivains célèbres de ce temps, honnête homme, savant homme, mais impudent comme Figaro, et barbouillé de cuistrerie comme un docteur de la Renaissance, ce personnage, dont nos arrière-neveux feront grand bruit, était devenu l'objet d'une haine aveugle et imméritée. A la Chambre même, ses collègues ne le regardaient qu'avec une sorte de terreur irritée. Ils attendaient le serpent qui devait s'échapper de cette bouche close et les dévorer tous. Les Représentants de l'extrême gauche eux-mêmes, blessés de ses railleries, effrayés de son audace, envieux peut-être de cette plume puissante qu'il maniait comme en se jouant, le haïssaient secrètement, et n'attendaient qu'une occasion de se joindre à la réaction pour l'écraser.

(1) *Confessions d'un révolutionnaire*, par P.-J. Proudhon, chap XII.

Calomnié, bafoué, exécré, mais calme, supérieur aux événements, ce grand critique, si bien organisé pour la lutte, osa, quand juin fumait encore, quand la démocratie, saignée à blanc, haletait comme à l'heure dernière, songer à relever son parti. Les vainqueurs, avant la bataille, avaient dit : « Il faut en finir. » — « Il faut, se dit M. Proudhon, leur apprendre qu'ils n'en ont pas fini. » Puis, de déduction en déduction, à son tour il répéta le mot fatidique : « Le temps presse, *il faut en finir*. » Il compta, à défaut d'autres auxiliaires, sur la complicité de la haine et du scandale. Le 8 juillet il écrivit, dans ***le Représentant du Peuple***, un article qui commençait ainsi : « Le terme ! voici le terme ! Comment allons-nous payer le terme ? » et qui concluait, comme unique moyen de parer au péril de la situation, à ce que l'Assemblée nationale décrétât, vu l'urgence, la remise d'un tiers du prix de leurs loyers, rentes et sommes dues, par les propriétaires, rentiers et créanciers hypothécaires. Il engageait lesdits rentiers et propriétaires à présenter une pétition en ce sens à l'Assemblée nationale, et les assurait qu'ils n'avaient pas d'autre moyen de salut. L'*affreux paradoxe*, ainsi que l'a dit M. Proudhon, eut un éclat formidable. ***Le Représentant du Peuple*** fut suspendu. Un tel article, écrit par l'auteur du livre sur la propriété, jeta l'épouvante dans l'âme des classes riches. Ils se crurent ruinés par anticipation. M. Proudhon devint, selon l'expression d'un journaliste, l'*homme-terreur*. Les prostituées et les forçats lui envoyèrent leurs félicitations. Mais l'excès même de ces haines, de ces craintes et de ces avanies, prouvait que la démocratie n'était pas morte tout entière sur les barricades de juin, et que, sous le nom de socialisme, elle pourrait se reformer et continuer la lutte. Car, de cet article, allait sortir un incident qui permit de poser, comme on disait alors, la question sociale.

Accusé jusque dans la Chambre de prêcher la guerre civile, d'ériger la spoliation en doctrine, poussé par la gauche, harcelé par la droite, M. Proudhon se décida à résumer son idée en une proposition qu'il déposa au comité des finances. Le cartel fut accepté. On déclara l'urgence. M. Thiers ramassait le gant. Le comité des finances avait, lui aussi, articulé le mot de l'Assemblée nationale : Il faut en finir.

Jusqu'alors M. Thiers avait joué vis-à-vis de ses collègues un rôle effacé. A l'en croire, il aimait la République. Revenu des grandeurs de la politique, cloîtré comme un solitaire au fond du comité des finances, il offrait de consacrer sa vieillesse à veiller sur les deniers publics, menacés par les dragons du socialisme. Devenu économiste sur le déclin de la vie, il écrivait un livre intitulé : *la Propriété.* Cet opuscule, léger de dialectique, prouvait seulement qu'il est plus facile de se donner une teinture de stratégie après une heure de conversation avec un militaire, que d'improviser de l'économie publique sans en connaître les éléments. Mais ce livre plein de candeur et de raisonnements débonnaires contribuait à lui ramener la confiance. Fureteur, flatteur, causeur, séducteur, anecdotier, familier, bas au besoin, ce gnôme infatigable, qui rêvait sous cape à la présidence de la République ou à sa destruction, semait les dissensions dans l'Assemblée nationale et préparait la ruine du parti républicain.

Poursuivant son rôle de sage vieillard chargé de garder les pommes du jardin des Hespérides, M. Thiers se récria plus haut que pas un sur l'audace de M. Proudhon. Le bruit qui se faisait depuis plusieurs mois autour du nom de ce grand écrivain préoccupait M. Thiers. Lorsqu'il vit la fureur des propriétaires et des capitalistes arrivée à son maximum d'intensité, il jugea que le moment d'exploiter ces haines à son profit était venu. Bien certain que la majorité lui donnerait gain de cause, quoi qu'il pût arriver, il entra en lice.

Le comité des finances est le prototype de ce qu'on a nommé avec bonheur *borne parlementaire*. Tout son génie roule ordinairement dans les variétés, l'extension ou la restriction des impôts. Ne rien faire et empêcher de faire, avoir horreur des conceptions nouvelles, troubler et gémir, pousser la peur jusqu'au fanatisme, l'amour du *statu quo* jusqu'au délire, se faire écraser sous la roue du char de Jagernath plutôt que de bouger, telle est en général la complexion d'un comité quelconque des finances. Celui de la République ne dérogeait pas. Constituez en comité des finances une vingtaine d'hommes d'esprit, vous en ferez un monument d'immobilisme et de stupidité. Il y avait des hommes fort intelligents au comité des finances en juin 1848. On y comptait MM. Bastiat, Faucher, Berryer, etc., et pourtant, M. Pierre Leroux avait pu dire sans trop d'exagération : « Ce sont des imbéciles. »

C'est devant cet aréopage de trembleurs que M. Proudhon devait exposer d'abord ce qu'il nommait sans réserve son projet de *liquidation de la vieille société*. Il analysait le phénomène de la circulation et ramenait les formes diverses du crédit à une formule générale d'échange ou de *mutualité*. Cela équivalait à la belle formule de M. Bastiat : « Les services s'échangent contre des services. » Mais la divergence éclatait bientôt dans les conclusions. Ayant ainsi démontré que la circulation était le résultat de ce mouvement des valeurs produit par l'échange ou le crédit, M. Proudhon envisageait le cas où ce crédit vient à se tarir, cette circulation à s'arrêter : le propriétaire ne fait plus l'avance de ses terres; le capitaliste, l'avance de ses capitaux ; le rentier, l'avance à l'Etat de ses épargnes, etc. Le moyen de rétablir la circulation était bien simple, selon M. Proudhon, et il l'expliquait ainsi : « Que le créancier de l'Etat, au lieu de consentir un nouvel emprunt, que l'Etat ne lui demande pas, abandonne à titre de dégrèvement ou contribution 1 p. 100 sur ses rentes; — que le propriétaire, au lieu de fournir à la population agricole de nouvelles et meilleures terres, ce qui n'est pas en son pouvoir, fasse remise d'une partie des fermages échus; — que le banquier, au lieu de recevoir à l'escompte les valeurs dont il se méfie, ce qui serait à lui d'une trop grande imprudence, réduise sa commission et ses intérêts; — que le travailleur, pour contribuer en ce qui le concerne à l'effort général, au lieu de travailler une demi heure de plus par jour, ce qui dépasserait peut-être la mesure de ses forces, laisse à l'entrepreneur un vingtième de son salaire : il est clair que, dans tous ces cas, le résultat obtenu par le second mode de crédit sera le même que celui qu'on aurait obtenu par le premier. La circulation s'accroîtra de tout ce dont chaque débiteur aura obtenu décharge de la part de chaque créancier. »

Il est apparent que, dans cette circonstance, M. Proudhon ne résolvait pas le problème de la circulation. Il en faisait une conception purement mathématique, et cela le conduisait à prendre l'effet pour la cause. L'effet visible du manque de circulation gît bien dans la suspension du crédit, mais un crédit forcé n'est pas un crédit, ou du moins il n'est pas doué des propriétés du crédit, et n'en remplit pas le rôle. Que mon propriétaire me fasse remise d'un sixième du prix de mon loyer, cela ne me fera pas jeter un centime de plus dans la circulation. Quand M. Goudchaux anticipait le paiement de la rente, dans l'espoir de jeter ainsi 75 millions dans la circulation, il se trompa. Il n'avait, lui aussi, envisagé que le côté matériel de la circulation, l'effet; mais lorsqu'il vit l'argent du trésor passer dans le secrétaire des rentiers et y rester, il dut comprendre qu'il ne suffit pas de violenter le crédit pour rétablir l'échange. La circulation est non-seulement un concept mathématique, mais encore un phénomène sentimental. La France n'était en réalité ni plus riche ni plus pauvre qu'auparavant, mais la *confiance* avait disparu. Obliger, par un décret, propriétaires, rentiers, capitalistes et travailleurs à se faire crédit dans une mesure équivalente, c'était les laisser dans le *statu quo*. Une mesure d'exception était contraire aux doctrines de M. Proudhon, qui repousse l'intervention de l'État aussi souvent qu'il en trouve l'occasion. Sa violence même excluait toute idée de confiance.

Mais à part le fond même de l'affaire, dont la discussion n'entre pas dans le cadre de cet ouvrage, le discours que M. Proudhon prononça le 31 juillet à l'Assemblée nationale, contenait une foule de vérités fortes et cruelles. Il provoqua une scène extraordinaire dont on chercherait vainement un exemple dans les annales parlementaires. Lorsqu'il parut à la tribune, une vive curiosité se manifesta dans l'Assemblée. Sa contenance modeste en apparence, plutôt par l'encolure, le vêtement et les manières que par l'attitude, dissimulait, au premier abord, cette puissance de mépris, cette conscience d'une force supérieure, d'une conviction forte et d'une vie pure, qui le distinguaient de la plupart de ses collègues. Mais à mesure qu'il lisait, d'un ton simple et ne visant point à l'effet, son énorme discours, l'homme véritable apparaissait. La curiosité de l'Assemblée se changeait en sourde colère. On chuchotta d'abord. La gratuité du crédit causa des rumeurs. Les idées de modifications de la propriété excitèrent un rire fiéleux. « Je regrette, citoyens, répliqua-t-il, que ce que je vous dis vous fasse tant rire, parce que ce que je dis ici vous tuera. » L'orage augmenta surtout quand il parla de mise en demeure adressée à la propriété de concourir à la révolution, sous toutes réserves en cas de refus. « Expliquez-vous ! » cria-t-on. « C'est très-clair, dit le vieux Dupin, la bourse ou la vie. » — « Est-ce de la guillotine que vous voulez parler ? » cria M. Ernest de Girardin. Et comme M. Proudhon avait employé les deux pronoms *vous* et *nous*, on le somma de s'expliquer. « En disant *nous*, je m'identifiais, *moi*, avec le prolétariat; et je *vous* identifiais avec *la classe bourgeoise*. » Leur fureur redoubla. Il ne daignait pas même s'en apercevoir. « A Charenton ! » vociféraient les plus forcenés. M. Taschereau lança deux ou trois fois son venin. Mais lorsque l'orateur en vint à prouver que l'Assemblée nationale n'était qu'un fait, que la force seule ou la Providence avait mené la France depuis le 25 février, lorsqu'il leur eut dit : « En droit, nous ne sommes rien, parce que nous ne sommes constitués sur rien; » les Dupin, les Sénard, les Albem-Rousseau, les Girardin, les Bourzat, les Taschereau, les Lespinasse, les Landrin, se prirent à piauler comme des chats-huants au clair de lune. Le ministre Goudchaux, toujours en colère, pensa tomber en épilepsie et n'eut que le temps de quitter son banc et de sortir. Le nom de *Mandrin* fut vomi avec effort par une de ces bouches tordues. Un autre cria : « Marat ! » Le ministre Sénard, dans une convulsion de haine impuissante, vocifera cette gueulée à propos des barricades : « Il est trop lâche, il n'ira pas ! (1) » M. Proudhon acheva ainsi : « Le capital a peur, et son instinct ne le trompe pas : le socialisme a les yeux sur lui. — Les juifs ne reviendront pas : je le leur défends. »

L'*affreux paradoxe* venait d'être offert dans toute son âpreté. M. Proudhon n'avait pas cherché à en déguiser l'amertume. L'apparition officielle du socialisme dans les débats de la vie publique ne fut pas heureuse. En descendant les degrés de ce pilori où il avait reçu pendant quatre heures les crachats de ce que l'Assemblée contenait de plus vulgaire, M. Proudhon ne rencontra pas un visage ami. La gauche irritée le regardait comme un traître ou un fou qui venait de compromettre à jamais la démocratie et de tuer d'un seul coup la question sociale. La Chambre entière vota contre la proposition un ordre du jour motivé d'une violence inouïe. Un seul homme vota pour M. Proudhon ; c'était un marchandeur de Lyon, M. Greppo. J'ai ouï affirmer que son vote fut le résultat d'une erreur. Cet incident le rendit célèbre pendant quinze jours. Il se lança depuis dans les écritures, et n'eut point de succès.

Les fureurs d'une Assemblée sans dignité produisirent un effet contraire à celui qu'on en attendait. Le peuple n'entendit pas grand chose au projet de M. Proudhon, et, pour ne prendre que le côté politique de la situation, peu

(1) Voir le *Moniteur universel* du 1er août 1848, page 1829.

importait la valeur d'un système. Le peuple se méfia d'une animosité si grande. En voyant amis et ennemis se tourner contre un homme, cet homme l'intéressa. Plein de mépris pour l'Assemblée nationale, il suspecta aisément sa bonne foi. M. Proudhon parlait au nom du socialisme; les plus audacieux d'entre le peuple se déclarèrent socialistes. C'est alors que le général Cavaignac, dévoré d'une tristesse intérieure qu'il dissimulait mal, regarda son sabre émoussé et fut obligé de s'avouer à soi-même l'impuissance du fer à tout résoudre. On vit celui que les petits enfants nommaient déjà « le boucher de juin, » s'acheminer comme un écolier vers l'Institut, et demander à la section des sciences morales et politiques une panacée contre la maladie intellectuelle du peuple français. Il avouait son insuffisance et allait à une compagnie de vieux sceptiques retirés du mouvement des idées, dégoûtés du monde et d'eux-mêmes, le cœur calciné, l'esprit blasé de statistiques sur la misère, le crime et le vice, il allait demander de jeunes formules capables de ravir les âmes et d'éblouir les intelligences, de terrasser enfin ce que ce monde-là nommait, en style fleuri : *l'hydre du socialisme.*

M. Thiers, que sa lutte contre M. Proudhon avait enfin remis en lumière, M. Thiers, qui ne crut pas un moment au péril de la propriété, prit la tête du mouvement. Cet homme d'État plein de bon sens et de malice, ne faisant jamais une apparente bêtise sans savoir ce qu'elle rapporte, ce petit porte-lunettes vêtu de gris, comique et fantastique comme un personnage d'Hoffmann, mit en branle l'Institut. Redevenu important, il fit l'indispensable. Il se démena comme un diable, souffla le feu des passions coliqueuses, et organisa une collecte. Il s'agissait de vaincre l'anarchie par souscription. On trouva passé deux cent mille francs pour cette alchimie. Dès que l'or eut sonné, Bazile troussa sa manche, Nonotte et Patouillet tirèrent l'écritoire pleine d'encre bien noire, et l'on entendit les plumes jurer, cracher, geindre, gémir, grimacer, menacer, mentir et grincer des dents sur le papier. Telle fut l'origine des *petits traités de l'Académie des sciences morales et politiques.*

Le peuple ne lut pas ces petits livres dépourvus de bonne foi, pleins de réticences, sans unité de vues et de doctrines, pauvres de tout, et signés par de vieux relaps de tous les partis du passé. Le socialisme, qui n'avait d'ailleurs ni plus d'unité ni plus de modération, alla grossissant de jour en jour. Il avait cet avantage de représenter les intérêts du pauvre, de la grande masse du peuple, de la jeunesse et de la révolution. La bonne volonté ne lui manquait pas. Au total, les petits livres de la rue de Poitiers furent le dernier des réactifs qui divisèrent la nation en deux vastes camps, deux camps ennemis, ajournant la bataille à la première occasion favorable et fixant au surplus les yeux sur la date de 1852.

Il est nécessaire de nettement accuser cette grande division des factions dynastiques et réactionnaires et des factions républicaines et socialistes, pour expliquer plus tard le rôle et le triomphe du prince Louis-Napoléon Bonaparte.

La marche du socialisme fut tellement foudroyante que six semaines après ce grand scandale dont M. Proudhon avait prévu la portée réelle, la Montagne abdiqua son individualité politique. A propos des élections de septembre, elle se rallia au socialisme. Son manifeste, qui s'efforçait de paraître sage et de chercher quelque juste milieu dans le pandémonium des utopies, n'était pas moins un acte public d'acquiescement aux doctrines subversives, aux systèmes répudiés et honnis des novateurs. Elle se rangeait humblement sous l'oriflamme rouge, sous le guidon sanglant et diffamé de juin, sous le lambeau de bannière relevé par M. Proudhon à la tribune de l'Assemblée nationale, et couvert d'infamies dans la séance du 31 juillet. Mais le peuple ne voulait plus entendre parler de républicains à moins qu'ils ne se déclarassent démocrates-socialistes. Il fallait se soumettre.

L'obligation d'accuser clairement la transformation des partis, et leur division en deux grandes armées sous les noms de *parti de l'ordre* et de *socialisme*, m'a fait interrompre le récit des vengeances du pouvoir après les journées de juin. On ne sait ce qu'on doit blâmer le plus sévèrement aujourd'hui de la violence des mesures administratives qui furent prises alors ou de leur précipitation. La bataille n'avait pas encore entièrement cessé, le dernier coup de fusil n'était pas tiré, quand fut rédigé, proposé, voté, le 26 juin à neuf heures du matin, sur l'initiative du président Sénard, le décret par lequel une commission de quinze membres, nommée dans les bureaux, était chargée de rechercher par voie d'enquête, et par tous autres moyens qu'elle croirait utiles, les causes de l'insurrection de juin et de l'affaire du 15 mai (1).

La commission, composée de MM. Odilon-Barrot, Waldeck-Rousseau, de Mornay, Woirhaye, Lanjuinais, Flandin, Dahirel, de Larcy, Landrin, Goudchaux, de Beaumont (de la

(1) *Moniteur universel* du 27 juin 1848.

Somme), Delespaul, Latrade, Pougeard et Bauchart, fut nommée séance tenante. M. Goudchaux, ministre des finances, donna sa démission de commissaire le 30 juin et fut remplacé par M. Feuilhade-Chauvin. Quant à M. Landrin, il se retira le 6 juillet et l'Assemblée ne lui donna pas de successeur. C'est devant cette manière de tribunal, investi du droit de mander qui bon lui semblait, qu'allaient comparaître une masse de témoins passionnés, de révélateurs, de complaisants, ou plutôt c'était la révolution de février elle-même, depuis sa naissance jusqu'alors, qu'on allait traîner à la barre d'une poignée de réactionnaires qui la détestaient. Le vieil Odilon-Barrot, toujours rancuneux contre cette révolution faite par lui et ses amis, mais qui avait passé au-dessus de sa tête emportant un portefeuille longuement convoité, l'ex-tribun des *Vendanges de Bourgogne*, n'eut pas honte d'oublier toute sa vie passée et de consentir à présider cette gueule de lion ouverte à toutes les mauvaises passions politiques. M. Quentin-Bauchart en fut le Courtois. Tandis que sur le champ de bataille fonctionnaient avec une activité fiévreuse des conseils de guerre et des commissions militaires qui jugeaient sur dossiers, les vainqueurs impatients ne trouvaient pas que la besogne se fît assez vite et sur une assez large échelle. C'est à ce moment que fut proposé le décret de transportation. M. Sénard eut le triste courage de le présenter aux suffrages de l'Assemblée nationale, alors que les passions déchaînées étaient incapables de raison et de pitié, alors que le sang versé brûlait encore ces cerveaux exaltés comme par le vin d'une orgie. Cette scène, qui rappelait celle du 3 nivôse, eut lieu le lendemain même de la victoire, le 27 juin. L'abattement des amis du peuple était si profond, la terreur si générale parmi eux, que trois voix seulement s'élevèrent dans cette grande assemblée pour combattre la proposition de M. Séuard. M. Sarrans, que nul ne pouvait soupçonner d'exaltation révolutionnaire, déclara, avec une probité digne d'éloges, que sa conscience s'alarmait de ces proscriptions en masse. Plus pathétique, M. Pierre Leroux s'efforça de faire rentrer en eux-mêmes ces législateurs qui se constituaient les ministres de la haine et des plus mauvaises passions. Et les regardant en face, il osa leur adresser cette question : « Est-ce que ceci ressemble à une assemblée d'hommes sages ? » Il leur demanda où étaient les prêtres parmi eux, et ce qu'ils faisaient lorsqu'ils eussent dû s'efforcer de ramener les esprits à la clémence. Il leur dit à tous de s'examiner, de consulter au besoin leur médecin, pour savoir si l'état de leur âme et de leurs sens leur permettait de délibérer et de faire des lois. On vociférait durant ce discours cent fois interrompu, ce qui n'empêcha pas M. Caussidière de reprendre à son tour ce thème charitable et de le développer avec une éloquence grossière, mais en même temps avec une émotion vive et profonde. « Mais c'est une honte, s'écria-t-il, mais c'est infâme, qu'on puisse dire que les Français victorieux ne seraient que des misérables, qu'ils viendraient massacrer les vaincus de sang-froid... » Et parlant de la clémence du peuple, il ajouta : « Il a tout mis, le peuple, dans le sac aux oublis, il a tout précipité dans le fleuve du Styx ! » Le Styx fit rire les proscripteurs. « Riez, amusez-vous, leur dit-il, ceux qui ont le cœur de s'amuser après des massacres semblables. » Et plus loin : « Souvenez-vous des femmes et des enfants ! » Puis encore : « Il y a des hommes, il y a des frères, et non pas des démarcations d'habits, sacrebleu ! » Il eut une boutade plus naïve encore, mais vraie, à propos du danger qu'il y avait de frapper des innocents dans de pareilles mesures administratives : « Ils ne sont pas tous coupables, quand le diable y serait ! » Mais ce qu'il articula de plus juste fut peut-être cette triste vérité sitôt réalisée : « Dans un mois, il y aura plus que des veuves, des orphelins qui se plaindront : il y aura des pères de famille qui manqueront (1) ».

Le décret de proscription fut voté à une grande majorité dans la séance de nuit du 27 juin. Ils contenait en substance que tout individu pris les armes à la main serait immédiatement *déporté* dans les possessions françaises d'outre-mer, autres que l'Algérie. Le général Cavaignac fit substituer la *transportation* à la déportation. Le premier de ces deux termes n'emportait pas le régime de la prison. Ce fut le seul adoucissement qu'il trouva pour des malheureux que la dissolution imminente des Ateliers nationaux avait jetés dans la rue, et dont il disait lui-même le 3 juillet à l'Assemblée nationale : « La plupart, il faut l'avouer, ne demandent qu'à travailler. »

Cependant la commission d'enquête avait cheminé silencieusement. Son travail de taupe tirait à sa fin. M. Quentin-Bauchart, l'agent subalterne que la commission avait mis en avant pour essuyer le plus gros des mépris publics en cas d'insuccès, fut prêt à lire son rapport. La réaction était impatiente. Elle espérait se débarrasser de quelques hommes qui gênaient sa marche. La lecture du rapport eut lieu le 3 août. Elle indigna tout ce qu'il y avait d'honnêtes gens dans l'Assemblée. La perfidie, la rancune, les plus détestables sentiments y perçaient à chaque phrase. Grossière-

(1) *Moniteur universel* du 28 juin 1848.

ment dissimulés, ils n'apparaissaient que plus hideux et plus repoussants. Mais la haine dominait tout ; l'esprit de réaction l'emportait sur l'esprit de justice. La majorité, écartant tout sentiment de pudeur, ne songea bientôt plus qu'à tirer de ce vil ramas de dénonciations le parti qu'elle en attendait. Elle espérait prendre à ce piége trois hommes qu'elle haïssait et qu'elle craignait : MM. Ledru-Rollin, Louis Blanc et Caussidière.

Un motif qu'il importe de mettre en lumière sauva M. Ledru-Rollin ; il lui fut permis de prendre la parole immédiatement après la lecture du rapport. Le parti du *National*, maître du pouvoir et tout-puissant dans la Chambre, ne servit pas dans cette circonstance les haines de la réunion de la rue de Poitiers ; il fit la partie belle à M. Ledru-Rollin. M. Marrast, qui présidait alors l'Assemblée, donnait gain de cause au tribun de *la Réforme* en souffrant qu'il répliquât dans un moment où le dégoût causé par la lecture du rapport était encore au cœur de tous. Mais ce qui valut mieux pour lui que la vérité mise au jour, mieux que le talent oratoire dans lequel il faisait alors de vastes et magnifiques progrès, ce fut la marque de protection ostensible qu'il reçut du pouvoir en descendant de la tribune. Le général Cavaignac, si raide en son maintien, si réservé dans ses allures, vint au-devant de lui et lui serra la main en présence de l'Assemblée nationale étonnée. Il y avait en effet de quoi causer une profonde surprise dans une telle démarche. En quoi les triomphes de M. Ledru-Rollin pouvaient-ils toucher le cœur de l'homme qui avait le plus contribué au renversement de la Commission exécutive et conquis son héritage ? Qu'y avait-il de commun entre deux hommes si profondément séparés d'opinions, de doctrines, de sentiments, attachés à des factions hostiles et dont l'un était le vaincu et l'autre le vainqueur? Les esprits superficiels interprétèrent diversement cet incident : les uns y virent une preuve de l'innocence de M. Ledru-Rollin et de la magnanimité du général Cavaignac rendant hommage à la vérité. D'autres y virent un gage de réconciliation entre les factions hostiles du parti républicain.

Les événements humains ont deux faces, celle qu'on voit et celle qu'on ne voit pas ; l'une est l'apparence, l'autre la réalité. La vérité est toujours cette mystérieuse déesse qui, honteuse de sa nudité, se cache dans les ténèbres. Dans l'entraînement des votes, l'Assemblée nationale avait voté l'impression des pièces du rapport de la commission d'enquête. La commission était charmée de cette décision qui allait mettre le comble à ses jouissances de rancune assouvie. Rien jusqu'alors n'avait fait supposer que la Chambre autoriserait l'impression de ces trois volumes in-4°. Ce fut un scandale sans exemple! Devant la commission d'enquête avaient comparu des hommes de toutes les conditions. Des personnages considérables, appelés à donner leur sentiment et à communiquer leurs observations sur les événements politiques depuis le commencement de la république, s'étaient livrés au dangereux plaisir de parler à cœur ouvert en présence de ce conseil qu'ils croyaient aussi muet que celui des Dix, aux beaux jours de la République de Venise. Chacun avait sans crainte chargé l'ennemi à fond. Aussi, quiconque a lu l'enquête, a dû perdre beaucoup de ses illusions à l'endroit de certains hommes qui, sous couleur de bien public, se livrent à l'occupation de molester leurs semblables. Or, dans la persuasion du secret, nul n'avait été épargné. Le général Cavaignac y trouvait son compte en règle comme les autres. L'exposé de ses manœuvres pour renverser la Commission exécutive, de ses lenteurs devant l'émeute, qu'il laissait à dessein grandir et envahir, y était fait par des gens qui l'avaient vu à l'œuvre, par les hommes mêmes contre lesquels il avait conspiré. Plus que tout autre, M. Ledru-Rollin avait, on le sait, souffert de l'étrange tactique du général Cavaignac. Le pousser à bout eût été dangereux, car sa parole était de celles qui vont loin. Ce taureau de tribune pouvait se retourner soudain et porter à l'ennemi un coup terrible. Le parti du *National* comprit qu'il fallait arracher à tout prix cette puissante proie à la réaction affamée. Le général, ému lui-même du péril qu'il courait, vint donner la main à l'ennemi et le couvrir ainsi d'une protection qui semblait dire aux carnassiers de la droite : « Je l'ai touché, respectez-le. »

A peu près sûr du silence, au moins momentané de ce dangereux témoin de ses temporisations du 23 juin, le général Cavaignac ne craignit pas que la déconsidération vînt l'atteindre au faîte du pouvoir. Il ne lui restait pour se fortifier dans l'Assemblée qu'à livrer sans réserve les deux autres victimes à la vengeance du parti contre-révolutionnaire. La publication des pièces retardée le plus possible par le parti du *National* ne rencontra plus d'obstacles. La commission d'enquête, libre d'agir, n'épargna rien pour que la presse entière répandît à flots dans le pays ces scandaleux documents. Elle soulevait ainsi l'opinion contre les hommes qu'elle voulait perdre et profitait de cette pression extérieure pour se donner du crédit à l'Assemblée.

C'est à ces menées que MM. Louis Blanc et Caussidière

durent les retards calculés qu'on opposa à leur justification. Chaque fois qu'ils demandaient, avec une légitime impatience, à se disculper devant l'Assemblée, les hommes de la commission d'enquête, le parti du *National* et les gens de la rue de Poitiers trouvaient des prétextes, des fins de non-recevoir pour ajourner ce solennel débat. On voulait que la calomnie eût le temps de fermenter profondément, et de devenir ce poison subtil auquel nul ne résiste.

Lorsque les préparateurs de ce coup d'État jugèrent le moment propice, ils fixèrent le jour des débats au 25 août. Et pour que les deux victimes désignées n'eussent pas le temps de bénéficier des retours de conscience que pourrait inspirer leur défense sur des collègues devenus des juges, il fut décidé qu'on en finirait d'un seul coup, en une seule séance, quelle que fût sa durée.

Il est bon de faire observer que j'anticipe ici sur les événements. Je donne au lecteur le secret de la comédie, afin qu'il puisse d'un regard plus clairvoyant suivre le jeu des personnages. Il n'était alors question ni de demande en autorisation de poursuites, ni d'aucune mesure de ce genre. MM. Caussidière et Louis Blanc devaient uniquement se disculper, comme l'avait fait M. Ledru-Rollin, des imputations de l'enquête. On croyait aux idées de clémence et d'oubli. La poignée de main du général Cavaignac faisait croire à la bienveillance du pouvoir pour les calomniés. La demande d'arrestation et de mise en accusation devait donc se produire comme un coup de théâtre, et la conduite du principal acteur étonna bien les optimistes.

M. Louis Blanc avait été l'ami, le collaborateur et le compagnon de luttes de M. Godefroy Cavaignac ; il s'était conduit en fils vis-à-vis de madame Cavaignac quand la tombe se ferma sur le grand patriote que la France a perdu. A la révolution de février, il avait plus que tout autre contribué à élever au grade de lieutenant-général M. Eugène Cavaignac. Confiant, d'autre part, dans sa parfaite innocence, il ne pouvait croire que l'ambition eût à ce point corrompu le cœur d'un homme qui lui devait tant et le fît s'abaisser jusqu'à le livrer sciemment, flegmatiquement, à une faction puissante, dévorée du désir de détruire les hommes de la révolution.

M. Caussidière connaissait mieux, peut-être, malgré son infériorité relative, les replis du cœur humain. Il avait conservé de son passage à la préfecture de police ces éclaircissements qui ouvrent les yeux sur le vrai des choses. Il n'ignorait point les manœuvres de la contre-révolution. Un avis indirect du danger qu'il courait lui fut même donné quelques jours avant le 25 août. « Vous feriez bien, lui dit M. Portalis, de solliciter du gouvernement une mission étrangère : on vous l'accorderait certainement (1). »

Enfin le jour fixé par M. Marrast arriva. On avait placé des soldats au dedans et au dehors du palais. La salle des Pas-Perdus était interdite au public. Le regard de certains hommes trahissait le mystère de leurs préoccupations. Les moins clairvoyants durent comprendre qu'un événement grave allait se passer au sein de l'Assemblée nationale.

La séance s'ouvrit à midi, le vendredi 25 août. M. Marrast, qui avait succédé le 19 juillet à M. Marie, présidait. Il sentait si bien ce qu'il y avait de passions au fond d'un tel débat, qu'il crut devoir mettre l'Assemblée en garde

(1) *Mémoires de Caussidière*, tome II, chap. XXI.

contre elle-même et l'inviter à ne pas oublier que les intérêts du pays dominent les sentiments individuels, et que plus les questions sont irritantes, plus il est nécessaire d'y apporter de la dignité. Ce fut d'abord une mêlée singulière qui ne dura pas moins de trois heures. Lorsque les révélateurs de l'enquête étaient membres de l'Assemblée, le démenti de tel ou tel autre membre incriminé les appelait à la tribune. Une des plus vives escarmouches eut lieu entre MM. Baune et Turck. Il en résulta un duel le lendemain. Tout le menu des récriminations individuelles occupa ces trois premières heures. Il y eut ensuite une suspension de cinq minutes. La séance fut reprise à trois heures trois quarts. Le drame allait commencer.

M. Ledru-Rollin monta à la tribune au milieu d'un de ces profonds silences qui ont tant d'expression dans les grandes assemblées. Sa parole était plus calme qu'à l'ordinaire. Il se dépouilla volontairement de cette éloquence passionnée par laquelle il a brillé au parlement. Il évoqua la grande muse de l'histoire, plaçant pour ainsi dire cette garde imposante au seuil de la discussion pour empêcher les sentiments bas d'y pénétrer. Il rappela les enquêtes des 5 et 6 octobre 1789, du 10 août, du 9 thermidor, et les représailles qui en furent la suite, et la perte de la République qui en fut la conséquence. Deux voies s'offraient à l'Assemblée : élever le débat jusqu'à la discussion des principes, ou descendre au rôle mesquin de tribunal révolutionnaire. Le reste de cet habile discours fut la justification de sa politique personnelle et la glorification de la République. L'Assemblée l'interrompit fort peu. Lorsque la moindre interruption se produisait, M. Marrast l'étouffait aussitôt. M. Ledru-Rollin put ainsi librement exprimer sa pensée et gagner une seconde fois sa cause. On le séparait de l'avant-garde révolutionnaire. L'heure de le frapper n'était pas venue.

La défense de M. Louis Blanc fut plus habile encore peut-être que celle de M. Ledru-Rollin. Muni d'un dossier dans lequel il puisait, opposant les pièces négatives aux pièces affirmatives, il parla pendant quatre ou cinq heures avec un grande éloquence, et battit en brèche le rapport de la commission d'enquête de façon à ne laisser aucun doute dans les consciences. Il dut s'interrompre par fatigue, car il dépensa dans cette longue défense plus que les forces humaines ne comportent. Le procureur général de la République, Corne, la face blême, l'œil ardent, un sourire fauve sur les lèvres, épiait la victime, écoutant cette voix épuisée et supputant ce qui lui restait d'heures à attendre avant de mettre la griffe sur la proie. Il était près de onze heures du soir quand M. Louis Blanc cessa de parler. Les proscripteurs, pâles et immobiles sous la faible clarté des lustres, l'avaient écouté avec ce mutisme de mauvais augure qui exprime la résolution de condamner quand même.

Le coup de théâtre n'avait pas encore éclaté, mais on l'attendait, ou plutôt on le pressentait.

Ce fut enfin le tour de M. Caussidière d'essayer une inutile défense. Un célèbre journaliste qui fournissait des notes à M. Guizot, M. Linguay, avait écrit la défense de l'ex-préfet de police. M. Caussidière aurait voulu attendre au lendemain pour la lire ; M. Marrast s'y opposa. Il y a des passions qu'on ne supporte pas longtemps, des situations tendues qui brisent les plus énergiques complexions. Les proscripteurs voulaient en finir la nuit même. M. Caussidière fut donc obligé de présenter immédiatement sa défense.

Douze heures de séance, de fatigue d'esprit et de perplexité, avaient épuisé les forces de cet homme herculéen. La pensée que sa vieille mère, sa sœur, ses amis le regardaient avec anxiété du haut d'une des tribunes publiques ne parvenait pas à le ranimer. Il succombait à une sorte de sommeil qui rendait sa parole lourde. Les proscripteurs lui faisaient l'effet d'un tribunal d'inquisition. Rarement, oubliant sa lecture, il retrouva cette verve inouïe en saillies vigoureuses, naïves, originales, qui lui avaient gagné l'indulgence de la bourgeoisie.

Vers minuit, au moment où M. Caussidière achevait sa défense par le cri de « vive la République! » M. Marrast réclama l'attention de l'Assemblée, et lui donna lecture d'une demande en autorisation de poursuites du procureur général près la cour d'appel de Paris contre MM. Louis Blanc et Caussidière. Le voile était levé.

M. Laurent (de l'Ardèche) protesta. « Il y aurait là, dit-il, un accouplement monstrueux d'un acte politique avec un acte judiciaire. » MM. Lagrange, Bac, Ledru-Rollin parlèrent. La majorité implacable les écouta sûre de son vote. Mais voyant que les accusés cherchaient à prolonger la discussion afin que le vote ne fût pas consommé dans la séance même de l'accusation, le général Cavaignac, que l'on suppliait à mains jointes de ne pas livrer les accusés à leurs ennemis politiques, monta à la tribune, et demanda qu'on en finît sans désemparer. Il étonna la majorité elle-même. Comment concilier ces paroles cruelles avec la poignée de main offerte à M. Ledru-Rollin? Elle ignorait que c'était la poignée de main de la peur, et qu'en se rangeant sans honte du côté de la majorité, il restait dans son rôle d'ambitieux égoïste et vulgaire.

Le reste de la nuit s'écoula dans les dernières convulsions d'une lutte inutile. L'urgence fut déclarée par 493 voix contre 292. L'Assemblée accorda l'autorisation de poursuites, à la majorité de 504 voix contre 252 (1). M. Flocon tenta en faveur de son ami, M. Caussidière, un dernier et inutile effort. L'Assemblée vota qu'il serait poursuivi en raison de sa conduite au 15 mai. Elle oubliait qu'elle avait précédemment refusé d'autoriser les poursuites à propos de cette même affaire. Il était six heures moins un quart du matin quand fut levée cette séance ignominieuse. Les lampes du bureau et les sept lustres de la voûte luttaient contre la lumière du jour qui argentait les fenêtres. Cette compagnie d'hommes pâles, vêtus de noir, s'écoulait lentement, chuchottant à demi-voix. Les uns avaient peine à dissimuler la joie qui éclatait sur leur visage fatigué comme au lendemain de quelque grande orgie. D'autres, soucieux, sombres, irrités, inquiets, songeaient avec effroi à ce que de tels débuts réservaient à l'avenir de la République. D'autres encore pensaient au jour de la vengeance. Les tribunes publiques, garnies de femmes élégantes et de curieux, étaient restées pleines jusqu'à la fin. La solitude s'y fit bientôt, et les spectateurs du drame, mornes et contristés, s'enfuirent de ce palais comme d'un lieu d'horreur.

Pendant les opérations toujours un peu longues du scrutin de division, les amis des deux victimes les entourèrent et les supplièrent de partir. M. Louis Blanc, vivement pressé par son frère, lutta d'abord par un sentiment d'orgueil facile à comprendre ; mais l'idée de tomber aux mains de ses ennemis éveilla en lui une répulsion non

(1) *Moniteur universel* du 26 août 1848.

moins vive. « Ayez confiance en moi, lui dit un homme de cœur, M. d'Aragon, venez, je ne suis pas de votre parti, mais je vous estime et vous aime. » Il dormit deux heures chez ce galant homme, et fut ensuite conduit au chemin de fer du Nord par deux Représentants du peuple, MM. Eugène Duclerc et Félix Pyat.

Pensant, avec Alcibiade, que c'est une maladresse en politique de chercher à se faire absoudre quand on peut fuir, méfiant comme doit l'être un ancien préfet de police, M. Caussidière réfléchissait, dans la salle de la Paix, à l'offre de ses amis, lorsqu'il aperçut le substitut du procureur général Corne. L'homme de justice tenait un rouleau de papier qui pouvait bien être un mandat d'amener. Il flairait le vent comme un limier en chasse. Y avait-il déjà des estafiers postés aux portes?

M. Caussidière se hâta de rentrer dans la salle des séances. « Va-t-on bientôt me faire arrêter? demanda-t-il au général Cavaignac; je ne voudrais pas que cela se fît devant ma vieille mère. » Le général lui répondit qu'il n'en savait rien, et qu'il s'adressât à M. Marie. L'avocat salua M. Caussidière d'un sourire à la dom Basile, et dit que les mandats n'étaient pas prêts. Peu rassuré, mais songeant qu'il ne gagnerait rien à attendre, M. Caussidière sortit du palais en compagnie d'un ami dévoué, le Représentant Fargin-Fayolle. Il s'échappa, et gagna ensuite l'Angleterre.

Tandis que la division des factions achevait de s'opérer et de faire de la France deux armées ennemies, décidées à terminer un jour par une lutte suprême ces querelles profondes où tous les intérêts étaient en jeu, la Providence préparait une diversion puissante. Nul ne soupçonnait alors cette élaboration mystérieuse qui s'opère en silence, au-delà des regards humains, comme la formation des métaux dans les entrailles de la terre. Un homme dont le nom prestigieux avait déjà retenti jusqu'aux plus lointains hameaux, mais qui s'était tenu à l'écart de nos discordes civiles, allait paraître sur la scène politique. Il allait apparaître, sans bruit, sans que personne se doutât qu'il venait accomplir une mission marquée du sceau de la nécessité, et empêcher le peuple français, divisé en deux bandes, la bande du *parti de l'ordre* et celle du *socialisme,* de se ruer dans une rixe atroce, dans une tuerie implacable, dont la sanglante aurore devait se lever avec l'année 1852. — Je veux parler du prince Louis-Napoléon Bonaparte.

On était alors plongé dans les débats relatifs à la Constitution. Nous y reviendrons tout à l'heure. Ces hautes questions de principes absorbaient l'Assemblée nationale. Au dehors, les masses, pour qui le fait est bien supérieur aux théories, tournaient leur attention vers les élections partielles fixées au 18 septembre. On n'a pas oublié que Louis Bonaparte, élu en juin et en juillet par cinq départements, avait refusé de venir siéger à l'Assemblée nationale, ne voulant pas que son nom servît de prétexte à des séditions et compromît les hautes destinées auxquelles il se croyait intérieurement appelé. Lorsque, après juin, on put espérer plus de calme dans les esprits, le général Piat écrivit à Louis Bonaparte et lui demanda s'il accepterait le mandat de Représentant du peuple. « Aujourd'hui qu'il a été démontré sans réplique, répondit le prince, que mon élection dans quatre départements n'a pas été le résultat d'une intrigue, et que je suis resté étranger à toute manifestation, à toute manœuvre politique, je croirais manquer à mon devoir si je ne répondais pas à l'appel de mes concitoyens. Mon nom ne peut plus être un prétexte de désordres. Il me tarde donc de rentrer en France et de m'asseoir au milieu des Représentants du peuple qui veulent organiser la République sur des bases larges et solides. Pour rendre le retour des gouvernements passés impossible, il n'y a qu'un moyen, c'est de faire mieux qu'eux ; car, vous le savez, général, on ne détruit réellement que ce qu'on remplace (1). » Cette lettre était datée du 28 août. Louis Bonaparte allait quitter Londres au moment où MM. Louis Blanc et Caussidière y entraient. Quel chemin la révolution avait fait en six mois! Les élections de septembre à Paris apportèrent en effet le nom de Louis-Napoléon Bonaparte en compagnie de ceux de MM. Achille Fould et François Raspail. Cette élection n'offrait-elle pas la synthèse la plus frappante de la politique française? En tête de la liste se trouvait Louis-Napoléon Bonaparte, avec 110,752 suffrages; venaient ensuite M. Achille Fould, représentant les fractions du *parti de l'ordre*, et M. François Raspail, représentant celles du *socialisme*, c'est-à-dire les deux armées ennemies et celui qui devait les soumettre et se jeter entre elles. La nullité du rôle de M. Cavaignac ne se montrait-elle pas dans la nomination de M. François Raspail, puisque après tant de sang versé en juin, après le recours du sabre à la plume, après les traités de l'Institut, le socialisme était encore debout? Les esprits sages purent voir dès lors que cet homme, dont on voulait faire un président de la République, n'avait été que l'instrument des fureurs de la classe moyenne, et que cette haute intervention, qui seule pouvait sauver le pays

1) *Œuvres de L.-N. Bonaparte*, , 53.

d'une effroyable guerre civile, était une tâche au-dessus de son caractère et de son intelligence.

On avait fait circuler des bruits ridicules et alarmants sur l'entrée du prince à la Chambre. Il eut, au contraire, la précaution de passer par la Hollande et la Belgique, d'arriver à Paris incognito, de se rendre sans bruit à l'Assemblée nationale, où il parut en simple frac noir, sans aucun signe qui le distinguât de ses collègues. Tous les yeux se tournèrent vers lui. En l'apercevant, le général Cavaignac ne put dissimuler son trouble. Il comprenait que son élévation, produite par le hasard et ne s'appuyant sur rien, allait s'évanouir comme un songe. Louis-Napoléon Bonaparte se dirigea vers l'extrême gauche et alla s'asseoir à côté de son précepteur et ami, M. Vieillard. Lorsqu'il monta plus tard à la tribune, chacun put regarder en face ce prétendant, dont les manœuvres, vraies ou fausses, avaient été l'objet de tant de commentaires; ce hardi champion, qui deux fois était venu poser une main audacieuse sur la couronne du vieux Louis-Philippe. C'était un homme de quarante ans, de tournure militaire, moyen de taille, mais haut à cheval, portant la moustache et la mouche, pâle, œil froid, voilé, rêveur, et empreint d'une hauteur dans laquelle apparaissait déjà la constante préoccupation du commandement suprême.

Dès que le rapporteur des élections de la Seine, de la Corse, de l'Yonne, de la Charente-Inférieure et de la Moselle, eut proclamé sa quintuple élection, il prit la parole, et lut, d'un ton ferme mais modeste, la déclaration suivante :

« Citoyens Représentants,

» Il ne m'est pas permis de garder le silence après les calomnies dont j'ai été l'objet.

» J'ai besoin d'exposer ici, hautement, et dès le premier jour où il m'est donné de siéger parmi vous, les vrais sentiments qui m'animent et qui m'ont toujours animé.

» Après trente-trois années de proscription et d'exil, je retrouve enfin ma patrie et tous mes droits de citoyen.

» La République m'a fait ce bonheur; que la République reçoive mon serment de reconnaissance, mon serment de dévouement, et que les généreux compatriotes qui m'ont porté dans cette enceinte soient certains que je m'efforcerai de mériter leurs suffrages en travaillant avec vous au maintien de la tranquillité, ce premier besoin du pays, et au développement des institutions démocratiques que le peuple a le droit de réclamer.

» Longtemps je n'ai pu consacrer à la France que les méditations de l'exil et de la captivité. Aujourd'hui, la carrière où vous marchez m'est ouverte; recevez-moi dans vos rangs, mes chers collègues, avec le même sentiment d'affectueuse confiance que j'y apporte.

» Ma conduite, toujours inspirée par le devoir, toujours animée par le respect de la loi, ma conduite prouvera, à l'encontre des passions qui ont cherché à me noircir pour me proscrire encore, que nul ici plus que moi n'est résolu à se dévouer à la défense de l'ordre et à l'affermissement de la République (1). »

Cette allocution, sage et polie, fut bien accueillie. La

(1) *Moniteur universel* du 28 septembre 1848.

majorité ne se vengea des votes populaires que sur M. Raspail, qu'elle laissa au donjon de Vincennes. Louis-Napoléon Bonaparte opta, le 5 octobre, pour Paris, lieu de sa naissance. Il vécut ensuite assez retiré, au joli village d'Auteuil, paraissant rarement à l'Assemblée nationale.

La ville se livrait alors à des commentaires inouïs sur sa personne. Les uns prétendaient qu'il avait l'accent allemand, d'autres émettaient des doutes sur sa nationalité. Comme si la Providence ne le désignait pas assez clairement à un rôle concluant, ses stupides ennemis de tous les partis, et de toutes les factions parmi les partis, prenaient soin de lui aplanir la route, d'écarter le péril de sa personne, en lui faisant, comme jadis le premier des Brutus, une cuirasse de sottise et d'imbécillité.

CHAPITRE VIII

Constitution de la République française. — Défauts d'harmonie de la Commission de Constitution. — M. Marrast nommé rapporteur de la Commission.— Discussion publique par l'Assemblée nationale. — Trois cents amendements. — Forme nouvelle du conseil d'Etat. — Lois organiques. — Droit au travail. — Question des pouvoirs. — Par qui se fera l'élection du président de la République? MM. Félix Pyat, de Parieu, Fresneau, Grévy, Jules de Lasteyrie, Leblond, de Lamartine, Roux-Lavergne, Larabit et Bac. — Illusions de M. de Lamartine. — Réunion de la Montagne et du Palais-National. — Discours habile de M. Babaud-Laribière. — M. Molé. — Intervention de M. Cavaignac. — Déclaration de M. Louis-Napoléon Bonaparte ; il pose sa candidature à la présidence de la République. — Adoption du décret relatif à l'élection du Président. — Vote de la Constitution. — Promulgation. — Levée de l'état de siége. Colonies agricoles en Algérie; leur mauvais succès. — Complications extérieures. — Politique étrangère. — Abandon de la république de Venise, de la Lombardie, du Piémont, des provinces roumaines. — Intervention en faveur du pape. — L'avenir engagé.— Préoccupations électorales. — Division des deux grandes armées, le *parti de l'ordre* et le *socialisme*. — Nombre considérable des candidats à la présidence de la République. — Les candidats sérieux et les candidats ridicules. — *La Presse* de 1848 et celle de 1840. — Louis-Napoléon et Cavaignac. — Forces des deux partis. — Tentative mal habile du général Cavaignac auprès de l'Assemblée nationale. — Manœuvres contre la candidature de Louis Bonaparte ; les caricatures et les brochures. — Ordonnance de non-lieu en faveur de MM. Guizot et Duchâtel. — M. Cavaignac et M. Véron. — Séance du 25 novembre ; M. Cavaignac attaqué par M. Barthélemy Saint-Hilaire; habileté de sa défense. — Ordre du jour motivé, présenté par M. Dupont (de l'Eure). — Élection du 10 décembre ; résultat. — Si-

gnification de l'élection de Louis Bonaparte. — Le président de la République proclamé à l'Assemblée nationale. — Le serment.

Après les hommes, vinrent les principes. La majorité de l'Assemblée nationale, acharnée contre la révolution, poussait avec une infatigable ardeur la République à sa perte. La mollesse des néo-montagnards contrastait avec l'énergie de la droite. A peine remise des fatigues de la nuit du 25 août, on la vit se jeter sur la Constitution comme sur une proie nouvelle.

On sait qu'une Commission de dix-huit membres avait été nommée, le 17 et le 18 mai, pour préparer un projet de Constitution. Cette Commission se composait de MM. de Cormenin, Marrast, Lamennais, Vivien, de Tocqueville, Dufaure, Martin (de Strasbourg), Coquerel, Corbon, Thouret, Woirhaye, Dupin, Gustave de Beaumont, de Vaulabelle, Odilon Barrot, Pagès (de l'Ariége), Dornès et Victor Considérant. Les uns moururent, d'autres devinrent ministres; Lamennais se retira. Cormenin protesta. Bref, l'harmonie ne fut pas l'apanage de ces hommes chargés d'écrire la charte du peuple. En séance dès le 19 mai, la Commission de Constitution traversa les journées de juin et élabora en quelque sorte son élucubration sous les influences de la haine et de la peur. Les bureaux mirent un mois à examiner le projet et douze séances à le critiquer. On nomma M. Marrast rapporteur. Le rapport fut déposé cinq jours après la proscription de MM. Caussidière et Louis Blanc. Les bureaux s'en emparèrent, et, un mois après, le 30 septembre, s'ouvrit la discussion publique.

Cette discussion dura vingt-neuf jours et ne s'acheva que le 28 octobre. Le nombre des amendements qui furent proposés, exposés et discutés, ne s'élève pas à moins de trois cents. Aujourd'hui que cette Constitution, dont on fit si grand étalage, n'est plus qu'un pâle document noyé dans l'océan des actes publics d'un peuple à qui l'écriture et la parole ne coûtent rien, aujourd'hui que l'historien seul feuillète ces pages oubliées, il est permis d'éprouver quelque dédain pour ces orages de mots dont la France prétendait alors tirer sa gloire. On s'étonnerait que des hommes aient pu se lever, s'agiter, remuer la place publique pour un tel grimoire, si l'on ne savait qu'en politique les choses apparentes ne sont que des prétextes.

Sans entrer dans l'analyse détaillée de cette Constitutio éphémère, qui eut l'étrange prétention de donner au monde l'idée d'une République au XIXe siècle, il importe d'en dire quelques mots. On verra qu'elle trouva peu de chose à ajouter au programme du passé. Elle se borna plutôt à épaissir les ténèbres qui couvrent en France le problème de la démocratie, qu'à dégager une solution quelconque.

Les constituants de 1848 prétendirent caractériser politiquement la République en la qualifiant, au paragraphe II du préambule de la Constitution, de *démocratique, une et indivisible*. Ce préambule, ridicule au premier projet, médiocre dans sa forme définitive, est un curieux spécimen de cette conception hybride. L'unique tâche des hommes qui en donnèrent les formules semble avoir été d'éluder les principes de la révolution de 1792 et ceux de la révolution de 1848. C'est ainsi qu'ils évitèrent tout ce qui pouvait donner une garantie aux droits de l'homme et obliger la société envers l'individu. La souveraineté du peuple fut reconnue par eux, mais ils firent descendre l'exercice de la souveraineté dans la seule loi du nombre, et changèrent un principe sacré en une simple question de majorité. Cette grossière interprétation de la souveraineté du peuple les conduisit nécessairement à laisser le suffrage à l'état barbare. Ils ne songèrent même pas qu'il y eût la moindre idée d'ordre à introduire dans ce chaos. Forcés d'admettre que les pouvoirs émanent tous du peuple, ils ne trouvèrent rien de mieux à imaginer qu'à introduire en politique ce qui fait merveille dans le travail matériel, le principe de la division, moyennant lequel une nation, mise sur la roue, est écartelée comme un supplicié en Grève: Il y eut le pouvoir législatif et le pouvoir exécutif; le conseil d'Etat et le pouvoir judiciaire : autant dire la guerre organisée. Et ce fut un miracle de s'en tirer à si bon compte. Les monarchistes constitutionnels, nombreux à l'Assemblée, se souvenaient avec mélancolie de l'époque où deux Chambres, celle des députés et celle des pairs, placées comme un balancier dans les mains de la monarchie, lui permettaient de garder une manière d'équilibre. Ils firent de grands efforts pour affubler la République de cette institution semi-anglaise qui, deux fois en France, a conduit la monarchie à une catastrophe et qui n'eût pas manqué d'y précipiter la République. L'unité du pouvoir législatif triompha. Les imitateurs de la Constitution de l'an III furent vaincus. Ne pouvant, de ce côté, glisser dans la République les germes de destruction sur lesquels ils fondaient l'espérance du rétablissement de la monarchie, ils trouvèrent moyen de les utiliser dans l'établissement d'un pouvoir exécutif qui, sauf le droit de dissoudre l'Assemblée nationale, jouissait de presque toutes les attributions de la royauté. Le conseil d'Etat offrit également un exemple de ce tâtonnement des esprits. On y adjoignit trente membres élus par l'Assemblée et pris dans son sein. Ces trente intrus n'avaient pas d'attributions bien déterminées : ils durent se demander plus d'une fois compte de leur existence. Quant au pouvoir judiciaire, ébranlé un moment, il reprit son assiette et rentra dans son immobilité naturelle. La Constitution se terminait par une promesse de lois organiques dont une loi spéciale déterminerait la nature et le nombre. Un décret du 4 septembre fixa ce nombre à dix. Restait à fixer l'ordre de priorité. Mais l'Assemblée nationale concevait de son importance une idée peu en harmonie avec sa force réelle. Cet orgueil de toucher à toutes choses ne convenait guère à sa complexion. Epuisée par les factions, par l'intrigue, par dix mois de terreurs, de fureurs, de vengeances, de mille mauvaises passions, tout ce qu'elle put faire fut de mettre au monde l'informe embryon constitutionnel dont nous venons de parler, n'éprouvant au delà qu'un suprême besoin, celui de n'être plus, de se dissoudre, et de retourner à ces ténèbres dont il eût été préférable qu'elle ne sortît point.

Un si grand nombre de questions d'État, soulevées en moins d'un mois, remua les intelligences de l'Assemblée, et fit monter à la surface ces hommes de talent qui sont en politique la fleur des orages. Or, comme ce ne fut ni l'esprit ni le talent qui manquèrent à la Constituante de 1848, chaque importante question donna lieu à ces brillants tournois parlementaires qu'on lit avec plaisir dans les gazettes du lendemain, mais qui ne valent pas un grain de blé de plus dans le sac du pauvre peuple. M. de Lamartine enleva très-brillamment la déclaration des droits et des devoirs, que, par esprit de chicane contre-révolutionnaire, le parti de la rue de Poitiers voulait faire sauter. On sait que ces prétendus droits et devoirs sont une pure fiction, imaginée sous l'empire des plus nobles sentiments, mais qui n'ont jamais obligé personne et garanti quoi que ce soit.

La question du droit au travail ne dura pas moins de quatre séances. Elle aurait pu en durer vingt sans aboutir à un résultat sérieux. Ce n'est pas avec de l'esprit et du talent qu'on résout de tels problèmes. Au surplus, tout homme de bonne foi et de quelque science ne doit pas reculer devant cet aveu que le droit au travail est absolument incompatible avec le régime économique et même politique de l'Europe occidentale. Sa réalisation entraînerait une révolution complète dans les rapports du citoyen et de l'Etat. Pour que l'Etat puisse à ce point garantir, il faut, par contre, qu'il ait des attributions considérables. Or, l'esprit de concurrence, de libertés de tout genre qui depuis soixante ans fait le fond des mœurs françaises, ne s'accommoderait pas d'une constitution de l'Etat en désaccord avec cette indépendance. L'Etat seul, tel que nous le voyons, est donc impuissant à donner de telles garanties. Il ne peut que favoriser, seconder les efforts de la nation ; mais c'est au peuple à se garantir lui-même, à réglementer sa prétendue liberté. Encore une fois, ce n'était pas tout de briser les vieux cadres de l'industrie et tous les rouages de l'ancien régime, il en fallait substituer de nouveaux, mieux en harmonie avec nos mœurs. On a discouru; on s'est battu; rien de plus. Depuis soixante ans, la société française est en flagrant délit de vagabondage.

Oui, c'est au peuple surtout qu'il appartenait de se garantir. Pendant ces quatre séances de discussion sur le droit au travail, les orateurs eurent le tort d'oublier tous leur histoire de France : M. de Lamartine, en proclamant le droit à l'existence par le travail ouvert, en cas de nécessité, par l'Etat, à des conditions d'urgence; M. Carnot, en déclarant la société redevable de subsistance, par le travail, envers les citoyens; M. Mathieu (de la Drôme), en sommant la République de reconnaître le droit de tous les citoyens à l'instruction, au travail et à l'assistance; M. Glais-Bizoin lui-même, en se bornant à demander le droit à l'assistance par le travail; M. Billault, en soutenant la même thèse; MM. Arnaud (de l'Ariége), Ledru-Rollin, Crémieux, Martin Bernard, Lagrange, etc., pour des causes analogues. Tous oubliaient ce qui s'est passé depuis soixante ans. Mais, comme au milieu de nos révolutions, l'idée de l'Etat est restée dans les esprits conforme à son type classique, une confusion singulière règne dans toute discussion où apparaissent la Société, l'Etat, la République, etc. « Remontez aussi loin que vous voudrez, s'écriait M. Billault, vous retrouverez jusqu'à Charles IX lui-même proclamant solennellement ce devoir de la civilisation (1). » Sans doute Charles IX pouvait et devait parler ainsi; Louis XIV le pouvait aussi, parce qu'alors la société était placée dans l'Etat, et qu'au besoin même l'Etat se personnifiait dans un homme; mais une république n'est jamais qu'un être fictif, une conception abstraite, une dénomination de l'anonyme où chacun n'est responsable que de ses actes et de l'observation des lois ou règlements. Depuis soixante ans, la société française n'est plus dans l'Etat, elle est dans la nation. Qu'est-ce donc que ces réclamations éternelles adressées

(1) Voir le *Moniteur universel* du 15 septembre 1848.

tantôt à l'Etat dépouillé de ses anciennes attributions, tantôt à la société devenue anonyme, transformée en tout le monde, ou comme Ulysse chez Polyphème, en maître : Personne? Il faut que le peuple français prononce, lui aussi, sous peine de mort, le *fara da se,* et qu'il l'accomplisse, car l'Etat ne peut désormais que lui dire : Dieu vous bénisse, et lui garantir la gendarmerie et la police. L'Etat ne peut qu'encourager de quelque surveillance, de quelque subvention, et encore non sans faire pousser des cris de détresse à la vieille économie politique.

La gauche crut avoir essuyé une défaite; elle se consola par un faux succès. Parce que M. Marrast l'emporta sur M. Duvergier de Hauranne, parce que M. Dupin argumenta mieux que M. Odilon Barrot, parce que les intrigues de M. Thiers et ses manœuvres dans les bureaux n'empêchèrent pas de voter l'unité du pouvoir législatif, les républicains crurent avoir remporté un avantage décisif. L'extrême gauche surtout crut tenir son idéal. Nous avons plus d'une fois parlé de l'esprit d'imitation qui caractérisa cette époque décevante. La Convention, c'est-à-dire une assemblée unique, investie à la fois du pouvoir législatif et du pouvoir exécutif, tel était l'idéal de l'extrême gauche. Elle ne daigna pas soumettre cet idéal à l'épreuve de la réflexion. Aussi routinière que les partis monarchiques, elle ne sentit pas ce qu'il y a de contradictoire dans cette conception révolutionnaire d'une démocratie à l'enfance; elle ne sentit pas que le mot d'unité est inapplicable à une assemblée. En lui conférant tous les pouvoirs, cette unité même, déposée dans son sein, tendant invinciblement à se développer, devient un monstre qui la dévore. Car l'unité, si la Providence n'y mettait ordre, ne se produirait qu'au jour d'épuisement où, de toute assemblée, il ne resterait plus qu'un homme. Il n'y a d'unité que dans un seul.

La nation française roule d'ailleurs sur une pente tellement accidentée depuis soixante ans, elle a si mal tiré parti de la révolution, ses institutions les plus essentielles sont plongées dans un tel chaos, qu'en s'abandonnant au génie critique de l'histoire moderne, on oublierait les faits pour rétablir l'ordre dans les idées. Il n'y a pas lieu de le faire ici.

L'universalité et l'unité législatives conférées à cette réunion d'hommes de toutes classes, de toutes professions, étant admises, il ne restait qu'un moyen mixte d'éviter le péril de la situation : c'était de laisser à l'Assemblée le droit de nommer un président. Alors, il est vrai, la démocratie n'eût pas fait un pas, l'unité fût restée à l'état embryonnaire, la classe moyenne eût régné, trafiqué en paix, comme aux Etats-Unis ; mais la France n'eût pas été placée dans la plus périlleuse des situations ; elle n'eût pas été en proie au Léviathan de la contradiction ; elle n'eût pas été jetée dans cette sphère d'orages qu'on nomme conflit de pouvoirs, et qui ne se dénoue, comme le drame antique, que par l'intervention d'un dieu, c'est-à-dire par la force.

Ce danger apparut très-vivement aux yeux des républicains de l'Assemblée. Un certain nombre d'entre eux cependant, entraînés par cette idée vulgaire que la France avait besoin au moins du spectre de la royauté pour vivre en république, s'efforcèrent de séparer le pouvoir législatif du pouvoir exécutif, en laissant au peuple entier le soin de nommer le président de la République.

Jamais plus grande question ne s'était présentée devant l'Assemblée constituante. Non-seulement cette question touchait à l'organe le plus essentiel de l'existence d'un peuple, la constitution du pouvoir, mais encore elle réveillait toutes les méfiances, surexcitait toutes les compétitions; et de sa solution dépendaient évidemment les destinées de la seconde République française.

Dès la séance du 5 octobre, la discussion générale s'engagea, et il fut aisé de voir que le parti républicain serait vaincu. M. Félix Pyat prononça un discours dans lequel il s'efforça de démontrer que l'unité du pouvoir pouvait résider dans une assemblée législative. Il accompagna ce sophisme de vérités incontestables sur la souveraineté du peuple, et définit avec bonheur la différence qui existe entre l'unité de la monarchie absolue et l'unité républicaine. M. de Tocqueville donna la réplique et soutint, au nom de la Commission, la thèse de la division des pouvoirs. Il ne fut pas difficile à M. de Parieu de répliquer, l'histoire en main, que les républiques existantes, telles que celles des Etats-Unis et de la Suisse, ne confient pas au suffrage universel la nomination de leur président. La première procède par l'élection à deux degrés; chez la seconde, c'est le pouvoir législatif qui nomme le pouvoir exécutif. M. de Parieu aurait pu ajouter que ces républiques ne représentent ni l'unité politique, ni la démocratie. MM. Fresneau, Grévy, Jules de Lasteyrie, Leblond, Lamartine, Roux-Lavergne, Larabit et Bac se succédèrent à la tribune dans l'espace de trois séances. M. Grévy mit une ténacité particulière à défendre le pouvoir législatif contre cet antagonisme du pouvoir exécutif émanant du suffrage universel. Il présenta un amendement ainsi conçu : « Le président du conseil des ministres est nommé par l'Assemblée au scrutin secret et à la majorité absolue des suffrages. Élu pour un temps illimité, il est toujours révocable. » Il développa longuement cette pensée, l'appuyant d'arguments très-serrés, d'exemples historiques, d'allusions au despotisme ; mais quoi qu'il fit pour passionner l'Assemblée, il n'y put parvenir. Son talent, sa bonne foi, ne servirent de rien. M. de Lamartine acheva dans la même séance d'entraîner la déroute des parlementaristes, quoique, à vrai dire, un tel but fut sans doute bien loin de sa pensée. Mais on sait que M. de Lamartine aspirait à la présidence. Quoique sa parole fût encore écoutée, son crédit à l'Assemblée n'existait plus. Si la Constituante nommait le président, entre lui et M. Cavaignac le choix n'était pas douteux. Si, au contraire, on faisait appel au suffrage universel, M. de Lamartine avait à lutter en outre contre Louis-Napoléon, M. Ledru-Rollin, M. Thiers, etc. Mais son orgueil ne lui permettait guère de douter du triomphe et il ne redoutait que M. Cavaignac. Nommé jadis par dix départements, couvert de cette popularité que donne en France le talent littéraire, il pouvait espérer de balancer la fortune d'un soldat détesté du peuple et à qui la bourgeoisie ne devait au total qu'une tuerie de quatre jours dans Paris. Or on sait combien s'oublient vite ces sanglants services qu'accompagne toujours après l'apaisement des passions l'horreur de celui qui les a rendus. A ces causes personnelles, dont la politique des anciens, moins hypocrite que la nôtre, ne manque point de tenir compte, M. de Lamartine, comme tous les hommes précipités du pouvoir, sentait la nécessité d'un pouvoir fort. Il parla en faveur de l'élection présidentielle par le suffrage universel, et exprima la pensée de la majorité de l'Assemblée. Mais il fut aisé de voir que cet homme à qui tant d'illusions avaient été ravies, et qui courait à la perte de ce qui lui en restait, s'était jeté dans la politique du désespoir et de la fatalité. « *Alea jacta est*, s'écria-t-il en terminant, que Dieu et le peuple prononcent ! »

Dans la discussion du projet de décret qui eut lieu le 26 octobre, la minorité, comprenant qu'elle n'empêcherait pas que l'élection du président de la République eût lieu par le suffrage universel, essaya de prendre des garanties. Une réunion entre la Montagne et le Palais-National se forma dans l'ancienne chambre des députés. On convint d'exposer à l'Assemblée le danger qu'il y avait à élire le président de la République avant que les lois organiques contenues en germe dans la Constitution fussent votées. Comme les corps constitués ont une tendance marquée à leur propre conservation, cette tactique devait probablement triompher. Dans un discours habile, M. Babaud-Laribière (1) démontra que l'Assemblée constituante, en se retirant avant d'avoir définitivement constitué la République, manquait à son mandat, qu'elle laissait le pays dans une situation difficile et qu'elle encourait la plus grave responsabilité. Ces raisons exprimées avec force et éclat parurent convaincre l'Assemblée. M. Dupin, au nom de la Commission, soutint le projet de décret. On vit ensuite paraître à la tribune un grand vieillard, bien connu du monde politique, mais qui, pour la première fois, prenait la parole dans cette assemblée : c'était M. Molé. Ce débris de quatre règnes, qui venait, comme le fantôme des vieilles monarchies, secouer sa tête chenue à une tribune républicaine, excita l'attention de l'Assemblée. « Vous voulez du définitif, articula-t-il d'une voie affaiblie par l'âge, et

(1) Voir le *Moniteur universel* du 27 octobre 1848.

vous prenez un chapitre d'une constitution pour créer ce pouvoir que vous commencez par mutiler en le privant de l'article 57. Et cependant, quoique vous paraissiez le retenir, le pouvoir tend à vous échapper ; il vous échappe malgré vous (1)... » Blanchi dans les palinodies politiques, rompu aux intrigues des conflits de pouvoirs, aux coups d'État, aux revirements révolutionnaires, l'ex-ministre de Napoléon Ier, de Louis XVIII et de Louis-Philippe Ier, énonça encore cette vérité : « En présence de cette Assemblée constituante omnipotente, le pouvoir exécutif restera frappé de stupeur ou tenté de l'envahir, soyez-en bien sûrs. Jamais il ne pourra exister avec elle (2)... »

Le général Cavaignac brisa en quelques mots toutes ces bonnes raisons. L'anxiété d'une ambition lasse d'attendre, fatiguée du provisoire et craignant de perdre faveur à mesure que le rouge cauchemar de juin s'effaçait des esprits, le poussait, lui aussi, vers la fatalité qui entraînait M. de Lamartine. Il voulait en finir et s'en remettre aux destins. Dans cette profonde attention de l'ambition, dans ce silence de l'âme aux écoutes du danger, il entendait le nom de Napoléon sourdre du sein des masses comme un lointain mugissement. Et ce mugissement grandissait de jour en jour.

Un incident qui eut lieu dans cette même séance montra du reste que cette préoccupation était partagée. Les intrigues, les rancunes, pouvaient entraîner la majorité dans telle ou telle voie, la colère pouvait aveugler la minorité ; mais aux heures où l'esprit fait silence, où une clarté passagère illumine l'esprit, qui donc, oubliant les

(1) Voir le *Moniteur universel* du 27 octobre 1848.
(2) *Idem.*

banalités des feuilles publiques, les jongleries des petits journaux serviles au pouvoir, ne sentait pas que le nom de Napoléon allait bientôt éclater comme un coup de tonnerre sur la France entière ? Mais l'homme est ainsi fait qu'il ferme les yeux à ces clartés intimes et rapides et qu'il bannit, comme le songe d'une nuit fiévreuse, toute pensée importune. Cependant un de ces illuminés, M. Clément Thomas, n'ayant pu sans doute bannir l'idée importune, l'avait manifestée, la veille, par un mouvement d'humeur. Il était de ces fins politiques qui firent au prince Louis-Napoléon Bonaparte l'inestimable avantage de le prendre pour un imbécile. Il traduisit cette pensée en paroles blessantes, reprochant à Louis-Napoléon son peu d'assiduité aux séances. Il déclara que, pour aspirer à la présidence de la République, il fallait au moins s'appuyer sur des titres réels. A ce mot, MM. Napoléon et Pierre Bonaparte, ainsi que M. Piétri, réclament le rappel à l'ordre de l'orateur. Une vive agitation, mêlée d'apostrophes enflammées, interrompit la séance, et ce ne fut pas sans peine que le président, éludant le rappel à l'ordre, parvint à faire voter l'ordre du jour.

Le lendemain, Louis-Napoléon se rendit à l'Assemblée. Il monta à la tribune. C'était la seconde fois seulement qu'on l'y voyait depuis son arrivée à la Chambre.

« De quoi m'accuse-t-on ? s'écria-t-il. D'accepter du sentiment populaire une candidature que je n'ai pas recherchée. Eh bien ! oui, je l'accepte, cette candidature qui m'honore ; je l'accepte, parce que trois élections successives, et le décret unanime de l'Assemblée nationale contre la proscription de ma famille, m'autorisent à croire que la France regarde le nom que je porte comme pouvant servir à la consolidation de la société ébranlée jusque dans ses fondements, à l'affermissement et à la prospérité de la République. Que ceux qui m'accusent d'ambition connaissent peu mon cœur! Si un devoir impérieux ne me retenait pas ici, si la sympathie de mes concitoyens ne me consolait pas de l'animosité de quelques attaques et de l'impétuosité même de quelques défenses, il y a longtemps que j'aurais regretté l'exil.

» On me reproche mon silence! Il n'est donné qu'à peu de personnes d'apporter ici une parole éloquente au service d'idées justes et saines. N'y a-t-il donc qu'un seul moyen de servir son pays? Ce qu'il lui faut, surtout, ce sont des actes; ce qu'il lui faut, c'est un gouvernement ferme, intelligent et sage, qui pense plus à guérir les maux de la société qu'à les venger; un gouvernement qui se mette franchement à la tête des idées vraies, pour repousser ainsi, mille fois mieux que par les baïonnettes, les théories qui ne sont pas fondées sur l'expérience et la raison.

» Je crois qu'on veut semer mon chemin d'écueils et d'embûches; je n'y tomberai pas. Je suivrai toujours, comme je l'entends, la ligne que je me suis tracée, sans m'inquiéter, sans m'irriter. Rien ne m'ôtera mon calme, rien ne me fera oublier mes devoirs. Je n'ai qu'un but, c'est de mériter l'estime de l'Assemblée, et, avec cette estime, celle de tous les hommes de bien, et la confiance de ce peuple magnanime qu'on a si légèrement traité hier (1). »

C'est ainsi qu'une insulte banale donnait à Louis Bonaparte l'occasion de déclarer ouvertement à la France qu'il acceptait cette candidature offerte par le vœu populaire, et qu'il se considérait comme appelé à ramener la tranquillité dans

(1) *Moniteur universel* du 27 octobre 1848.

le pays. Il motivait en même temps sa réserve, l'expliquant avec une modestie qui dut être agréable au peuple déjà fatigué des bavards. Il fallut que ses ennemis fussent eux-mêmes bien lourdement cuirassés de cette sottise qu'ils lui attribuaient pour ne pas sentir le trait cuisant et profond qu'il leur lançait en déclarant qu'il n'était pas homme de tribune.

Dans cette séance même, Louis-Napoléon Bonaparte put voir trancher la question qui décidait de sa fortune. Le décret par lequel le peuple nommait au scrutin secret, à la majorité absolue des votants, le président de la République, fut adopté par 587 voix contre 232 (1).

Au fond, ce qui venait de se passer dans la Chambre des Représentants du peuple était conforme aux aspirations du pays. Les rancunes de quelques-uns contre l'Assemblée, l'esprit de réaction monarchique du plus grand nombre, ne firent que seconder les tendances nationales. Jamais une assemblée délibérante ne gouvernera paisiblement ce pays monarchique et catholique. Moins aveuglés par la maladie de l'imitation, les démocrates eussent compris que la République et la démocratie en France ne pouvaient prendre racine qu'à la condition de se conformer au génie unitaire des Français.

Le 4 novembre, la Constitution (2) fut votée dans son ensemble par 769 Représentants du peuple présents (3). Il n'y eut que trente voix contre, des voix légitimistes qui, fidèles à leur principe, ne crurent pas devoir pousser les accommodements de conscience jusqu'à voter une consti-

(1) *Moniteur universel* du 27 octobre 1848.
(2) Voir aux *Pièces justificatives*, n. 11.
(3) *Moniteur universel* du 5 novembre 1848.

tution républicaine ; des voix socialistes pour qui le mot de constitution ne saurait avoir ni sens, ni objet, le principe du pouvoir étant admis. D'autres ne reconnaissaient pas la légalité d'une constitution faite sous l'état de siége. Il y avait en effet quinze jours à peine que l'état de siége avait cessé, après une durée de quatre mois. A bout d'atermoiements, le général Cavaignac avait dû, le 13 octobre, se décider à abandonner ce régime exceptionnel en s'abritant, suivant sa tactique ordinaire, derrière une commission prise dans l'Assemblée. La levée avait eu lieu le 19 octobre, mais la majeure partie de la Constitution n'en datait pas moins de l'état de siége. Le 6 novembre, un décret de l'Assemblée nationale fixa au 12 du même mois la promulgation de la Constitution par le président de l'Assemblée nationale, en présence des grands corps de l'État, du peuple et de l'armée. Cette solemnité eut lieu sur la place de la Concorde, par un temps de pluie et de neige. Les deux fossés qui bordaient alors la terrasse des Tuileries, du côté de la place, étaient couverts de charpentes supportant des estrades protégées par des tentes sous lesquelles prirent place l'Assemblée et les corps constitués. Un autel, avec dais de velours et de drap d'or, formait le centre de l'estrade. L'archevêque de Paris, assisté des évêques de Quimper, de Langres, d'Orléans et de Madagascar, y officia. Le président de l'Assemblée nationale, entre le général Cavaignac à droite, M. Marie, ministre de la Justice, à gauche, et suivi des ministres, vint lire la Constitution au pied de l'autel. Cette lecture faite tête nue, sous la neige, en face d'une médiocre assistance de gardes nationaux et de peuple, ne fut entendue de personne. Le général Cavaignac dut se couvrir de son caban, et un huissier jeta un manteau sur les épaules de M. Marrast qui lisait en grelottant. Malgré les mâts vénitiens à larges banderolles qui couvraient la place, malgré les trépieds du pont de la Concorde, les colonnes égyptiennes et tous les accessoires obligés, il fut impossible de donner un air de fête à cette cérémonie. Cent quarante-neuf prisonniers de juin, qu'on daigna mettre en liberté, furent les seuls à en profiter.

Indépendamment de la Constitution, l'Assemblée nationale vota plusieurs décrets d'intérêt courant, tels que le décret sur la taxe des lettres, celui des concordats amiables, un troisième relatif à l'achèvement des chemins vicinaux, un autre sur l'établissement des colonies agricoles en Algérie, idée excellente qui, par l'incurie du pouvoir, par la mauvaise volonté même de l'administration militaire, eut les plus funestes résultats. Avec de grandes phrases et de mensongères promesses, le pouvoir débarrassait Paris de cet éternel trop plein qui inquiète les hautes classes. Chaque jour d'immenses bateaux, aménagés pour cet usage, emportaient des centaines d'émigrants que la faim présente et l'espoir d'une existence meilleure chassaient de la mère-patrie. Les ministres, les maires, l'écharpe aux reins, les grands mots aux lèvres, haranguaient ces infortunés du haut des berges de la Seine. On leur disait qu'ils allaient porter sur le sol africain la gloire de la France et les sentiments fraternels de l'idée républicaine. On promenait devant l'imagination aisément crédule du pauvre, le mirage d'une douce vie champêtre à l'ombre des palmiers. De riches terrains, de jolis villages qui allaient devenir leur propriété, à eux déshérités de la fortune, les attendaient au fond de quelque vallée des Mille et une Nuits. Mais quand ces malheureux arrivèrent, ils ne trouvèrent rien de prêt. Le mirage s'était évanoui. Au lieu de l'hospitalité promise, ils se heurtaient contre une administration malveillante, contre une armée hostile, qui semblait les considérer plutôt comme des bannis que comme des émigrants. La plupart moururent de misère loin de leur marâtre patrie, sur un sol aride, dans une contrée inconnue. Ce qui échappa regagna péniblement la France avec les trois sous d'étape accordés aux indigents.

Des complications extérieures fournirent en outre à l'Assemblée nationale constituante l'occasion d'exercer sa fatale influence sur la révolution européenne. Dans un précédent chapitre, au tome II de ce récit, nous avons esquissé le vaste mouvement révolutionnaire qui éclata dans toute l'Europe centrale presque simultanément avec la révolution de février. Nous avons assisté au réveil des nationalités. Nous avons vu les peuples saisis, eux aussi, de l'esprit d'imitation, réclamer des libertés à la française et s'abandonner à la fièvre des constitutions. Il faut bien admettre aujourd'hui que la France tient en effet aux entrailles de ces peuples comme les enfants à celles de leur mère, puisque nous avons vu la révolution étouffée chez eux à mesure qu'elle déclinait chez nous. L'heure n'est pas encore venue de tracer le sombre tableau de tant d'espérances brisées, de tant de généreuses pensées noyées dans le sang ou étouffées dans les cachots, avec ceux qui s'étaient levés en leur nom. Nous reculerons jusqu'au moment suprême devant le récit de tant de choses affligeantes, afin d'en finir d'un seul coup avec ces funestes peintures du droit opprimé sous la force, spectacle monstrueux, plein de dangers pour les âmes faibles. Mais ce qu'il importe de constater dès à présent, c'est le réveil des songes qui, partout, a commencé en Europe à mesure que les menteuses promesses du manifeste de M. de Lamartine tombaient chaque jour en vaine pluie de paroles comme un nuage qui crève. Ce qu'il faut surtout noter d'une croix rouge et indélébile, c'est ce fait fatal de l'intervention du général Cavaignac qui, après avoir abaissé la politique française à l'intérieur en y introduisant les férocités des guerres d'Afrique, engagea, malgré les instances de MM. Bastide, ministre des Affaires étrangères, et Lamoricière, ministre de la Guerre, notre politique extérieure dans un esprit cauteleux et incertain, si éloigné du génie de cette nation. L'intelligence étroite de ce soldat, parvenu dans la guerre civile, se noyait parmi les détails de la diplomatie. Préoccupé de précautions inutiles, il se laissait duper par l'Angleterre, ennemie secrète de toute intervention française en Italie; et comme la conviction n'était pas en lui, rien ne suppléait à l'intelligence absente, au caractère faible et hésitant. C'est ainsi qu'il laissa périr en Italie l'indépendance reconquise. Les orphelins de Venise maudiront son nom, comme ceux de Paris. Les appels désespérés de la République venète, devenue le boulevart de l'affranchissement de l'Italie, trouvaient ses oreilles sourdes. La voix sévère du grand Manin le troublait sans le convaincre. Un jour, il envoya trois mille soldats sous le commandement du général Mollière pour porter secours à Venise; en arrivant à Marseille, ces troupes reçurent l'ordre de retourner sur leurs pas.

La Lombardie et le Piémont, les Provinces Roumaines, ce point d'intersection où se rencontrent la politique de l'Orient et celle de l'Occident, ne furent pas plus écoutés que Venise. Au milieu de ces questions supérieures, de la solution desquelles dépendait l'honneur de la France et l'affermissement du gouvernement républicain, le général Cavaignac ne songeait qu'au pape. Le pape remplissait toute sa pensée. Attirer le pape à Paris, faire de la République française l'asile d'un souverain pontife effrayé parce que, ayant conjuré la liberté d'apparaître, la liberté était apparue; tel était l'idéal rêvé par le général Cavaignac. Qu'en voulait-il faire de ce pape? On ne sacre pas une République, et le général Cavaignac ne se croyait sans doute pas un Napoléon. Décider le pape à venir en France, telle fut pourtant la grande combinaison diplomatique à laquelle furent employés nos ambassadeurs, MM. d'Harcourt et de Corcelles (1). Pie IX parut céder, mais quand, sous les inspirations des cardinaux soudoyés par l'Autriche, il eut abandonné les pensées généreuses qui avaient fait sa gloire, quand on eut tué Rossi, et que le peuple, redemandant Mamiani, assiégea le Quirinal, il se réfugia à Gaëte et se servit du général Cavaignac pour masquer ses véritables intentions. Il accepta ses propositions et déclara qu'il s'embarquerait pour la France dès qu'on lui aurait envoyé un navire. Au fond, Pie IX sentait bien qu'après avoir trahi la cause de l'indépendance italienne, sa place n'était pas chez le peuple de Voltaire, qui avait tranché la tête à un roi, et qui, en certain cas, n'eût sans doute pas respecté davantage celle d'un pape. Décidé à revenir complètement sur son passé, Pie IX s'enfuit à Naples, chez ce Bourbon bombardeur de son peuple, auquel on donna le surnom de *Roi Bomba*. Le général Cavaignac avait envoyé quatre frégates, trois mille cinq cents hommes et un ministre pour embarquer le pape et l'amener à Paris. A dater de ce jour, M. Cavaignac devint un objet de récréation pour la diplomatie

(1) Voir le *Moniteur universel* du 29 novembre 1848 et les *Pièces justificatives*, n. 12.

européenne et baissa notablement dans l'esprit de MM. Thiers et de Falloux.

Telles furent les déplorables prémisses de l'expédition de Rome. M. Cavaignac fut véritablement la plaie de la République. Par son funeste héritage, il condamna la France au despotisme à l'intérieur, et la jeta, pour l'extérieur, dans cette affaire de Rome, qui devint ensuite une malheureuse nécessité.

Depuis le vote sur l'institution de la présidence, les esprits furent presque entièrement absorbés par des préoccupations électorales. Cette préoccupation, qui grandissait à mesure qu'on approchait du jour fixé pour ce solennel scrutin, finit par dominer tout le reste. Les partis et les ambitions s'agitaient sur ce nouveau terrain offert à la lutte. Les deux grandes armées, le *parti de l'ordre* et le *socialisme,* se divisèrent momentanément en présence de cette question de personnes. Le nombre des candidats à la présidence de la République fut considérable. En dehors de M. Cavaignac et du prince Louis-Napoléon Bonaparte, on citait, dans le *parti de l'ordre :* MM. de Lamartine, Changarnier, Thiers. Ce dernier avait compté sur l'appui du *Constitutionnel.* M. Véron, son directeur, fut infidèle au journaliste homme d'Etat. M. Thiers avait trop de sagacité pour ne pas comprendre que, sans appui, dépopularisé, il pût être compté pour un candidat sérieux. Il se détermina donc à grossir les rangs des partisans du prince Louis-Napoléon Bonaparte.

Le parti démocratique-socialiste, comprenant qu'il n'avait aucune chance de succès, résolut de voter nonobstant, fût-ce comme protestation. Un peu d'illusion se mêla pourtant à cette manœuvre. Les promoteurs de la canditature de M. Ledru-Rollin déployèrent beaucoup d'activité électorale, et il est peu probable qu'ils eussent, en cas de succès, considéré le vote comme une simple protestation. Le journal de M. Proudhon présenta M. Raspail, ce qui lui attira de violentes récriminations de la part de *la Révolution démocratique et sociale,* feuille dirigée par un ancien commissaire de M. Ledru-Rollin, M. Delescluze. Puisque le vote n'est qu'une protestation contre la présidence, répliqua *le Peuple,* il importe peu qu'il y ait unité de candidature. M. Raspail représentait, dans la pensée de ceux qui votèrent pour lui, le socialisme pur, et non le socialisme douteux et rallié. Si jamais il a existé en France un parti socialiste, ce fut à dater de la candidature de M. Raspail. D'autres démocrates voulaient élever à la dignité de président de la République française un ouvrier. Le bruit courut que M. de Girardin avait offert son appui à M. Antoine, chef de l'association des menuisiers en fauteuils. D'autres proposaient M. Nadaud, le maçon. Quant à M. de Girardin, on sait qu'il fut un des plus ardents propagateurs de la candidature du prince Louis-Napoléon Bonaparte. Sa sympathie était-elle bien sincère? Il est permis d'en douter en relisant *la Presse* de 1840, où Louis Bonaparte est insulté de la manière la plus ignominieuse. Mais, chez le rancuneux journaliste, la haine l'emportait sur la logique. Le souvenir de onze jours de prison dominait toute autre considération.

Deux candidatures absorbèrent bientôt l'attention générale : celle du prince Louis-Napoléon Bonaparte et celle du général Cavaignac. Toutes deux étaient placées dans des conditions exceptionnelles. La première apportait un nom colossal ; la seconde, les ressources immenses dont dispose nécessairement le pouvoir exécutif. Mais ce qui, outre l'avantage du nom, faisait à la première de ces candidatures une situation véritablement supérieure, c'est que le prince Louis-Napoléon Bonaparte n'appartenait à aucun parti. Isolé entre l'armée du *socialisme* et celle du *parti de l'ordre*, il offrait en quelque sorte, dans sa personne, un moyen de transaction. Son attitude, son éloignement des débats orageux de la Chambre, rendaient sa conduite conforme à sa situation. Dans sa solitude d'Auteuil, il avait eu des conférences avec des hommes de tous les partis. Tous pouvaient placer en lui quelques-unes de leurs espérances sans qu'il se fût engagé envers aucun. Il appartenait en même temps à la démocratie par le culte du prolétariat pour le nom de Napoléon, au *socialisme* par quelques-uns de ses écrits, au *parti de l'ordre* par les tendances religieuses et militaires de sa politique. C'est ce que nul n'observa en ces temps d'aveuglement.

Quoique le général Cavaignac essayât de gouverner avec la réunion républicaine du Palais-National, l'indécision de son caractère et de sa conduite, son manque de convictions même, le plaçaient aussi en dehors des partis. Il ne devait obtenir, dans le parti républicain, que les suffrages des hommes compromis aux journées de juin. Mais ces sanglantes journées lui assuraient le concours des gardes nationaux et d'un certain nombre de propriétaires effrayés. Quant à l'armée et aux fonctionnaires publics, sa position de chef du pouvoir exécutif lui permettait de compter sur la majeure partie de ces votes obéissants.

Les partisans du général Cavaignac affectaient la plus parfaite confiance dans le résultat du scrutin. Il s'en fallait de beaucoup que le candidat partageât cette sécurité. En s'attachant à la pensée du général Cavaignac durant les derniers mois de son pouvoir, il est aisé d'en pénétrer le secret. L'élection présidentielle le préoccupe par-dessus toute chose. Cette vertu républicaine dans laquelle il s'est drapé, cet amour de la légalité dont il affecte sans cesse le sentiment et le langage, toute la composition de cette attitude dont il attend le succès, semble, à mesure que l'heure approche, se dissoudre en une décevante ironie. Il semble que l'Euménide du pauvre et de l'opprimé lui crie sans cesse aux oreilles : C'est en vain ! Que parles-tu de légalité ? qu'attends-tu du libre suffrage des citoyens ? toi qui as traîné tes guêtres de zouave dans le sang français ! toi qui as brisé le cours des lois, livré la vie des citoyens et leur liberté à des officiers encore ivres de poudre ! Toi qui as livré la politique française à la force, à la nécessité ! Emule de Windischgraëtz et de Radetzki, tu as compté sur la reconnaissance du sang versé ; tel est le secret qui gît au plus profond de ton cœur ; mais tu oublies que cette reconnaissance du sang ne dure qu'un moment, le temps qu'il faut à la terre pour le boire, comme la reconnaissance du parasite finit avec sa digestion.

Un jour, c'était le 16 septembre, on le voit paraître à la Chambre. Il est inquiet. On commençait à s'accoutumer d'ailleurs à ce visage. Des journées de juin à l'élection présidentielle, le général Cavaignac fut constamment triste, méfiant, brusque, perplexe, inactif et inhumain. La politique écrasait son intelligence bornée. Ni royaliste ni républicain, soldat, rien que soldat, il s'apercevait qu'on ne gouverne pas un peuple comme on commande une division. Mais son ambition était plus vivace que la conscience de son infériorité. Il se cramponnait au suffrage universel comme un désespéré.

L'homme inactif entrait ce jour-là dans l'Assemblée avec un projet. Il s'agissait d'envoyer des commissaires pris parmi l'Assemblée, dans les départements, pour y combattre les menées royalistes. Il ne fallait pas être d'une grande finesse pour s'apercevoir que ces commissaires pouvaient aisément devenir de hauts agents électoraux pour la présidence. « C'est la circulaire faite homme (1) ! » s'écria M. de Falloux. Ce coup de stylet tua la proposition. Le souvenir des circulaires de M. Ledru-Rollin avait mis l'alarme dans la droite de l'Assemblée. La proposition fut repoussée. Une crise ministérielle s'en suivit. Le général Cavaignac avait à choisir entre l'amnistie, l'intervention en Italie et les inspirations des partis monarchiques. Il montra le peu de sincérité de ses opinions républicaines en se jetant dans les bras des monarchistes. C'est de là que naquit le cabinet Dufaure, Vivien, etc. La réunion de la rue de Poitiers ne lui sut aucun gré de cette tardive concession, et il acheva de s'aliéner la démocratie.

Pour gagner des suffrages, le général Cavaignac ne se borna pas à transiger avec la réaction. Des expédients honteux furent employés pour combattre la candidature du prince Louis-Napoléon Bonaparte. On n'avait pas osé le proscrire, on cherchait à le ruiner dans l'opinion. Des ateliers de caricatures s'organisèrent. La France fut inondée d'images qui représentaient Louis Bonaparte non-seulement sous les plus ridicules aspects, mais qui tendaient, en outre, à le rendre odieux et méprisable aux yeux du pays.

(1) *Moniteur universel* du 17 septembre 1848.

Le but était dépassé. Le bon sens public ne vit dans ces caricatures qu'une manœuvre électorale, et comme le *cui prodest* est non-seulement un axiome de jurisprudence mais encore une induction du sens commun, le pouvoir passa pour l'instigateur de ces publications diffamatoires. Il faut ajouter que, excepté peut-être dans quelques grands centres, comme Paris, où l'initiation aux arts transude, pour ainsi dire, des murailles elles-mêmes, le prolétariat ne comprend pas la caricature. Cette manifestation des civilisations extrêmes et corrompues est pour lui lettre morte.

Concurremment avec les caricatures hostiles à Louis-Napoléon Bonaparte, une multitude de feuilles et de brochures, où le général Cavaignac était exalté de la façon la plus hyperbolique, tombèrent comme une pluie sur les départements. On les distribuait à vil prix et même gratuitement. Il est de notoriété publique qu'un palais de l'Etat, l'Elysée-Bourbon, servit d'entrepôt et de local administratif à ce colportage électoral, dont M. Dufaure fut le courtier en chef.

De son côté, le général Cavaignac ne négligeait personnellement aucun moyen d'action. Il fit rendre une ordonnance de non-lieu à propos de l'enquête judiciaire dirigée contre MM. Duchâtel et Guizot. Il espérait ainsi appâter la faction orléaniste. Il eut aussi recours à la presse. M. Véron, directeur du *Constitutionnel,* qui promenait partout son journal comme son ventre, faisant valoir l'appui de cette importante obésité, fut appelé auprès du chef du pouvoir exécutif. On sait, par le dialogue publié le 24 novembre 1848 dans *le Constitutionnel,* quel fut le résultat de cet édifiant entretien. « Sous la République, avait dit le général, est-ce qu'on ne dîne pas bien à ses heures (1)? » Mais cet argument *ad hominem* laissa M. Véron insensible. Le directeur du *Constitutionnel* joua un moment avec la souris, ne voulant répondre ni oui ni non; mais le dialogue finit par s'aciduler. Voyant qu'il n'en tirerait rien, le général Cavaignac le congédia en lui souhaitant une bonne nuit, et se retira en fredonnant, cachant son dépit sous une feinte indifférence. Le vieux droguiste avait, dans ces délicates circonstances, retrouvé le flair commercial de sa jeunesse. Il ponta sur la candidature de Louis-Napoléon Bonaparte, sentant que là étaient les faveurs de la fortune, les décrets du destin.

Un incident grave, dont il a déjà été question et qui eut beaucoup de retentissement, porta un coup terrible à la candidature du général Cavaignac. Je veux parler de la séance de l'Assemblée nationale du 25 novembre 1848. A mesure que la terreur de juin s'était dissipée, l'examen des faits avait peu à peu gagné les consciences. De cet examen il était résulté une seconde rumeur, qui se traduisit bientôt en accusations formidables. On acquit la certitude que le général Cavaignac, dans ces terribles journées, avait dédaigné les moyens de comprimer l'insurrection à sa naissance; qu'il avait servi d'instrument aux factieux ameutés contre la Commission exécutive; que, par suite de sa mollesse et de son inaction calculées, l'insurrection étant devenue formidable, le général avait dû répandre à flots le sang français. Et comme ce sang versé lui avait surtout profité et qu'il lui devait son inconcevable élévation, le bon sens public voyait dans cet ensemble de

(1) Voir le *Constitutionnel*, 24 novembre 1848.

faits les manœuvres d'une criminelle ambition. Ces rumeurs acquirent bientôt une telle consistance que le général Cavaignac crut devoir provoquer une explication à la tribune de l'Assemblée nationale. Le débat eut lieu dans la séance du 25 novembre. Il excita une vive curiosité non-seulement à Paris, mais dans toute la France.

Quand le général Cavaignac eut sommé ses adversaires de déclarer s'il avait trahi d'une manière quelconque ses devoirs, M. Barthélemy Saint-Hilaire monta à la tribune et demanda à l'Assemblée la permission de lire une page inédite d'histoire. Ce factum contenait en substance un ensemble de preuves accablantes contre les temporisations du général Cavaignac et contre la faction qui avait travaillé au renversement de la Commission exécutive. Le lecteur sait à quoi s'en tenir sur ces intrigues. Le fidèle récit que nous en avons fait ne laisse rien dans l'ombre. Ce n'est pas l'amour de la Commission exécutive qui nous a guidé. Nous avons précédemment qualifié ce directoire sans force et sans initiative. Ce qui nous inspire, c'est l'âpre désir de porter la lumière jusqu'au plus profond de ces âmes obscures, de ces cœurs sans foi et sans vertu, de démasquer ces ambitions vulgaires à qui la République servit de champ clos; ce qui nous soutient, c'est l'espoir d'éclairer le peuple de telle sorte qu'il ne prenne plus des mannequins pour des héros, c'est la volonté de dégager l'idée républicaine de l'imbroglio de ces histrions qui l'ont travestie et fait méconnaître; c'est aussi l'espoir de venger le sang versé pour de viles passions et d'adoucir les douleurs intimes du pauvre, berné, mystifié, battu par une nuée d'intrigants, d'insensés, de prometteurs, d'écrivailleurs et de hâbleurs.

Quoique l'Assemblée nationale eût perdu quelque chose

de sa prédilection pour le général Cavaignac, elle ne pouvait pas l'abandonner dans une telle circonstance. C'eût été se donner tort à elle-même que donner raison à M. Barthélemy Saint-Hilaire, expression des sentiments de la Commission exécutive jadis renversée par une conspiration parlementaire. Le général Cavaignac se défendit d'ailleurs avec une habileté d'avocat. Le péril de sa situation doublait ses facultés. Vis-à-vis d'une assemblée déterminée à ne pas se dédire, c'était plus qu'il n'en fallait. Aussi, malgré les affirmations de MM. Garnier-Pagès et Ledru-Rollin, le général Cavaignac sortit avec l'apparence du triomphe de ce dangereux débat. Un ordre du jour motivé, présenté par M. Dupont (de l'Eure), fut adopté à une très-grande majorité. L'ordre du jour était exprimé en ces termes : « L'Assemblée nationale, persévérant dans le décret du 28 juin 1848 ainsi conçu : « Le général Cavaignac, chef du pouvoir exécutif, a bien mérité de la patrie, » passe à l'ordre du jour (1). »

« Le pays jugera ! » s'étaient écriées des voix nombreuses quand le général Cavaignac termina la discussion en ventant son dévouement à la République. Le pays ne tarda pas en effet à formuler son jugement. L'élection du 10 décembre donna 1,448,302 voix au général Cavaignac, tandis que Louis-Napoléon Bonaparte en obtint 5,534,520. M. Ledr -Rollin eut 371,431 suffrages ; M. Raspail, 36,964. M. de Lamartine, qui jadis avait été élu simultanément par dix départements, reçut l'aumône de 17,914 voix. Quelle chute ! lorsqu'on se représente à quelle hauteur le mauvais ange des illusions avait transporté ce poëte. Le reste ne

(1) *Moniteur universel* du 26 novembre 1848.

fut que ridicule. M. Changarnier (1), le héros du 16 avril, parvint à réunir 4,687 voix.

L'élection de Louis-Napoléon Bonaparte surprit beaucoup les esprits passionnés. Elle troubla singulièrement les rêveurs. Comme des corneilles qui cherchent à s'orienter et remplissent l'air de leurs cris, on les vit lever la tête, flairer le vent, cherchant le sens d'un événement qu'ils ne comprenaient pas. Louis-Napoléon Bonaparte arrivait sur la scène comme Fortimbras à la fin d'Hamlet. Brutale comme un fait, son élection tranchait le nœud de mille intrigues. Le peuple, par son vote, avait exprimé la pensée d'une grande dictature populaire qui mît fin aux querelles des bourgeois, aux subtilités des utopistes, aux rancunes des partis, et le garantît des crises sans cesse renaissantes qu'engendre le régime parlementaire parmi les peuples chez qui le sentiment domine la raison, l'action, la discussion. Ce vote exprimait encore une vive aspiration à l'unité. Le prolétariat sait bien que ce qui s'agite dans les républiques d'avocats et de propriétaires le concerne assez peu. Ce fut par des raisons analogues que César triompha dans Rome. N'ayant rien à gagner aux luttes des partis, sachant par expérience qu'il n'en résulte pour lui que le chômage, la prison, l'exil ou la mort, le peuple tend toujours à s'élever au-dessus d'eux. Aussi Louis Bonaparte, dans son discours d'installation, eut-il soin d'exprimer cette pensée : « Soyons les hommes du pays, articula-t-il, et non les hommes d'un parti (2). »

Tout ce qui s'accomplira en France, jusqu'à la proclama-

(1) Voir pour ces divers chiffres le *Moniteur universel* des 21 et 22 décembre 1848.

(2) Voir aux *Pièces justificatives*, n. 13.

tion de l'Empire, n'aura pas d'autre sens que l'affermissement de cette dictature colossale qui, dans la pensée du peuple, ne se rattache à aucune forme de gouvernement et les domine. Que cela froisse des convictions respectables et brise des âmes sensibles et délicates, cela est possible; mais l'historien raconte et n'éprouve pas; s'il éprouve, il a le droit de voiler son âme quand il le veut. Il n'y a pas de politique praticable, d'ailleurs, si l'on ne commence par prendre pour point de départ le fait accompli.

Louis-Napoléon Bonaparte fut proclamé président de la République le 20 décembre, à quatre heures, par le président de l'Assemblée nationale. On sait que le serment politique avait été aboli par la révolution de février, qui semblait ainsi confesser son absence de foi. Mais par une misérable escobarderie démocratique, le serment fut maintenu pour un seul homme, pour le président de la République. Le contrat n'était pas synallagmatique. Chacun se réservait implicitement le droit de violer la Constitution, — et nous verrons que l'Assemblée nationale ne s'en fit point faute, — mais chacun voulait en même temps que le président de la République y fût enfermé comme dans une camisole de force. Le moindre défaut de cette vaine cérémonie était de manquer de sens commun : les constitutions devant être fatalement et nécessairement violées. L'esprit humain ne s'arrête pas, et la plus parfaite des constitutions ne marque jamais qu'une seule et même heure au cadran de la pensée.

Tandis que les partis renouaient les mailles brisées de leurs espérances et de leurs projets, la nation entrait dans une phase politique nouvelle. On s'imaginait avoir accompli les formalités d'une simple opération électorale; on croyait avoir nommé un président de la République ; mais telle est l'épaisseur du bandeau qui recouvre les humains regards, nul ne s'apercevait que l'élection du 10 décembre venait de changer profondément les destinées de la France et peut-être de l'Europe.

PIÈCES JUSTIFICATIVES.

PIÈCES JUSTIFICATIVES.

N° 1.

I. *Lettre de MM. François et Henri d'Orléans à l'Assemblée nationale.*

« Monsieur le Président,

» Les journaux nous apportent un projet de décret tendant à nour fermer les portes de la France.

» Les sentiments que ce projet nous inspire nous arrachent à la réserve que jusqu'ici nous nous étions imposée. Nous avions espéré que cette réserve toute patriotique serait comprise. L'Assemblée était réunie; elle allait, dans son indépendance et sa souveraineté, voter la nouvelle Constitution; nous ne voulions pas jeter au milieu de ses délibérations l'expression d'un vœu ou la préoccuper d'un intérêt de personnes.

» Nous avions lieu de penser, d'ailleurs, qu'en quittant Alger au premier appel fait à notre patriotisme, nous avions fourni au pays une preuve patente de notre ferme intention de ne pas chercher à désunir la France, comme nous avions témoigné du respect avec lequel nous acceptions l'appel fait à la nation. Nous nous flattions aussi que le pays ne pourrait songer à nous repousser, nous qui l'avions toujours fidèlement et loyalement servi dans nos professions de marin et de soldat.

» Le projet de décret indique qu'on en a jugé autrement, et le moment choisi pour le produire constitue, d'ailleurs, une assimilation que nous ne saurions accepter.

» Exempts de toute ambition personnelle, nous protestons devant les représentants de la nation contre une mesure dont nos antécédents et nos sentiments devaient nous garantir.

« Veuillez, monsieur le Président, porter cette lettre à la connaissance de l'Assemblée nationale, et recevez l'assurance de notre haute considération.

» Fr. d'Orléans et H. d'Orléans.

» 19 mai 1848. »

II. *Lettre de M. Louis d'Orléans à l'Assemblée nationale.*

« Claremont, le 20 mai 1848.

» Monsieur le Président,

» Absent au moment où est parvenue ici la nouvelle qu'un projet de décret était proposé pour bannir notre famille du territoire français, je n'ai pu joindre ma signature à la lettre que mes frères vous ont adressée hier, 19 courant; mais je m'empresse de vous déclarer que j'y adhère entièrement, et je vous prie de vouloir bien le faire connaître à l'Assemblée.

» Recevez, monsieur le Président, l'assurance de ma haute considération.

» Louis d'Orléans. »

N° 2.

Lettre de Henri V, comte de Chambord, au président de l'Assemblée nationale.

« Monsieur le Président,

» Les journaux français m'apportent le projet d'un décret soumis à l'Assemblée nationale, dirigé contre la famille entière du duc d'Orléans, mon oncle, et qui tend à renouveler implicitement contre moi l'arrêt de proscription qui m'a injustement frappé il y a dix-huit ans.

» Banni dès mon enfance pour une faute qui n'était pas la mienne, je me suis soumis avec résignation, mais non sans regrets, à la fatalité de ma destinée, et tous les *Français* consciencieux ont pu et dû apprécier la réserve toute patriotique à laquelle je me suis constamment condamné dans l'intérêt de la France.

» Mais aujourd'hui qu'un nouveau décret de proscription vient d'être soumis à la sanction de l'Assemblée nationale, il est de mon devoir de ne pas rester plus longtemps muet spectateur des événements. La félonie a fait place à la République. Citoyen français, je viens me soumettre à son niveau. Que peut me reprocher la France? Jetez les yeux sur le passé. Le crime de Louvel m'avait fait orphelin avant de voir le jour, et la calomnie qui avait osé s'attacher au berceau de la victime d'une ambition occulte se révéla, hideuse et triomphante, en 1830, au balcon du

Palais-Royal. De la *meilleure des Républiques*, proclamée à l'Hôtel de Ville, on rétrograda graduellement vers la quasi-légitimité ou royauté bourgeoise, qui fut installée aux Tuileries; et ceux contre qui menace de se dresser, comme une peine du talion, le décret qui vous est soumis en ce moment, frappèrent impitoyablement un enfant innocent, un parent *spolié*; car un crime resté impuni venait de lui ravir la fortune du dernier des Condé, qui lui était destinée.

» Silencieux et résigné, j'ai dû m'éloigner de cette France que mes aïeux avaient faite si grande et si respectée, et je suis devenu homme loin de ma patrie, rêvant sans cesse pour elle les jours de bonheur et de gloire qu'on lui *promettait*, et que j'eusse été si heureux de payer de mon exil ou de mon sang.

» La Providence ne m'a pas donné, comme à mes cousins, la consolation de mettre au service de la France mon bras loyal et fidèle; mais je crois avoir donné par mon silence une preuve irrécusable de mon amour pour l'union et la félicité de mon pays, pour que les Français ne m'attribuent en ce jour aucune pensée de discorde, aucune vue d'ambition personnelle.

» La France, libre du joug que lui avaient imposé l'astuce et l'usurpation, a proclamé la République à la face de l'Europe, en prenant pour devise : Liberté, Egalité, Fraternité. La France républicaine ne doit plus craindre d'ouvrir son sein à tous ses enfants, qu'ils soient nés sous le dais d'un trône ou sous le rideau de la mansarde. Il n'y a plus en France ni rois, ni princes, ni nobles; il n'y a plus que des Français.

» Pourquoi donc, si de l'union dépend le bonheur de la nation, n'ambitionnerais-je pas d'aller siéger aux bancs de l'Assemblée nationale, comme l'ont déjà fait les membres de la famille Napoléon ? S'il suffit pour cela d'avoir le cœur droit, l'âme élevée, l'amour inné de la gloire et un dévouement sans bornes pour la patrie, tout arrêt de proscription doit tomber devant moi.

» Je proteste donc contre tout décret qui prolongerait mon bannissement de France, et je réclame, au nom de la République, mes droits de *citoyen français.*

» Veuillez, monsieur le Président, porter cette lettre à la connaissance de l'Assemblée nationale, et recevoir l'assurance de ma haute considération.

» HENRI DE BERRY.

» 18 mai 1848. »

N. B. Quoique le contexte même de cette lettre et de celle portant le n° 5 paraisse au premier abord impliquer contradiction, l'effet considérable qu'elles ont produit lors de leur publication, et de fortes raisons de les considérer comme authentiques, nous engagent à les donner dans leur entier. D'ailleurs, vraies ou supposées, mais émanant certainement des feuilles légitimistes, ces pièces sont précieuses en ce qu'elles montrent, comme les lettres des autres prétendants, les manœuvres des partis à une époque où, dans le travail de la Constitution, le sort de la République n'était pas encore fixé.

N° 3.

Tableau des élections du 4-8 juin 1848.

DÉPARTEMENTS.	NOMBRE des Représentants à élire.	NOMS des Représentants à remplacer.	NOMS des Représentants élus.
Bouches-du-Rhône.	3	Cormenin. . . . . Lamartine. . . . . Lacordaire.	Raybaud (Louis), homme de lettres. Poujoulat, professeur d'histoire. Rey (Alexandre).
Charente-Infér. . .	1	Bethmont.	Bonaparte (Louis-Napoléon).
Côte-d'Or.	1	Lamartine.	Perrenet, avocat.
Dordogne.	2	Lamartine. . . . . Latrade.	Barailler, avocat. Mie (Auguste), avocat, ancien imprimeur.
Eure.	1	Garnier-Pagès. . .	Demante, professeur de droit.
Finistère.	1	Lamartine.	Le Flô, général.
Gers.	1	Subervic.	De Panat.
Gironde.	1	Lamartine.	Thiers.
Hérault.	1	De Larcy.	Laissac, procureur général.
Ille-et-Vilaine. . .	1	Lamartine.	Méaulle, avocat.
Mayenne.	1	Cormenin.	Thiers.
Nord.	1	Lamartine.	Thouret (Antony).
Orne.	1	Ayliès.	Thiers.
Pyrénées (Basses-)	1	Marrast.	Barthe (Marcel), avocat.
Pyrénées-Orient. .	1	Arago (François). .	Picas (Hippolyte).
Saône-et-Loire. . .	3	Bastide. . . . . . Lamartine. . . . . Ledru-Rollin. . . .	Dariot, juge de paix. Chaudot. Rey (Martin).
Sarthe.	2	De Lasteyrie (Jules) Marrast.	Larrutte, conseiller général. Hauréau (Barthélemy), journaliste.
A reporter. . . .	23		

DÉPARTEMENTS.	NOMBRE des Représentants à élire.	NOMS des Représentants à remplacer.	NOMS des Représentants élus.
Report. . . .	23		
Seine.	11	Bastide. . . . . . Béranger.. . . . . Bethmont. . . . . Caussidière. . . . Cavaignac. . . . . Crémieux. . . . . Dupont (de l'Eure) Marrast. . . . . . Pagnerre. . . . . Recurt.. . . . . . Schmitt.	Caussidière. Moreau. Goudchaux. Changarnier. Thiers. Leroux (Pierre). Hugo (Victor). Bonaparte (Louis-Napo-léon. Lagrange. Boissel. Proudhon.
Seine-Inférieure. .	3	Dobremel. . . . . Lamartine. . . . . Martinez..	Thiers. Loyer. Dupin (Charles).
Vaucluse..	1	Perdiguier(Agricol)	Gent.
Yonne.	2	Cormenin. . . . . Marie.	Rampon-Léchin, médecin. Bonaparte (Louis-Napo-léon).
	40		

N° 4.

Aux électeurs des départements de la Seine, de l'Yonne, de la Sarthe et de la Charente-Inférieure.

« Citoyens, vos suffrages me pénètrent de reconnaissance. Cette marque de sympathie, d'autant plus flatteuse que je ne l'avais point sollicitée, vient me trouver au moment où je regrettais de rester inactif alors que la patrie a besoin du concours de tous ses enfants pour sortir des circonstances difficiles où elle se trouve placée.

» Votre confiance m'impose des devoirs que je saurai remplir : nos intérêts, nos sentiments, nos vœux sont les mêmes. Enfant de Paris, aujourd'hui Représentant du peuple, je joindrai mes efforts à ceux de mes collègues pour rétablir l'ordre, le crédit, le travail; pour assurer la paix extérieure, pour consolider les institutions démocratiques, et concilier entre eux des intérêts qui semblent hostiles aujourd'hui parce qu'ils se soupçonnent et se heurtent, au lieu de marcher ensemble vers un but unique, la prospérité et la grandeur du pays.

» Le peuple est libre depuis le 24 février ; il peut tout obtenir sans avoir recours à la force brutale. Rallions-nous donc autour de l'autel de la patrie, sous le drapeau de la République, et donnons au monde ce grand spectacle d'un peuple qui se régénère sans violence, sans guerre civile, sans anarchie.

» Recevez, mes chers concitoyens, l'assurance de mon dévouement et de mes sympathies.

» LOUIS-NAPOLÉON BONAPARTE.

» Londres, le 11 juin 1848. »

N° 5.

*Lettre-manifeste du comte de Chambord, publiée par l'*Indépendant de l'Ouest.

« Froshdorf, 1er juin 1848.

» Je viens de lire, Monsieur, la prétendue lettre adressée par moi au président de l'Assemblée nationale, imprimée et publiée à Paris, le 15 mai dernier. Je sais aussi qu'il a été répandu plusieurs autres lettres qui tendraient à faire croire que j'ai renoncé au doux espoir de revoir ma chère patrie. Aucune de ces lettres n'est de moi.

» Ce qu'il y a de vrai, c'est mon amour pour la France ; c'est le sentiment profond que j'ai de ses droits, de ses intérêts, de ses besoins dans les temps actuels ; c'est la disposition où je suis de me dévouer tout entier, de me sacrifier à elle, si la Providence me juge digne de cette noble et sainte mission. Français avant tout, je n'ai jamais souffert, je ne souffrirai jamais que mon nom soit prononcé lorsqu'il ne pourrait être qu'une cause de divisions et de troubles. Mais si les espérances du pays sont encore une fois trompées; si la France, lasse enfin de ces expériences qui n'aboutissent qu'à la tenir perpétuellement sur un abîme, tourne vers moi ses regards et prononce elle-même mon nom comme un gage de sécurité et de salut, comme la garantie véritable des droits et de la liberté de tous, qu'elle se souvienne alors que mon bras, que mon cœur, que ma vie, que tout est à elle, et qu'elle peut compter sur moi.

» Je vous renouvelle, Monsieur, l'assurance de toute mon affection.

» HENRI. »

N° 6.

I. *Affiche faite pendant les événements de juin.*

AU NOM DU PEUPLE SOUVERAIN.

Citoyens!

Sur les barricades de février, les hommes que nous avions investis du titre de membres du Gouvernement provisoire nous avaient promis une République démocratique et sociale ; ils nous firent des promesses, et nous, confiants dans leurs paroles, nous avions abandonné nos barricades. Depuis quatre mois, qu'ont-ils fait? Ils ont manqué à leurs serments, car ils n'ont pas tenu ce qu'ils avaient promis.

Nous, citoyens du poste de la mairie du 8e arrondissement,

Demandons :

Une République démocratique et sociale;

L'association libre du travail, aidée par l'Etat;

La mise en accusation des Représentants du peuple et des ministres,

Et l'arrestation immédiate de la Commission exécutive.

Nous demandons l'éloignement des troupes de Paris.

Citoyens, songez que vous êtes souverains. Souvenez-vous de notre devise : LIBERTÉ, ÉGALITÉ, FRATERNITÉ.

Pour les citoyens du poste de la mairie du 8e arrondissement,

J.-J. GUILLET.

II. *Affiche trouvée dans le faubourg Saint-Antoine, le 26 juin.*

AUX ARMES !

Nous voulons la République démocratique et sociale!

Nous voulons la souveraineté du peuple !

Tous les citoyens d'une République ne doivent et ne peuvent vouloir autre chose.

Pour défendre cette République, il faut le concours de tous. Les nombreux démocrates qui ont compris cette nécessité sont déjà descendus dans la rue depuis deux jours.

Cette sainte cause compte déjà beaucoup de victimes, nous sommes tous résolus à venger ces nobles martyrs ou à mourir.

Alerte ! citoyens, que pas un seul de nous ne manque à cet appel !

En défendant la République, nous défendons la propriété.

Si une obstination aveugle vous trouvait indifférents devant tant de sang répandu, nous mourrons tous sous les décombres incendiés du faubourg Saint-Antoine.

Pensez à vos femmes, à vos enfants, vous viendrez à nous !

N° 7.

Note de M. Corne, procureur général, sur les moyens de découvrir les combattants de juin.

Vérifier si les prisonniers ont les lèvres ou les mains noircies de poudre;

Des grains de poudre peuvent être demeurés dans les rides ou crevasses des mains calleuses;

Le pouce qui a servi à armer le chien du fusil doit porter quelquefois une écorchure, le plus souvent une échymose;

L'éclat des capsules lance au vent des fragments qui écorchent la partie supérieure de la main et du pouce;

Le dessous des ongles, les plis de la chair qui les entoure, peuvent encore recéler des traces de poudre;

Les poches des vêtements doivent être scrutées scrupuleusement; elles peuvent contenir quelques grains de poudre ou des capsules;

Le recul du fusil a pu produire à l'épaule sur laquelle la crosse s'est appuyée une contusion;

Les vêtements peuvent être percés par les balles, — trou rond, morceau emporté;

L'oreille placée près de la crosse du fusil doit, dit-on, sentir l'odeur de la poudre huit jours encore après le feu.

N° 8.

Proclamation de l'Assemblée nationale au peuple français.

« Français!

» L'anarchie est vaincue; Paris est debout, et justice sera faite.

» Honneur au courage et au patriotisme de la garde nationale de Paris et des départements!

» Honneur à notre brave et toujours glorieuse armée! Honneur à notre jeune et intrépide garde mobile, à nos écoles, à la garde républicaine, et à tant de généreux volontaires qui sont venus se jeter sur la brèche pour la défense de l'ordre et de la liberté.

» Tous, au mépris de leur vie et avec un courage surhumain, ont refoulé de barricade en barricade et poursuivi jusque dans leurs derniers repaires ces forcenés qui, sans principes, sans drapeau, semblaient ne s'être armés que pour le massacre et le pillage.

» Famille, institutions, liberté, patrie, tout était frappé au cœur, et, sous les coups de ces nouveaux barbares, la civilisation du dix-neuvième siècle était menacée de périr.

» Mais non! la civilisation ne peut pas périr! Non! la République, œuvre de Dieu, loi vivante de l'humanité, la République ne périra pas.

» Nous le jurons par la France tout entière, qui repousse avec horreur ces doctrines sauvages où la famille n'est qu'un nom et la propriété qu'un vol.

» Nous le jurons par le sang de tant de nobles victimes tombées sous des balles fratricides.

» Tous les ennemis de la République s'étaient ligués contre elle dans un effort violent et désespéré. Ils sont vaincus! et désormais aucun d'eux ne peut tenter de nous rejeter dans de sanglantes collisions.

» Le sublime élan qui, de tous les points de la France, a précipité vers Paris ces milliers de soldats citoyens dont l'enthousiasme nous laisse encore tout émus, ne dit-il pas assez que, sous le régime du suffrage universel et direct, le plus grand des crimes est de s'insurger contre la souveraineté du peuple? Et les décrets de l'Assemblée nationale ne sont-ils pas là aussi pour confondre de misérables calomnies, pour proclamer que, dans notre République, il n'y a plus de classes, plus de priviléges possibles; que les ouvriers sont nos frères; que leur intérêt a toujours été pour nous l'intérêt le plus sacré; et qu'après avoir rétabli énergiquement l'ordre et assuré une sévère justice, nous ouvrons nos bras et nos cœurs à tout ce qui travaille et qui souffre parmi nous.

» Français, unissons-nous dans le saint amour de la patrie, effaçons les dernières traces de nos discordes civiles; maintenons fermement toutes les conquêtes de la liberté et de la démocratie!

» Que rien ne nous fasse dévier des principes de notre révolution; mais n'oublions jamais que la société veut être dirigée, que l'égalité et la fraternité ne se développent que dans la concorde et dans la paix, et que la liberté a besoin de l'ordre pour s'affermir et pour se défendre de ses propres excès.

» C'est ainsi que nous consoliderons notre jeune République, et que nous la verrons s'avancer vers l'avenir, de jour en jour plus grande, plus prospère, et puisant une nouvelle force et de nouvelles garanties de durée dans les épreuves mêmes qu'elle vient de traverser. »

N° 9.

I. *Déposition de M. Trouvé-Chauvel, préfet de police, devant la Commission d'enquête, le* 12 *juillet* 1848.

« Son avis est de ne continuer les arrestations que par la préfecture de police et la justice, de manière à faire cesser toute arrestation irrégulière. »

II. On lit dans le *Journal*, par Alphonse Karr, du 19 avril 1848 : « On nous signale un nouveau malentendu en ce qui concerne les transportés. Deux jours après leur départ de Paris, la mise en liberté a été décidée par l'autorité compétente pour quelques-uns d'entre eux, et c'est arrivés à leur destination qu'ils ont appris que leur innocence avait été reconnue. »

III. « Je soussigné Vaubunge, gardien de Paris, atteste que
» j'avais emmené le sieur Lemaire de son domicile, non qu'il fût
» hostile, mais afin qu'il reconnût comme témoin les insurgés
» qui avaient saccagé sa maison et voulu, disait-il, le tuer.
» *C'est par erreur que Lemaire a été confondu avec les insurgés.* »

« Cette pièce est également attestée par tout le commerce de la rue du Petit-Pont, où demeurait Lemaire. Des démarches ont été faites auprès du ministre. Ces démarches n'ont eu aucun résultat. »

(*Le Peuple*, numéro du 22 décembre 1848.)

N° 10.

Documents relatifs aux fusillades en juin 1848.

1. Extrait du rapport de la Commission d'enquête.

Déposition de M. Edmond Adam. — « On a fusillé des prisonniers sans qu'il ait pu l'empêcher. » *Tome I, page* 219.)

Déposition de M. Berryer. — « En revenant, et je crois à la hauteur de la rue Saint-Fiacre, je vis deux hommes que l'on venait d'arrêter et que l'on voulait fusiller. Venez, me dirent quelques personnes, pour empêcher qu'on ne les fusille. Je m'approchai en disant : Ce sont des prisonniers, il faut les épargner ; on peut obtenir d'eux des renseignements. » (*Id., page* 234.)

Déposition de M. de Guise. — « J'ai examiné le caveau dans lequel sont placés les insurgés aux Tuileries, et j'ai reconnu les dangers de l'état sanitaire de cette agglomération d'individus et *de morts*, par suite de l'ordre qu'avaient les gardes nationaux de tirer sur ceux qui ébranleraient le barreau des fenêtres. » (*Id., page* 268.)

Déposition de M. Lacrosse. — « Le 25, il était dans le faubourg Poissonnière avec notre collègue Richer. Ils eurent beaucoup de peine à préserver les insurgés d'être massacrés. » (*Id., page* 299.)

Déposition de M. Lefèvre, inspecteur des prisons. — « Il a vu des hommes tués à coups de baïonnettes et de sabres. Son opposition a été très-vive; on l'a menacé; il a sauvé deux ou trois cents individus; M. Flottard pourra l'attester. C'était la garde mobile qui agissait ainsi. » (*Tome* I, *page* 313.)

Déposition de M. Mayet. — « La garde nationale, exaspérée de son langage (de M. Lagrange), voulait le fusiller à l'instant; nous nous y opposâmes en le plaçant sous la sauvegarde de sa qualité de Représentant du peuple... Le dimanche matin, je fus arrêté et conduit à la mairie du 2e arrondissement... On voulait me fusiller. et je dus de ne pas l'être à la réclamation du secrétaire de M. Arago, que je pus envoyer chercher. » (*Id., page* 324.)

II. Extrait du *Moniteur*.

28 juin 1848. — Le général Lebreton déclare que « depuis trois jours il emploie tous ses efforts pour empêcher que les prisonniers ne soient fusillés sans jugement. »

III. Conseils de guerre.

Audience du 8 *janvier* 1849. *Présidence du colonel Cornemuse.*
Affaire Barthélemy.

Barthélemy. — C'est au citoyen Ribot et aux gardes nationaux qui me conduisaient que je dus de ne pas être fusillé; car, au lieu de me déposer à la caserne de la rue Saint-Martin, ils me conduisirent à la mairie du cinquième arrondissement, parce que les gardes, à cette caserne, fusillaient les prisonniers.

M. le Président. — Nous savons que ces gardes tiraient souvent des coups de fusil au hasard.

Barthélemy. — Je le sais, mais les gardes nationaux qui me conduisaient savaient tellement que *l'on y fusillait les prisonniers* qu'ils ne voulurent pas s'y arrêter. Je pourrais vous signaler des faits de cruauté inouïs exercés contre les insurgés.

M. LE PRÉSIDENT. — Accusé, citez-nous un de ces faits.

Barthélemy raconte deux ou trois faits.

M. LE PRÉSIDENT. — Je ne puis vous laisser continuer. Un pareil récit ne peut que provoquer des sentiments de haine. D'ailleurs, il y a eu des crimes commis de part et d'autre ; mais on les a exagérés, heureusement. Ainsi une femme, avait été accusée d'avoir mutilé des gardes mobiles.

BARTHÉLEMY. — Elle a été acquittée par vous comme innocente.

Audience du 11 septembre 1848. — M. Chaix-d'Est-Ange cite un nommé Vanden, linger, qui fut pris rue Saint-Hyacinthe et fusillé.

Audience du 12 septembre. — M. Trélat, Représentant, affirme que le commandant Gobert, qui accompagnait le général Bréa à la barrière de Fontainebleau, faillit être fusillé comme insurgé par la garde nationale.

Les affaires Legenissel, Testulat, Collot, Lefèvre, Fouchecourt, etc., etc., contiennent des faits articulés devant les conseils de guerre, et qui tous montrent des prisonniers fusillés sans jugement.

Audience du 1er février 1849 ; affaire Bréa. — M. Mathé, Représentant du peuple, raconte l'assassinat de Raguinard, fusillé rue Soufflot. M. Mathé avait été conduit sur le lieu de l'exécution par le capitaine qui la commanda. Indigné de cet assassinat, il e dénonça à l'Assemblée nationale. Il pria le général Cavaignac de faire cesser ces atrocités. Le général répondit que *ses ordres seraient inutiles.*

IV. Lettre de M. Louis Ménard au secrétaire de la rédaction du journal *le Peuple.*

« Citoyen,

» On m'a apporté aujourd'hui un journal carliste qui attaque dans un style des halles le feuilleton que je publie dans votre numéro du lundi.

» Je vois qu'il n'est pas de plus mortelle injure pour certaines gens que le récit de leurs actes ; mais je dois vous dire que je n'ai pas avancé un fait que je ne sois en mesure de prouver. Je n'ai reçu que deux observations sur ce que j'ai raconté jusqu'ici : un capitaine de mobile est venu contester quelques-unes des fusillades du quartier Saint-Jacques en en confirmant d'autres, sans toutefois vouloir adresser au journal une rectification signée ; d'autre part, un insurgé m'écrit que les barricades du faubourg Saint-Denis contenaient moins de bonapartistes que je ne l'avais avancé, et m'a prié de rectifier ce fait pour l'honneur de sa barricade.

» Il y a loin de là aux démentis donnés chaque jour par les conseils de guerre aux atroces calomnies publiées dans les premiers jours de juillet par certaines feuilles que la pudeur me défend de nommer.

» J'invite messieurs les royalistes à ne pas insister sur une polémique dont le résultat pourrait être une enquête qui ne tournerait pas à leur avantage. Qu'ils me fusillent, c'est plus sûr et c'est leur métier.

» Salut et fraternité.

» LOUIS MÉNARD. »

(*Le Peuple*, 7 février 1849.)

V. Lettre adressée à *l'Opinion publique* et que ce journal a refusé d'insérer.

« Monsieur,

» C'est à tort que vous éprouvez une si vive indignation en signalant dans le feuilleton du *Peuple* le récit des événements de juin, car il est au-dessous de la vérité. A mon tour je vais vous rapporter quelques faits, et vous comprendrez, j'en suis sûr, que si vous vous borniez à les déplorer, vous serviriez mieux votre cause qu'en les niant.

» Vous allez me supposer républicain rouge, eh bien ! je vous assure qu'il n'en est point ainsi.

» Demandez au concierge du grenier d'abondance si une trentaine d'individus ne furent pas pris, le 24 juin, dans les petites maisons rouges à l'embouchure du canal dans la Seine, et fusillés sur le pont d'Austerlitz, quoique beaucoup de ces malheureux eussent été arrêtés sans armes.

» Informez-vous dans la rue Sainte-Avoie et dans tout le quartier de ce qui s'y est passé. — Après l'évasion des prisonniers sur la place du Carrousel, il a été fusillé de 30 à 40 individus par la garde marine, près la rue de Chartres et des Ecuries, et cela plus d'une heure après que l'on s'était reconnu. — Des individus qui avaient été arrêtés près du boulevard des Italiens parce qu'ils fuyaient, furent ramenés là, et fusillés sans que personne eût constaté leur identité.

» Le mercredi matin 28, à six heures, on a fusillé six hommes le long des murs du cimetière Montmartre. J'étais alors dans ce cimetière occupé à chercher un ami tué dans les rangs de la garde nationale; j'ai vu les cadavres des suppliciés chauds et palpitants.

» Le neveu de mon fruitier, jeune homme de seize ans, a été fusillé parce qu'on a trouvé des balles dans sa poche. A la caserne Bonne-Nouvelle, on a assassiné des prisonniers dans les bras d'hommes de cœur qui s'indignaient de pareilles cruautés et voulaient les empêcher.

» Hélas ! monsieur, le sang appelle le sang !

» QUÉTIN. »

(*Le Peuple*, 26-27 février 1849.)

N° 11.

Liste des Associations ouvrières.

82 professions. — 175 associations.

Arçonniers, rue des Petits-Hôtels, 23.
Bandagistes et orthopédistes, rue Saint-Denis, 358.
— — passage du Ponceau, 21.
Bijouterie, rue Saint-Martin, 353.
Billardiers, rue du Faubourg-Saint-Denis, 34.
Blanchisseurs-apprêteurs d'étoffes, quai de la Gare-d'Ivry, 32.
Blanchisseuses, rue Folie-Méricourt, 35.
— rue Croulebarbe, 27.
— rue de Bréda, 21.
Bonnetiers, passage Holzbecher, rue des Trois-Bornes, 29.
— rue Fontaine-au-Roi, 46.
— rue de la Vannerie, 47.
Bouchers, Grande-Rue, à la Chapelle-Saint-Denis, 28.
— rue Saint-Martin, 170.
Boulangers, rue Vincent, à Belleville.
— chaussée Clignancourt, 46.
— rue de la Glacière, 32.
— rue d'Enfer, 7.
Boutonniers en corne (en tous genres), rue de Malte, 36.
— en métal, rue Fontaine-au-Roi, 20.

Brossiers, rue de Bondy, 76.
— rue Saint-Denis, 256.
Cartonniers, rue des Gravilliers, 18.
Casquettes (ouvrières en), rue Saint-Germain-l'Auxerrois, 45. — Dépôts: à Paris, rue Dauphine, 11, à l'Association des chapeliers; à l'Association des tailleurs de Puteaux, et, au Bourget, chez le citoyen Barat, tailleur.
Chapeliers (Société fraternelle), rue des Trois-Pavillons, 5.
— rue Saint-Jacques, 51.
— place de la Bourse (maison Aubert).
— rue de Paris, 117, à Belleville.
— (Société égalitaire), boulevart Saint-Denis, 4.
— passage Jouffroy, 21, 23.
Charpentiers, boulevart Beaumarchais, 42.
Chaussonniers, rue Jean-l'Epine, 11.
Chemisiers, rue du Faubourg-Montmartre, 21.
Cloutiers, rue Château-Landon, 6.
Coiffeurs, rue des Gravilliers, 18.
— rue de la Montagne-Sainte-Geneviève, 6.
— rue Jean-Robert, 22, et rue Michel-Lecomte, 37.
— rue Saint-Denis, 278.
— rue du Faubourg-Saint-Denis, 11.
— rue Cadet, 2.
— rue de la Vannerie, 42.
— rue Saint-Honoré, 87.
— rue Ménilmontant, 18.
— rue Saint-Denis, 57.
— Grande-Rue de la Chapelle, 69.
— rue Saint-Martin, 231.
— rue Saint-Honoré, 188.
— rue de la Nation, 19, à Montmartre.
— rue Saint-Nicolas, 26 (faubourg Saint-Antoine).
— Grande-Rue, 17, aux Batignolles.

Compas (ouvriers en), rue Quincampoix, 29.

Cordonniers, place du Louvre, 26.

— rue Saint-Honoré, 22.

— rue du Faubourg-Saint-Denis, 15.

— rue de la Réale, 6.

— (la Famille), rue Rambuteau, 57.

— rue Bailleul, 6.

Cordonniers et corroyeurs, rue du Cadran, 23.

Corroyeurs, rue de la Terrasse, 40, à Monceaux. — Dépôt : rue du Renard-Saint-Sauveur, 6.

Corsetières, rue Saint-Honoré, 145.

Couteliers, fabricants d'instruments de chirurgie, 6, place de l'Ecole-de-Médecine.

Couvreurs-zingueurs, rue Montmartre, 23.

Cuisiniers, barrière du Maine, 36.

— rue Quincampoix, 62.

— rue Simon-Lefranc, 19.

— barrière Pigale, 36.

— rue des Canettes, 16.

— barrière des Amandiers, 4.

— rue Phélippeaux, 17.

— barrière des Trois-Couronnes, 34.

— rue Saint-André-des-Arts, 24 *bis*.

— rue des Fossés-Saint-Germain-l'Auxerrois, 24.

— rue Galande, 32.

— rue du Temple, 35.

— rue de la Heaumerie, 5.

— rue des Poissonniers, 40, à la barrière Poissonnière.

— rue du Faubourg-du-Temple, 58.

— impasse des Couronnes, 6, à La Chapelle.

— rue Fontaine-Molière, 4.

— chaussée Clignancourt, 30, à Montmartre.

— rue de Clamart, 6, à Châtillon.

Cuisiniers, rue du Bel-Air, 25, barriere de l'Étoile.
— rue du Faubourg-Saint-Denis, 23.
— barrière de Sèvres, 37.
— rue du Temple, 28.
— cour des Bleus, rue Saint-Denis.
— rue Dauphine, 44.
— rue du Cimetière-Saint-Nicolas, 19,

Dessinateurs sur étoffes, boulevart Poissonnière, 14.

Dessinateurs pour cachemires.

Ebénistes, rue Charonne, 7 (cour Saint-Joseph).

Ebénistes en fauteuils, rue Charonne, 7 (cour Saint-Joseph).

Ecrivains-autographes, rue Villedo, 15.

Epiciers, rue du Cadran, 7.
— rue du Faubourg-Saint-Antoine, 102.

Ferblantiers, rue du Faubourg-Saint-Denis, 24.
— rue de Bondy, 70.

Fondeurs en fer, rue Neuve-Saint-Etienne-Saint-Marcel, 4.

Formiers, rue du Cadran, 12.

Graveurs, rue des Vieux-Augustins, 64.

Graveurs sur bois (Association fraternelle), pour l'illustration typographique, rue Bertin-Poirée.
— — quai Bourbon, 39.

Horlogers, rue de Berry, 8, au Marais.

Imprimeurs-typographes, rue de Seine, 32.
— — rue Montmartre, 154.
— — rue Gaillon, 34.
— — rue du Paon, 2.

Imprimeurs-lithographes, passage du Caire.

Imprimeurs sur étoffes, à Saint-Denis.

Instruments de musique, rue des Poissonniers, 37, à Montmartre.

Libraires-unis, propagation des bons livres (Association fraternelle), passage du Caire, 63.

Limes (ouvriers en), rue Phélippeaux, 27, passage de la Marmite.
— 1re succursale : 13, rue Saint-Nicolas, faubourg Saint-Antoine.

Limonadiers, faubourg Saint-Martin.
— cour des Fontaines.

Lingères, rue de la Corderie-Saint-Honoré, 7.
— rue Montmartre, 55.
— rue du Faubourg-Saint-Denis, 23.
— rue Richelieu, 44.

Lits et meubles en fer (fabrique de), rue Dupetit-Thouars, cité Boufflers, 5.

Lunetiers, rue Saint-Martin, 180, entrée rue Jean-Robert, 28.

Maçons et tailleurs de pierres, rue Geoffroy-Lasnier, 11.
— — rue Saint-Victor, 155.

Marbriers, rue Fontaine-Saint-Georges, 46.
— rue Boucherat.

Mécaniciens, rue de Charonne, 74.
— rue des Ecluses-Saint-Martin.

Médecins, rue Montmartre, 20.

Mégissiers, rue Saint-Hippolyte-Saint-Marcel, 13.

Menuisiers en bâtiment, rue de Babylone, 47.
— — rue de Sèvres.
— — rue Gessaint, à La Chapelle.
— — rue de l'Ecole-de-Médecine, 109.

Orfèvres, rue de Lancry, 11.

Œufs, beurre, fromage (Association), rue Saint-Honoré, 49.

Papetiers, rue du Grand-Prieuré, 10.

Passementiers, rue Neuve-Chabrol, 11.

Pâtissiers, rue Richelieu, 22.

Paveurs, rue de Chabrol, 16.

Peignes de corne et d'écaille (ouvriers en), rue Grenétat, 4.
— — rue Bourg-l'Abbé, 37.

Peintres en bâtiment, rue des Arcis, 52.

Peintres en bâtiments, rue Labruyère, 10.
— — rue Paradis-Poissonnière, 40.
— — rue des Arcis, 28.
Pharmacie, droguerie, herboristerie, rue Constantine, 26.
— — — rue du Temple, 55.
— — — rue du Four-Saint-Germain.
Pianos (ouvriers en), rue de Chabrol, 32.
Poëliers-fumistes, rue Poultier, 8.
— — rue Maubuée, 11.
Porcelainiers, faubourg Montjéni, à Limoges.
Potiers de terre, rue Copeau, 39.
Registres et papeterie (fabricants de), rue Montmorency, 1.
Rouennerie (blouses et pantalons de travail), rue du Faubourg-Saint-Antoine, 45.
— rue Montdétour, 3.
Scieurs à la mécanique, siége de la société, au Gond, près Angoulême. — Succursale : quai Valmy, 3 et 5.
Selliers, rue Neuve-Fontaine-Saint-Georges, 9.
Serruriers et mécaniciens, rue du Grand-Hurleur, 5.
— — rue Vieille-du-Temple, 80.
Tailleurs, rue du Faubourg-Saint-Denis, 23. — 1re succursale : à Puteaux, rue Saint-Denis.
Tapissiers, rue de Charonne, 7 (cour Saint-Joseph).
— rue de Sèvres, 129.
Teinturiers en soie, rue de la Calandre, 20.
Teneurs de livres, boulevart Saint-Ange, 8, à La Chapelle.
Tourneurs en chaises, rue Amelot, 64.
Tourneurs en bois, rue de Charonne, 7 (cour Saint-Joseph).
Vins (marchands de), rue de Poitou, 36.
— — rue Saint-Victor, 118.
— — rue Jean-Robert, 8.
Voitures (ouvriers en), rue de Lille, 8, à la Grande-Villette.

N° 12.

CONSTITUTION DE 1848.

En présence de Dieu, et au nom du peuple français, l'Assemblée nationale proclame :

I. La France s'est constituée en république. En adoptant cette forme définitive du gouvernement, elle s'est proposé pour but :

De marcher plus librement dans la voie du progrès et de la civilisation ;

D'assurer une répartition de plus en plus équitable des charges et des avantages de la société ;

L'aisance de chacun par la réduction graduée des dépenses publiques et des impôts ;

Et de faire parvenir tous les citoyens, sans nouvelle commotion, par fraction successive et constante des institutions et des lois, à un degré toujours plus élevé de moralité, de lumières et de bien-être.

II. La République française est démocratique, une et indivisible.

III. Elle reconnait des droits et des devoirs antérieurs et supérieurs aux lois positives.

IV. Elle a pour principe la liberté, l'égalité et la fraternité.

Elle a pour bases la famille, le travail, la propriété, l'ordre public.

V. Elle respecte les nationalités étrangères, comme elle entend faire respecter la sienne, n'entreprend aucune guerre dans des vues de conquête, et n'emploie jamais ses forces contre la liberté d'aucun peuple.

VI. Des devoirs réciproques obligent les citoyens envers la République, et la République envers les citoyens.

VII. Les citoyens doivent aimer la patrie, servir la République, la défendre au prix de leur vie, participer aux charges de l'Etat en proportion de leur fortune; ils doivent s'assurer, par le travail, des moyens d'existence, et, par la prévoyance, des ressources pour l'avenir : ils doivent concourir au bien-être commun, en s'entr'aidant fraternellement les uns les autres, et à l'ordre général en observant les lois morales et les lois écrites qui régissent la société, la famille et l'individu.

VIII. La République doit protéger le citoyen dans sa personne, sa famille, sa religion, sa propriété, son travail et mettre à la portée de chacun l'instruction indispensable à tous les hommes; elle doit, par une assistance fraternelle, assurer l'existence des citoyens nécessiteux, soit en leur procurant du travail dans les limites de ses ressources, soit en donnant, à défaut de famille, des secours à ceux qui sont hors d'état de travailler.

En vue de l'accomplissement de tous ces devoirs, et pour la garantie de tous ces droits, l'Assemblée nationale, fidèle aux traditions des grandes assemblées qui ont inauguré la révolution française, décrète, ainsi qu'il suit, la constitution de la République :

CHAPITRE Ier.

De la Souveraineté.

Art. 1er. La souveraineté réside dans l'universalité des citoyens français.

Elle est inaliénable et imprescriptible.

Aucun individu, aucune fraction du peuple ne peut s'en attribuer l'exercice.

CHAPITRE II.

Droits des citoyens garantis par la Constitution.

Art. 2. Nul ne peut être arrêté ou détenu que suivant les prescriptions de la loi.

Art. 3. La demeure de toute personne habitant le territoire français est inviolable; il n'est permis d'y pénétrer que selon les formes et dans les cas prévus par la loi.

Art. 4. Nul ne sera distrait de ses juges naturels.

Il ne pourra être créé de commissions et de tribunaux extraordinaires, à quelque titre et sous quelque dénomination que ce soit.

Art. 5. La peine de mort est abolie en matière politique.

Art. 6. L'esclavage ne peut exister sur aucune terre française.

Art. 7. Chacun professe librement sa religion et reçoit de l'Etat, pour l'exercice de son culte, une égale protection.

Les ministres, soit des cultes actuellement reconnus par la loi, soit de ceux qui seraient reconnus à l'avenir, ont le droit de recevoir un traitement de l'Etat.

Art. 8. Les citoyens ont le droit de s'associer, de s'assembler paisiblement et sans armes, de pétitionner, de manifester leurs pensées par la voie de la presse ou autrement.

L'exercice de ces droits n'a pour limites que les droits ou la liberté d'autrui et la sécurité publique.

La presse ne peut, en aucun cas, être soumise à la censure.

Art. 9. L'enseignement est libre.

La liberté d'enseignement s'exerce selon les conditions de capacité et de moralité déterminées par les lois, et sous la surveillance de l'Etat.

Cette surveillance s'étend à tous les établissements d'éducation et d'enseignement, sans aucune exception.

Art. 10. Tous les citoyens sont également admissibles à tous les emplois publics, sans autre motif de préférence que leur mérite, et suivant les conditions qui seront fixées par les lois.

Sont abolis à toujours tout titre nobiliaire, toute distinction de naissance, de classe ou de caste.

Art. 11. Toutes les propriétés sont inviolables. Néanmoins, l'Etat peut exiger le sacrifice d'une propriété pour cause d'utilité publique légalement constatée, moyennant une juste et préalable indemnité.

Art. 12. La confiscation des biens ne pourra jamais être rétablie.

Art. 13. La Constitution garantit aux citoyens la liberté du travail et de l'industrie.

La société favorise et encourage le développement du travail par l'enseignement primaire gratuit, l'éducation professionnelle, l'égalité de rapport entre le patron et l'ouvrier, les institutions de prévoyance et de crédit, les institutions agricoles, les associations volontaires et l'établissement, par l'Etat, les départements et les communes de travaux publics propres à employer les bras inoccupés ; elle fournit l'assistance aux enfants abandonnés, aux infirmes et aux vieillards sans ressources et que leurs familles ne peuvent secourir.

Art. 14. La dette publique est garantie.

Toute espèce d'engagement pris par l'Etat avec ses créanciers est inviolable.

Art. 15. Tout impôt est établi pour l'utilité commune.

Chacun y contribue en proportion de ses facultés et de sa fortune.

Art. 16. Aucun impôt ne peut être établi ni perçu qu'en vertu de la loi.

Art. 17. L'impôt direct n'est consenti que pour un an.

Les impositions indirectes peuvent être consenties pour plusieurs années.

CHAPITRE III.

Des pouvoirs publics.

Art. 18. Tous les pouvoirs publics, quels qu'ils soient, émanent du peuple.

Ils ne peuvent être délégués héréditairement.

Art. 19. La séparation des pouvoirs est la première condition d'un gouvernement libre.

CHAPITRE IV.

Du pouvoir législatif.

Art. 20. Le peuple français délège le pouvoir législatif à une assemblée unique.

Art. 21. Le nombre total des représentants du peuple sera de sept cent cinquante, y compris les représentants de l'Algérie et des colonies françaises.

Art. 22. Ce nombre s'élèvera à neuf cents pour les assemblées qui seront appelées à réviser la Constitution.

Art. 23. L'élection a pour base la population.

Art. 24. Le suffrage est direct et universel. Le scrutin est secret.

Art. 25. Sont électeurs, sans condition de cens, tous les Français âgés de vingt et un ans, et jouissant de leurs droits civils et politiques.

Art. 26. Sont éligibles, sans condition de cens ni de domicile, tous les électeurs âgés de vingt-cinq ans.

Art. 27. La loi électorale déterminera les causes qui peuvent priver un citoyen français du droit d'élire et d'être élu.

Elle désignera les citoyens qui, exerçant ou ayant exercé des fonctions dans un département ou un ressort territorial, ne pourront y être élus.

Art. 28. L'exercice de toute fonction publique rétribuée est incompatible avec le mandat de représentant du peuple.

Aucun membre de l'Assemblée nationale ne peut, pendant la durée de la législature, être nommé ou promu à des fonctions publiques salariées, dont les titulaires sont choisis à volonté par le pouvoir exécutif.

Les exceptions aux dispositions des deux paragraphes précédents seront déterminées par la loi électorale organique.

Art. 29. Les dispositions de l'article précédent ne sont pas applicables aux assemblées élues pour la révision de la Constitution.

Art. 30. L'élection des représentants se fera par département et au scrutin de liste.

Les électeurs voteront au chef-lieu de canton ; néanmoins, en raison des circonstances locales, le canton pourra être divisé en plusieurs circonscriptions, dans la forme et aux conditions qui seront déterminées par la loi électorale.

Art. 31. L'Assemblée nationale est élue pour trois ans, et se renouvelle intégralement.

Quarante-cinq jours au plus tard avant la fin de la législature, une loi détermine l'époque des nouvelles élections. Si aucune loi n'est intervenue dans le délai fixé par le paragraphe précédent, les électeurs se réunissent de plein droit le trentième jour qui précède la fin de la législature.

La nouvelle Assemblée est convoquée de plein droit pour le lendemain du jour où finit le mandat de l'assemblée précédente.

Art. 32. Elle est permanente.

Néanmoins, elle peut s'ajourner à un terme qu'elle fixe.

Pendant la durée de la prorogation, une commission, composée des membres du bureau et de vingt-cinq représentants nommés par l'Assemblée au scrutin secret et à la majorité absolue, a le droit de la convoquer en cas d'urgence.

Le président de la République a aussi le droit de convoquer l'Assemblée.

L'Assemblée nationale détermine le lieu de ses séances ; elle fixe l'importance des forces militaires établies pour sa sûreté, et elle en dispose.

Art. 33. Les représentants sont toujours rééligibles.

Art. 34. Les membres de l'Assemblée nationale sont les représentants, non du département qui les nomme, mais de la France entière.

Art. 35. Ils ne peuvent recevoir de mandat impératif.

Art. 36. Les représentants du peuple sont inviolables.

Ils ne pourront être recherchés, accusés, ni jugés, en aucun temps, pour les opinions qu'ils auront émises dans le sein de l'Assemblée nationale.

Art. 37. Ils ne peuvent être arrêtés en matière criminelle, sauf le cas de flagrant délit, ni poursuivis qu'après que l'Assemblée aura permis la poursuite. En cas d'arrestation pour flagrant délit, il en sera immédiatement référé à l'Assemblée, qui autorisera ou refusera la continuation des poursuites.

Cette disposition s'applique au cas où un citoyen détenu est nommé représentant.

Art. 38. Chaque représentant du peuple reçoit une indemnité à laquelle il ne peut renoncer.

Art. 39. Les séances de l'Assemblée sont publiques.

Néanmoins l'Assemblée nationale peut se former en comité secret, sur la demande du nombre de représentants fixé par le règlement.

Chaque représentant a le droit d'initiative ; il l'exercera selon les formes déterminées par le règlement.

ART. 40. La présence de la moitié plus un des membres de l'Assemblée nationale est nécessaire pour la validité du vote des lois.

ART. 41. Aucun projet de loi, sauf le cas d'urgence, ne sera voté définitivement qu'après trois délibérations, à des intervalles qui ne peuvent être moindres de cinq jours.

ART. 42. Toute proposition ayant pour objet de déclarer l'urgence est précédée d'un exposé des motifs.

Si l'Assemblée est d'avis de donner suite à la proposition d'urgence, elle en ordonne le renvoi dans les bureaux et fixe le moment où le rapport sur l'urgence lui sera présenté.

Sur ce rapport, si l'Assemblée reconnaît l'urgence, elle le déclare et fixe le moment de la discussion.

Si elle décide qu'il n'y a pas urgence, le projet suit le cours des propositions ordinaires.

CHAPITRE V.

Du pouvoir exécutif.

ART. 43. Le peuple français délègue le pouvoir exécutif à un citoyen qui reçoit le titre de président de la République.

ART. 44. Le président doit être né Français, âgé de trente ans au moins, et n'avoir jamais perdu la qualité de Français.

ART. 45. Le président de la République est élu pour quatre ans, et n'est rééligible qu'après un intervalle de quatre années.

Ne peuvent non plus être élus après lui, dans le même intervalle, ni le vice-président, ni aucun des parents ou alliés du président, jusqu'au sixième degré inclusivement.

ART. 46. L'élection a lieu de plein droit le deuxième dimanche du mois de mai.

Dans le cas où par suite de décès, de démission ou de toute autre cause, le président serait élu à une autre époque, ses pouvoirs expireront le deuxième dimanche du mois de mai de la quatrième année qui suivra son élection.

Le président est nommé, au scrutin secret et à la majorité absolue des votants, par le suffrage direct de tous les électeurs des départements français et de l'Algérie.

Art. 47. Les procès-verbaux des opérations électorales sont transmis immédiatement à l'Assemblée nationale, qui statue sans délai sur la validité de l'élection et proclame le président de la République.

Si aucun des candidats n'a obtenu plus de la moitié des suffrages exprimés, et au moins deux millions de voix, ou si les conditions exigées par l'art. 44 ne sont pas remplies, l'Assemblée nationale élit le président de la République à la majorité absolue et au scrutin secret, parmi les cinq candidats éligibles qui ont obtenus le plus de voix.

Art. 48. Avant d'entrer en fonctions, le président de la République prête au sein de l'Assemblée nationale le serment dont la teneur suit :

« En présence de Dieu et au nom du peuple français, représenté par l'Assemblée nationale, je jure de rester fidèle à la République démocratique, une et indivisible, et de remplir tous les devoirs que m'impose la Constitution. »

Art. 49. Il a le droit de faire présenter des projets de lois à l'Assemblée par les ministres.

Il surveille et assure l'exécution des lois.

Art. 50. Il dispose de la force armée, sans pouvoir jamais la commander en personne.

Art. 51. Il ne peut céder aucune portion du territoire, ni dissoudre, ni proroger l'Assemblée nationale, ni suspendre, en aucune manière, l'empire de la Constitution et des lois.

Art. 52. Il présente chaque année, par un message à l'Assemblée nationale, l'exposé de l'état général des affaires de la République.

Art. 53. Il négocie et ratifie les traités.

Aucun traité n'est définitif qu'après avoir été approuvé par l'Assemblée nationale.

Art. 54. Il veille à la défense de l'Etat, mais il ne peut entreprendre aucune guerre sans le consentement de l'Assemblée nationale.

Art. 55. Il a le droit de faire grâce ; mais il ne peut exercer ce droit qu'après avoir pris l'avis du conseil d'État.

Les amnisties ne peuvent être accordées que par une loi.

Le président de la République, les ministres, ainsi que toutes autres personnes condamnées par la haute cour de justice, ne peuvent être graciés que par l'Assemblée nationale.

Art. 56. Le président de la République promulgue les lois au nom du peuple français.

Art. 57. Les lois d'urgence sont promulguées dans le délai de trois jours, et les autres lois dans le délai d'un mois, à partir du jour où elles auront été adoptées par l'Assemblée nationale.

Art. 58. Dans le délai fixé pour la promulgation, le président de la République peut, par un message motivé, demander une nouvelle délibération.

L'Assemblée délibère ; sa résolution devient définitive ; elle est transmise au président de la République.

En ce cas, la promulgation a lieu dans le délai fixé pour les lois d'urgence.

Art. 59. A défaut de promulgation par le président de la République dans les délais déterminés par les articles précédents, il y serait pourvu par le président de l'Assemblée nationale.

Art. 60. Les envoyés et les ambassadeurs des puissances étrangères, sont accrédités auprès du président de la République.

Art. 61. Il préside aux solennités nationales.

Art. 62. Il est logé aux frais de la République et reçoit un traitement de 600,000 fr par an.

Art. 63. Il réside au lieu où siége à l'Assemblée nationale et ne peut sortir du territoire continental de la République, sans y être autorisé par une loi.

Art. 64. Le président de la République nomme et révoque les ministres.

Il nomme et révoque, en conseil des ministres, les agents diplomatiques, les commandants en chef des armées de terre et de mer, les préfets, le commandant supérieur des gardes nationales de la Seine, les gouverneurs de l'Algérie et des colonies, les procureurs généraux et autres fonctionnaires d'un ordre supérieur.

Il nomme et révoque, sur la proposition du ministre compétent, dans les conditions réglementaires déterminées par la loi, les agents secondaires du gouvernement.

Art. 65. Il a le droit de suspendre, pour un terme qui ne pourra excéder trois mois, les agents du pouvoir exécutif élus par les citoyens.

Il ne peut les révoquer que de l'avis du conseil d'État.

La loi détermine le cas où les agents révoqués peuvent être déclarés inéligibles aux mêmes fonctions.

Cette déclaration d'inégibilité ne pourra être prononcée que par un jugement.

Art. 66. Le nombre des ministres et leurs attributions sont fixés par le pouvoir législatif.

Art. 67. Les actes du président de la République, autres que ceux par lesquels il nomme et révoque les ministres, n'ont d'effet que s'ils sont contre-signés par un ministre.

Art. 68. Le président de la République, les ministres, les agents et dépositaires de l'autorité publique, sont responsables, chacun en ce qui le concerne, de tous les actes du gouvernement et de l'administration.

Toute mesure par laquelle le président de la République dissout ou proroge l'Assemblée, ou met obstacle à l'exercice de son mandat, est un crime de haute trahison.

Par ce seul fait, le président est déchu de ses fonctions ; les citoyens sont tenus de lui refuser obéissance ; le pouvoir exécutif passe de plein droit à l'Assemblée nationale ; les juges de la haute cour de justice se réunissent immédiatement à peine de forfaiture ; ils convoquent les jurés dans le lieu qu'ils désignent pour procéder au jugement du président et de ses complices ; ils nomment eux-mêmes les magistrats chargés des fonctions de ministère public.

Une loi déterminera les autres cas de responsabilité, ainsi que les formes et les conditions de la poursuite.

Art. 69. Les ministres ont entrée dans le sein de l'Assemblée nationale ; ils sont entendus toutes les fois qu'ils le demandent, et peuvent se faire assister par des commissaires nommés par un décret du président de la République.

Art. 70. Il y a un vice-président de la République nommé par l'Assemblée nationale, sur la présentation de trois candidats faite par le président, dans le mois qui suit son élection.

Le vice-président ne pourra être choisi parmi les parents et alliés du président jusqu'au sixième degré inclusivement.

En cas d'empêchement du président, le vice-président le remplace.

Si la présidence devient vacante par décès, démission du président ou autrement, il est procédé, dans le mois, à l'élection du président.

CHAPITRE VI.

Du Conseil d'État.

Art. 71. Il y aura un conseil d'État, dont le vice-président de la République sera de droit président.

Art. 72. Les membres de ce conseil sont nommés pour six ans par l'Assemblée nationale. Ils sont renouvelés par moitié dans les deux premiers mois de chaque législature, au scrutin secret et à la majorité absolue.

Ils sont indéfiniment rééligibles.

Art. 73. Ceux des membres du conseil d'État qui auront été pris dans le sein de l'Assemblée, seront immédiatement remplacés comme représentants du peuple.

Art. 74. Les membres du conseil d'État ne peuvent être révoqués que par l'Assemblée, et sur la proposition du président de la République.

Art. 75. Le conseil d'État est consulté sur les projets de loi du gouvernement, qui, d'après la loi, devront être soumis à son examen préalable, et sur les projets d'initiative parlementaire que l'Assemblée lui aura renvoyés.

Il prépare les règlements d'administration publique ; il fait seul ceux de ces règlements à l'égard desquels l'Assemblée nationale lui a donné une délégation spéciale.

Il exerce, à l'égard des administrations publiques, tous les pouvoirs de contrôle et de surveillance qui lui sont déférés par la loi.

CHAPITRE VII.

De l'Administration intérieure.

Art. 76. La division du territoire en départements, arrondissements, cantons et communes, est maintenue. Les circonscriptions actuelles ne pourront être changées que par la loi.

Art. 77. Il y a : 1o dans chaque département, une administration composée d'un préfet, d'un conseil général, d'un conseil de préfecture;

2o Dans chaque arrondissement, un sous-préfet ;

3o Dans chaque canton, un conseil cantonal ; néanmoins, un

seul conseil cantonal sera établi dans les villes divisées en plusieurs cantons;

4° Dans chaque commune, une administration composée d'un maire, d'adjoints et d'un conseil municipal.

Art. 78. Une loi déterminera la composition et les attributions des conseils généraux, des conseils cantonaux, des conseils municipaux, et le mode de nomination des maires et des adjoints.

Art. 79. Les conseils généraux et les conseils municipaux sont élus par le suffrage direct de tous les citoyens domiciliés dans le département ou dans la commune. Chaque canton élit un membre du conseil général.

Une loi spéciale réglera le mode d'élection dans le département de la Seine, dans la ville de Paris et dans les villes de plus de vingt mille âmes.

Art. 80. Les conseils généraux, les conseils cantonaux et les conseils municipaux peuvent être dissous par le président de la République, de l'avis du conseil d'État. — La loi fixera le délai dans lequel il sera procédé à l'élection.

CHAPITRE VIII.

Du pouvoir exécutif.

Art. 81. La justice est rendue gratuitement au nom du peuple français.

Les débats sont publics, à moins que la publicité ne soit dangereuse pour l'ordre ou les mœurs; et, dans ce cas, le tribunal le déclare par un jugement.

Art. 82. Le jury continuera d'être appliqué en matière criminelle.

Art. 83. La connaissance de tous les délits politiques et de tous les délits commis par la voie de la presse appartient exclusivement au jury.

Les lois organiques détermineront la compétence, en matière de délit et de diffamation contre les particuliers.

Art. 84. Le jury statue seul sur les dommages-intérêts réclamés pour faits ou délits de presse.

Art. 85. Les juges de paix et leurs suppléants, les juges de première instance et d'appel, les membres de la cour de cassation et de la cour des comptes, sont nommés par le président de la République, d'après un ordre de candidature ou d'après des conditions qui seront réglées par les lois organiques.

Art. 86. Les magistrats du ministère public sont nommés par le président de la République.

Art. 87. Les juges de première instance et d'appel, les membres de la cour de cassation et de la cour des comptes sont nommés à vie.

Ils ne peuvent être révoqués ou suspendus que par un jugement, ni mis à la retraite que pour les causes et dans les formes déterminées par les lois.

Art. 88. Les conseils de guerre et de révision des armées de terre et de mer, les tribunaux maritimes, les tribunaux de commerce, les prud'hommes et autres tribunaux spéciaux, conservent leur organisation et leurs attributions actuelles, jusqu'à ce qu'il y ait été dérogé par une loi.

Art. 89. Les conflits d'attributions entre l'autorité administrative et l'autorité judiciaire seront réglés par un tribunal spécial des membres de la cour de cassation et de conseillers d'Etat, désignés tous les trois ans en nombre égal par leurs corps respectifs.

Ce tribunal sera présidé par le ministre de la justice.

Art. 90. Les recours pour incompétence et excès de pouvoir contre les arrêts de la cour des comptes, seront portés devant la juridiction de la cour des conflits.

Art. 91. Une haute cour de justice juge, sans appel ni recours en cassation, les accusations portées par l'Assemblée nationale contre le président de la République ou les ministres.

Elle juge également toutes personnes prévenues de crimes, attentats ou complots contre la sûreté intérieure ou extérieure de l'Etat, que l'Assemblée nationale aura renvoyées devant elle.

Sauf le cas prévu par l'article 68, elle ne peut être saisie qu'en vertu d'un décret de l'Assemblée nationale, qui désigne la ville où la cour tiendra ses séances.

ART. 92. La haute cour est composée de cinq juges et de trente-six jurés. Chaque année, dans les quinze premiers jours du mois de novembre, la cour de cassation nomme, parmi ses membres, au scrutin secret et à la majorité absolue, les juges de la haute cour, au nombre de cinq et deux suppléants; les cinq juges appelés à siéger feront choix de leur président.

Les magistrats remplissant les fonctions du ministère public sont désignés par le président de la République, et, en cas d'accusation du président ou des ministres, par l'Assemblée nationale.

Les jurés, au nombre de trente-six, et quatre jurés suppléants, sont pris parmi les membres des conseils généraux des départements.

Les représentants du peuple n'en peuvent faire partie.

ART. 93. Lorsqu'un décret de l'Assemblée nationale a ordonné la formation de la haute cour de justice, et dans le cas prévu par l'article 68, sur la réquisition du président ou de l'un des juges, le président de la cour d'appel, et, à défaut de la cour d'appel, le président du tribunal de première instance du département, tire au sort, en audience publique, le nom d'un membre du conseil général.

ART. 94. Au jour indiqué pour le jugement, s'il y a moins de 60 jurés présents, ce nombre sera complété par des jurés supplémentaires tirés au sort par le président de la haute cour parmi les membres du conseil général du département où siégera la cour.

Art. 95. Les jurés qui n'auront pas produit d'excuse valable seront condamnés à une amende de 1,000 à 10,000 fr., et à la privation des droits politiques pendant cinq ans au plus.

Art. 96. L'accusé et le ministère public exercent le droit de récusation comme en matière ordinaire.

Art. 97. La déclaration du jury, portant que l'accusé est coupable, ne peut être rendue qu'à la majoritié des deux tiers des voix.

Art. 98. Dans tous les cas de responsabilité des ministres, l'Assemblée nationale peut, selon les circonstances, renvoyer le ministre inculpé, soit devant la haute cour de justice, soit devant les tribunaux ordinaires pour les réparations civiles.

Art. 99. L'Assemblée nationale et le président de la République peuvent, dans tous les cas, déférer l'examen des actes de tout fonctionnaire autre que le président de la République, au conseil d'Etat, dont le rapport est rendu public.

Art. 100. Le président de la République n'est justiciable que de la haute cour de justice ; il ne peut, à l'exception du cas prévu par l'article 68, être poursuivi que sur l'accusation portée par l'Assemblée nationale et pour crimes et délits qui seront déterminés par la loi.

CHAPITRE IX.

De la force publique.

Art. 101. La force publique est instituée pour défendre l'Etat contre les ennemis du dehors, et pour assurer au dedans le maintien de l'ordre et l'exécution des lois.

Elle se compose de la garde nationale et de l'armée de terre et de mer.

Art. 102. Tout Français, sauf les exceptions fixées par la loi, doit le service militaire et celui de la garde nationale.

La faculté pour chaque citoyen de se libérer du service militaire personnel sera réglée par la loi du recrutement.

Art. 103. L'organisation de la garde nationale et la constitution de l'armée seront réglées par la loi.

Art. 104. La force publique est essentiellement obéissante.

Nul corps armé ne peut délibérer.

Art. 105. La force publique, employée pour maintenir l'ordre à l'intérieur, n'agit que sur la réquisition des autorités constituées, suivant les règles déterminées par le pouvoir législatif.

Art. 106. Une loi déterminera les cas dans lesquels l'état de siége pourra être déclaré, et réglera les formes et les effets de cette mesure.

Art. 107. Aucune troupe étrangère ne peut être introduite sur le territoire français sans le consentement préalable de l'Assemblée nationale.

CHAPITRE X.

Dispositions particulières.

Art. 108. La Légion d'honneur est maintenue; ses statuts seront révisés et mis en harmonie avec la Constitution.

Art. 109. Le territoire de l'Algérie et des colonies est déclaré territoire français et sera régi par des lois particulières, jusqu'à ce qu'une loi spéciale les place sous le régime de la présente Constitution.

Art. 110. L'Assemblée nationale confie le dépôt de la présente Constitution et des lois qu'elle consacre à la garde et au patriotisme de tous les Français.

CHAPITRE XI.

De la révision de la Constitution.

Art. 111. Lorsque, dans la dernière année d'une législature, l'Assemblée nationale aura émis le vœu que la Constitution soit modifiée en tout ou en partie, il sera procédé à cette révision de la manière suivante :

Le vœu exprimé par l'Assemblée nationale ne sera converti en résolution définitive qu'après trois délibérations successives, prises chacune à un mois d'intervalle et aux trois quarts des suffrages exprimés. Le nombre des votants devra être de cinq cents au moins.

L'Assemblée de révision ne sera nommée que pour trois mois. Elle ne devra s'occuper que de la révision pour laquelle elle aura été convoquée.

Néanmoins, elle pourra, en cas d'urgence, pourvoir aux nécessités législatives.

CHAPITRE XII.

Dispositions transitoires.

Art. 112. Les dispositions des codes, lois et règlements existants, qui ne sont pas contraires à la présente Constitution, restent en vigueur jusqu'à ce qu'il y soit légalement dérogé.

Art. 113. Toutes les autorités constituées par les lois actuelles demeurent en exercice jusqu'à la promulgation des lois organiques qui les concernent.

Art. 114. La loi d'organisation judiciaire déterminera le mode spécial de la nomination pour la première composition des nouveaux tribunaux.

Art. 115. Après le vote de la Constitution, il sera procédé, par l'Assemblée nationale constituante, à la rédaction des lois organiques dont l'énumération sera déterminée par une loi spéciale.

Art. 116. Il sera procédé à la première élection du président de la République conformément à la loi rendue par l'Assemblée nationale, le 28 octobre 1848.

N° 13.

Instructions données par le ministre des affaires étrangères à M. de Courcelles.

« Monsieur et cher collègue,

» Vous connaissez les déplorables événements qui se sont passés dans la ville de Rome, et qui ont réduit le saint-père à une sorte de captivité.

» En présence de ces événements, le gouvernement de la République vient de décider que quatre frégates à vapeur, portant à leurs bords une brigade de 3,500 hommes, seraient dirigées sur Civita-Vecchia.

» Il a décidé également que vous vous rendriez à Rome en qualité d'envoyé extraordinaire. Votre mission a pour but d'intervenir, au nom de la République française, pour faire rendre à Sa Sainteté sa liberté personnelle, si elle en a été privée. Si même il entrait dans son intention, vu les circonstances actuelles, de se retirer momentanément sur le territoire de la République, vous assurerez, autant qu'il sera en vous, la réalisation de ce vœu, et vous assurerez le pape qu'il trouvera au sein de la nation française un accueil digne d'elle et digne aussi des vertus dont il a donné tant de preuves.

» Vous n'êtes autorisé à intervenir dans aucune des questions politiques qui s'agitent à Rome. Il appartient à l'Assemblée nationale seule de déterminer la part qu'elle voudra faire prendre à la République dans les mesures qui devront concourir au rétablissement d'une situation régulière dans les États-de-l'Eglise. Pour le moment, vous avez, au nom du gouvernement qui vous envoie, et qui en cela reste dans les limites des pouvoirs qui lui ont été confiés, à assurer la liberté et le respect de la personne du pape.

» A votre arrivée devant Civita-Vecchia, vous débarquerez de votre personne pour vous rendre auprès de M. d'Harcourt, avec lequel vous aurez à vous entendre pour agir ensuite conjointement dans la ligne qui vous est tracée par le gouvernement. Vous ne ferez débarquer les troupes mises à votre disposition que dans le cas où, soit à Civita-Vecchia même, soit dans un rayon extérieur proportionné à leur effectif, elles pourraient concourir à assurer le succès de votre mission. Des mesures sont prises pour renforcer cette brigade, si cela devenait nécessaire, et vous recevrez sans doute des instructions ultérieures plus développées, si l'Assemblée nationale l'a jugé convenable.

» Je ne saurais trop insister pour vous faire comprendre que votre mission n'a et ne peut avoir, pour le moment, d'autre but que d'assurer la sûreté personnelle du saint-père, et, dans un cas extrême, sa retraite momentanée sur le territoire de la République. Vous aurez soin de proclamer hautement que vous n'avez à intervenir à aucun titre dans les dissentiments qui séparent aujourd'hui le saint-père des peuples qu'il gouverne.

» La République, mue par un sentiment qui est une vieille tradition pour la nation française, se porte au secours de la personne du pape, elle ne pense pas à autre chose. Votre mission est délicate, elle exige une grande sûreté de vues et d'appréciation ; le gouvernement de la République a pleine confiance dans les sentiments qui vont vous diriger.

» Je dois insister aussi sur l'emploi que vous pouvez avoir à faire des troupes qui sont confiées à votre direction supérieure. Leur débarquement ne doit être opéré qu'autant que, dans le rayon très-court où il leur sera possible d'agir, elles pourraient concourir au seul résultat que vous ayez à atteindre, la sûreté du pape.

» Il est possible que les événements vous paraissent faire ressortir des nécessités que je ne prévois pas ici ; dans ce cas, vous auriez à prendre sans délai les ordres du gouvernement de la République, qui, suivant les cas et les propositions que vous aurez eu à lui faire, se décidera soit par son initiative, soit après avoir pris les ordres de l'Assemblée. »

N° 14.

Discours prononcé par le président de la République dans la séance du 20 décembre 1848.

« Citoyens représentants,

» Les suffrages de la nation et le serment que je viens de prêter commandent ma conduite future. Mon devoir est tracé; je le remplirai en homme d'honneur.

» Je verrai des ennemis de la patrie dans tous ceux qui tenteraient de changer, par des voies illégales, ce que la France entière a établi.

» Entre vous et moi, citoyens représentants, il ne saurait y avoir de véritables dissentiments. Nos volontés, nos désirs sont les mêmes.

» Je veux, comme vous, rassurer la société sur ses bases, affermir les institutions démocratiques et rechercher tous les moyens propres à soulager les maux de ce peuple généreux et intelligent qui vient de me donner un témoignage si éclatant de sa confiance.

» La majorité que j'ai obtenue, non-seulement me pénètre de reconnaissance, mais elle donnera au gouvernement nouveau la force morale sans laquelle il n'y a pas d'autorité.

» Avec la paix et l'ordre, notre pays peut se relever, guérir ses plaies, ramener les hommes égarés et calmer les passions.

» Animé de cet esprit de conciliation, j'ai appelé près de moi des hommes honnêtes, capables et dévoués au pays, assuré que, malgré les diversités d'origine politique, ils sont d'accord pour concourir avec vous à l'application de la constitution, au perfectionnement des lois, à la gloire de la République.

» La nouvelle administration, en entrant aux affaires, doit remercier celle qui la précède des efforts qu'elle a faits pour transmettre le pouvoir intact, pour maintenir la tranquillité publique.

» La conduite de l'honorable général Cavaignac a été digne de la loyauté de son caractère et de ce sentiment du devoir qui est la première qualité du chef d'un État.

» Nous avons, citoyens représentants, une grande mission à remplir, c'est de fonder une République dans l'intérêt de tous et un gouvernement juste, ferme, qui soit animé d'un sincère amour du progrès, sans être réactionnaire ou utopiste.

» Soyons donc les hommes du pays, non les hommes d'un parti, et, Dieu aidant, nous ferons du moins le bien, si nous ne pouvons faire de grandes choses. »

N° 15.

LISTE DES BARRICADES.

Ce document, publié peu après les événements de juin 1848, est aujourd'hui fort rare. Il n'est tombé entre nos mains que tardivement. Cela explique comment il n'est point classé à son ordre parmi les pièces justificatives de ce volume. Malgré quelques omissions dues à la précipitation avec laquelle le travail dut être fait à cette époque, omissions que notre texte, fait d'après des documents plus nombreux et plus récents, a comblées, cette *liste des barricades* sera d'un grand secours au lecteur pour la parfaite intelligence de l'épouvantable drame de juin 1848.

RIVE GAUCHE.

Rue Saint-Jean-de-Beauvais, une barricade du nº 9 au nº 20, 1-2, 21-34 ; au bout, près de la rue Saint-Hilaire, une barricade.

— Chartine, 1-4, 9-10, 9-14.

— de Reims, 2.

— des Amandiers-Saint-Jacques, 21-24.

— des Sept-Voies, 1-4, 3-10, 7-12.

— de l'Ecole-Polytechnique, 18, 1-2.

— de la Montagne-Sainte-Geneviève, 2-21, 36-45, 34-59, 66-67, 58-73.

— Descartes, 12, 9-14, 13-20, 17-26, 49-52.

Rue Clos-Bruneau, 1-2, 14-17.
— Traversière, 46-47.
— Clovis, 13.
— de Fourcy, 1-3.
— des Fossés-Saint-Victor, 1-2, 32-25.
— Saint-Victor, 62-75, 74-91, 98-94, 88-107, 94-117, 35, 110-175, 120-159, 132-171.
— de Poissy, 35-36, 1-2, 11, 3-6.
— de Versailles, 1-2.
— du Bon-Puits, 1-2.
— du Paon-Saint-Victor, 1-2.
— du Mûrier, 1-2.
— des Bernardines, 31-44, 34-27, 22-15, 1-2.
— de Bièvre, 41-42, 1-2, 17-20.
Place Maubert, 45-49.
— Maître-Albert, 1-2, 13-18, 35-24.
— des Lavandières, 11-18.
Rue des Noyers, 9-12, 15-18, 21-22, 37-36.
— du Plâtre-Saint-Jacques, 2-3, 28-29.
— des Anglais, 1-2, 23.
— Galande, 19-20, 29-30, 40-49, 46-57.
— de l'Hôtel-Colbert, 24-19, 8-11.
— du Fouarre, 16-19.
— Saint-Julien-le-Pauvre, 11-16.
— du Petit-Pont, 1-2, 26-29.
— Saint-Jacques, 7-4, 24-25, 34-35, 47-48, 65-68, 87-94, 91-98, 117-122, 125-144, 139-154, 241-254, 309-358.

Place Cambrai, 1-4, 14.

Rue du Cimetière-Saint-André, près la rue Saint-Jacques, une barricade.

— Soufflot, en face le Panthéon, une barricade.

— Saint-Hyacinthe-Saint-Michel, 32-37.

— Royer-Collard, 1-2.

— de l'Abbé-de-l'Epée, au coin de l'église.

— des Ursulines, 24-25.

— des Capucines, 43.

— du Port-Royal, 1-2.

Barrière de la Santé, à la grille intérieure de la Glacière, sur le boulevard intérieur, sept arbres ont été coupés et on a dépavé à la grille.

Rue de la Glacière, commune de Gentilly, 1-2.

— Croulebarbe, sept arbres coupés extérieurement et dépavé une barricade, 1-2.

Barrière de Fontainebleau, dix-neuf arbres coupés; boulevard intérieur, une brèche au mur d'enceinte et neuf tentatives de démolition dudit mur. — A l'extérieur, six arbres coupés, la bascule brûlée.

Boulevard de l'Hôpital, près la barrière, 162-173.

Rue Godefroy, près la place d'Italie, une barricade.

— Mouffetard, 12-13, 37-38, 56-59, 65-74, 89-96, 115-122, 131-134, 149-152, 174-185, 206-217, 240-253, 254-277, 282-317, 300-331.

— des Banquiers, 41-48.

— des Gobelins, 1-2.

Rue de la Reine-Blanche près de celle Mouffetard, une barricade.

— Pierre-Lombard, 16-17.

— des Trois-Couronnes, 1-2.

— Petit-Moine, près la rue Mouffetard, une barricade.

— de Valande, 1-2.

— Fer-à-Moulin, 45-60.

— Pascal, 1-2.

— Censier, 54-63.

— de l'Ourcine, 1-2.

— d'Orléans, 43-50.

— de l'Arbalète, 1-2.

— de l'Épée-de-Bois, 18-19.

— du Pont-de-Fer, 12.

— Copeau, 57-58.

— Contrescarpe, 1-2.

Marché aux Patriarches, par la rue Mouffetard.

Rue Saint-Médard, 23-24.

— du Cloître-Saint-Benoît, 2.

— d'Enfer, 10.

Boulevard Montparnasse, 42-67, 12 arbres coupés.

Rue Campagne-Première, 1-2, une autre au milieu de la rue.

— de la Harpe, 55-60, 24-27, 11-14.

— du Foin, 25-32.

— Serpente, 1-2.

— de la Parcheminerie, 32-35, 21.

— Pierre-Sarrasin, 1-2.

— Percée, 1-2.

— Vieille-Bouclerie, 23.

Rue Saint-Séverin, 17-30.
— de la Huchette, 39-44.
— Saint-André-des-Arts, 4-7.
— de l'Hirondelle, 1-2.
Place du Pont-Saint-Michel, en face le pont.
Quai Saint-Michel, 1.
Rue des Trois-Chandelles, 1-2.
— Zacharie, 17-20.
— des Prêtres-Saint-Séverin, 8.
— de la Cité, 1-2, 34-43.
— de Constantine, 16-17, 14-15.
— de la Licorne, 2, 16.
— de la Calandre, 1-2, 10-11, 36-39.
— du Marché-Neuf, 1-2.
— Saint-Eloi, 21-24.
Pont Marie, une barricade au milieu du pont.
Quai de la Tournelle, 35, 53.
Rue de Pontoise, 6.
Pont de l'Archevêché, une barricade.

RIVE DROITE.

Rue Saint-Antoine, 77-88, 99-118, 134-115, 164-143, 188-171, 177-200, 195-216.
— des Barres, 32.
— Vieille-du-Temple, 1-2.
— Geoffroy-Langevin, 35-42.
— de Jouy, 18-25.
— Pavée, 1-2.

Rue des Ballets, 1-2.
— Culture-Sainte-Catherine, 3.
— Colombier-Saint-Antoine, 1-2.
— Saint-Paul, 46-57.
— Val-Sainte-Catherine, 1-2.
— d'Ormesson, 1-2.
— des Vosges, 21.
— Beautreillis, 29-30.
— du Petit-Musc, 37.
Impasse Guéménée, 1-2.
Rue Castex, 10.
— Lesdiguières, 18-21.
— de l'Orme, à l'embouchure de la place de la Bastille.
Place de la Bastille, en face le chantier; une autre à l'embouchure de la rue Saint-Antoine.
Rue des Tournelles, 2-3.
— Jean-Beausire.
Boulevard Beaumarchais, à l'embouchure de la place de la Bastille.
Quai Bourdon, à l'embouchure de la place de la Bastille.
— Valmy, par la Bastille.
Rue de Charenton, 1-2, 1-6, 15-16, 20-23, 75-70, 60-71, 39, 46-61, 112-203, 87-80, 102-95.
— de la Planchette, par celle de Charenton.
— Saint-Nicolas, 26-27.
— Traversière, 19, 15-32, 87.
— de Cotte, 23.
— Sainte-Marguerite, 12.

Rue Lenoir, 1-2, 22.

— Saint-Bernard-Saint-Antoine, 1-2.

— Montreuil, 1-2.

— de Reuilly, 1-12.

— du Faubourg-Saint-Antoine, 1-2, 18-23, 42-47, 65-68, 74-77, 88-89, 108-113, 110-119, 120-125, 122-131, 126-139, 130-141, 134-147, 146-157, 158-173, 155-178, 195-186, 198-209, 227, 208-216, 237, 224-259, 232-275, 234-277, 281-238, 246-299, 231, 237-286.

— Saint-Denis-Saint-Antoine, 12.

— Picpus, 1-2.

— d'Aligre, 1-2.

— Trouvée, 1-2.

Cour du Chêne-Vert, 58.

Rue Moreau, 25-18, 52-33, 46-29, 36-13, 9-28, 12-5, 1-2, 1-12.

— des Terres-Fortes, 11.

— de Bercy-Saint-Antoine, 32, 24-11, 36-15.

— Lacuée, 16-12, 2-1.

Pont d'Austerlitz.

Quai de Gèvres, 2.

Rue Planche-Mibray, 1-2, 9-10.

— de la Tannerie, 42.

— Saint-Jacques-la-Boucherie, 1-2, 15-18.

Rue du Petit-Crucifix, 1.

Place du Marché-Saint-Jacques, près de la tour, en face la maison n° 5.

Rue des Arcis, 28, 30, 32.
— Jean-Pain-Mollet, 26 ; au coin 23.
— Sainte-Rose, 7-8, 15-16.
— de la Tacherie, 15.
— de la Coutellerie, 24.
— de la Vannerie, 41-40.
— de la Tixeranderie, 3-6.
— des Blancs-Manteaux, 1-2, 17-26.
— Vieille-du-Temple, 53-69.
— du-Marché-des-Blancs-Manteaux, 2.
— des Guillemettes, 3.
— Rambuteau, au coin de la rue du Chaume, 37-34.
Passage Pecquay, 10-13.
Rue Geoffroy-Langevin, 1-2.
— Sainte-Avoie, 43-64.
— Beaubourg, 39-34, 50-51.
— des Petits-Champs-Saint-Martin, 1.
— Grenier-Saint-Lazare, 1-4.
— Michel-le-Comte, 21-24.
— Montmorency, 19-24, 21-30, 28-37.
— Cimetière-Saint-Nicolas, 1-2.
— Transnonain, 18-25, 16-19.
— Chapon, 23-32.
— Jean-Robert, 17-20, 5-4.
— Gravilliers, 35-48, 25-30, 13-18.
— Aumaire, 63-52, 34, 27-32, 3.
— Saint-Hugues, sous la voûte.
— Royale-Saint-Martin, 8-9.

Rue Frépillon, 7–10, 24.
— Philippeaux, 37, 25-26.
— du Faubourg-du-Temple, 29–30, 86-51.
— d'Angoulême, 20, 22-29.
— Pierre-Levée, 2.
— de Nemours, 25.
— des Trois-Bornes, 16-19, 30-39.
— Saint-Maur, 21-12, 48-96, 51-87, 1-3, 11-46.
— des Trois-Couronnes, 8.
— Fontaine-au-Roi, 58-53.
— de Lorillon, 1-2.
— Corbeau, 37.
— du Buisson, 1-2, 4–5.

Commune de Belleville. — On a compté dans cette commune un grand nombre de barricades.

Barrière de Belleville.
— de la Chopinette.

Impasse Saint-Laurent, 3.

Rue Saint-Laurent, 18–5.

Boulevard extérieur de la Chopinette, 34–26.

Barrière du Combat.

Boulevard de Strasbourg, 1.

Barrière des Buttes-Chaumont.

Rue de Meaux, 5, 22–53.
— Drouin-Quintaine, 31-38, 1–2.

Barrière de Pantin, 2.

Quai de la Cour, 1.

Route de Flandres, 3.

Boulevard de Bruxelles, 1.

Barrière de la Grande-Villette.

Rue Grange-aux-Belles, 57, 32, en face de la fabrique de carton, 171-180, 157-162, 127-97, 65-78.

— du Faubourg-Saint-Martin, 63,227-242, 223, 189-200.

— Lafayette, 87.

— des Buttes-Chaumont, 1-2.

— du Canal-Saint-Martin, 1-2, 10.

— Ecluses-Saint-Martin, 40.

— Château-Landon, 1-2.

— du Grand-Saint-Michel, 1-2.

— Neuve-Cabrol, 1-2.

— Saint-Laurent, 1-2.

— des Récollets, 27.

— de la Fidélité, 2.

— des Vinaigriers, 29-42.

— des Marais, 75-78.

— Neuve-Saint-Nicolas, 76.

Porte Saint-Martin.

Rue Saint-Martin, 67-46, 43-30.

— de Venise, 1-2.

— de la Corroierie, 1-2, 17-20.

— Maubuée, 29-32.

— Neuve-Saint-Merry, 43.

(*Tiré de la collection de M. le docteur Hodé.*)

FIN DU TOME TROISIÈME.

www.ingramcontent.com/pod-product-compliance
Ingram Content Group UK Ltd.
Pitfield, Milton Keynes, MK11 3LW, UK
UKHW021844190726
13855UKWH00001B/144